내가 흐려질 때

위대한 심리학자 20인의 마음처방

내가 흐려질 때

츠위카이 지음 | 최인애 옮김

위대한 심리학자 20인의 마음처방

북스톤

차 례

1부 자아와 성장

2부 이성과 감성

3부 인간관계와 소통

20인의 심리학 대가,
당신의 인생 고민에 답하다

30년 가까이 심리학을 공부하고 연구해왔지만, 최근처럼 심리학에 대한 관심이 높았던 적은 없었던 듯하다. 사회적 이슈가 터질 때마다 심리학자의 발언이 한두 마디라도 들어가지 않은 적이 없고, 언론도 사회문제의 배경을 파헤칠 때 심리적 측면을 반드시 짚고 넘어간다. 개인들도 자신과 타인을 이해하기 위해, 관계와 평화를 위해, 삶의 질을 높이기 위해 심리학 책을 읽곤 한다. 이쯤이면 심리학은 현대인의 '필수 교양'이 되었다 해도 괜찮지 않을까.

이러한 열풍의 배후에는 공통된 인식이 자리한다. 바로 우리가 살아가며 겪는 수많은 문제에는 눈에 보이지 않는 심리적 요소가 숨어 있다는 것이다.

기본적인 생존욕구 및 물질적 요구가 충족된 현대사회에서 사람들은 자연히 더 높은 정신적 만족을 찾게 되었다. 단순히 몸만 편한 게 아니라 마음도 편하고 행복한 삶을 추구하기 시작한 것이다. 문제는 주린 마음을 채우는 일은 주린 배를 채우는 것처럼 간단하게 해결되지 않는다는 사실이다. 우리 중 누구도 다음과 같은 인생의 문제에서 자유롭지 못하다.

어린 시절의 상처를 어떻게 마주해야 할까?
인생에서 결코 놓치지 말아야 할 것은 무엇인가?
성공적인 직장생활의 열쇠는 무엇일까?
더 행복한 인생을 살려면 무엇을 해야 하는가?
……

중국의 철학자 양수명梁漱溟은 인생의 모든 문제는 크게 세 종류로 나뉜다고 보았다. 나와 물질의 문제, 나와 타인의 문제, 나와 자신의 문제가 그것이다. 나와 물질의 문제란 인류와 자연환경의 관계를 말하고, 나와 타인의 문제는 사람 사이의 관계에서 벌어지는 문제를 가리킨다. 마지막으로 나와 자신의 문제는 내면의 자아와 외부의 욕구 사이에서 발생한다. 양수명은 이 3가지 문제를 해결해야만 비로소 인생의 해방감과 자유를 맛볼 수 있다고 했다.

그런데 잘 살펴보면 3가지 문제의 배후에 모두 심리학적 논제가 숨어 있다. 나와 물질의 문제는 개인의 역량 문제로, 나와 타인의 문제는 인간관계의 문제로 이해할 수 있으며 나와 자신의 문제는 전형적인 자아 및 심리 문제다. 영국의 심리학자 에드워드 데시Edward Deci도 인간에게는 인정욕구, 관계욕구, 자주욕구라는 3가지 기본욕구가 있다고 했다. 양수명과 일맥상통하는 논리 아닌가? 인정욕구는 살아가는 능력과 연결되고, 관계욕구는 타인과의 관계 맺기 및 소통 수준과 연결된다. 자주욕구는 개인의 신체적, 정신적 자유 추구로 이해할 수 있다.

인생의 수많은 어려움은 심리학이 줄곧 탐구해온 주제이며, 마음의 문제를 해결하고 삶의 질을 높이고 행복을 추구하는 것은 심리학의 존재 목적이자 핵심 사명이다. 그리고 심리학자는 양수명이 말한 인생의 3대 문제와 그에 따른 여타 수많은 고뇌에 대한 해법을 찾으려 고심하고 노력하는 사람들이다. 물론 인생의 수많은 문제와 고뇌를 연구하는 이가 심리학자만은 아니다. 철학자, 윤리학자, 교육학자를 비롯해 수많은 사상가도 더 나은 삶으로 향하는 길을 찾고자 부단히 노력한다. 그러나 철학이나 윤리학 등은 다소 사변적이고 관념적이어서 일반인의 접근이 쉽지 않다. 반면 심리학은 대부분 과학적 발견에 기반을 둔 해결책을 제시하기 때문에 실생활에 바로 적용 가능하다는 장점이 있다. 이런 이유로 심리학이 현대인의 필수 교양이 되었을 것이다.

이 책에는 현대인이라면 누구나 삶에서 마주칠 수 있는 20가지 문제와 이에 답을 제시하는 심리학 대가 20명이 등장한다. 새로운 분야에 발을 들일 때 가장 안전하고 확실한 방법은 그 분야 전문가에게 배우는 것이다. 잘 모르는 일에 맞닥뜨리면 으레 '이 문제를 잘 아는 사람 누구 없나?'라는 생각부터 하지 않는가. 그렇다면 심리학으로 인생 고민을 해결하고 싶으면 누구를 찾아야 할까? 당연히 심리학 대가다. 이 책은 누구나 한 번쯤 들어본 심리학 거장들을 통해 비전문가라도 안심하고 심리학의 세계에 발을 들일 수 있도록 돕기 위해 만들어졌다고 해도 과언이 아니다.

그렇다면 기라성 같은 인물들이 밤하늘의 별처럼 반짝이는 심리학계에서 누구를 선택해야 할까? 자칭 타칭 '대가'가 범람하는 와중에 확실히 검증된 인물들을 가려내보니 다음의 두 유형으로 나뉘었다.

첫 번째, 전형적 의미의 심리학 대가다. 미국심리학회의 전문가들이 엄선해서 발표한 '세계에서 가장 영향력 있는 심리학자' 명단에 오른 이들로 누구나 한 번쯤 들어봤을 만한 프로이트, 융부터 스키너, 왓슨 등이 포함되었다. 심리학 역사를 뒤바꿔놓은 이들의 이론과 독특한 삶은 인생과 심리학에 관한 영원한 화두를 던진다.

두 번째, 헤겔이 말한 '시대정신'을 지닌 현대의 심리학

자들이다. 오늘날 심리학계가 가장 주목하는 인물들로, 현대
인의 실생활 및 정신건강과 밀접한 연구를 했다는 공통점이
있다. 이들의 연구와 이론은 현대의 심리학이 나아갈 방향을
근본적으로 바꿨다는 점에서도 의미가 깊다.

대가들의 이론이라 하니 어렵고 딱딱할 것 같지만, 걱
정하지 않으셔도 된다. 심리학 대가의 시각에서 인생의 어려
움과 문제를 관찰하고 이해하여 답을 찾되 쉽고 흥미로운 방
식으로 전달할 것. 이는 이 책을 쓰며 꾸준히 염두에 둔 원칙
이다. 배움은 얼마든지 즐거울 수 있고 또 즐거워야 한다. 따
라서 독자가 끝까지 재미있게 읽을 수 있도록 거장들의 이런
저런 가볍고 흥미로운 에피소드를 곳곳에 배치했다. 인류의
기본적인 인지특성을 감안할 때 이야기만큼 훌륭한 학습 방
식은 없다. 더욱이 대가의 인생과 사고방식에는 심리학이라
는 학문의 정신이 고스란히 구현되어 있다. 현재 우리가 겪
는 문제와 연결 지어 이야기할 소재도 넘쳐난다. 또한 그들
의 인생을 들여다봄으로써 왜 그런 이론이 탄생했는지, 이렇
게 탄생한 이론이 그들의 삶을 어떻게 바꿔놓았는지도 이해
할 수 있을 것이다. 문제 해결과 지식 습득이 한 번에 되는,
실로 가성비 넘치는 방식 아닌가.

책을 쓰면서 나는 끊임없이 '왜why'에 대해 말했다. 즉

우리 인생이 왜 이렇게 되었는지 계속 묻고 답했다. 그리고 어떻게 하면 우리의 발목을 잡는 모든 문제에서 벗어나 더 나은 삶을 향해 갈 수 있는지 방법을 이야기했다. 예를 들어 어린 시절의 상처에 대해 다룰 때는 프로이트의 관련 이론을 소개하며 어린 시절의 부정적 영향력에서 벗어나는 법을 제안하는 식이다. 샐리그만의 긍정심리학을 다룰 때는 긍정적 자아심리 상태를 구축하는 방법을 구체적으로 소개했다. 여러분이 이 책을 통해 심리학의 주요 인물을 알고, 그들의 이론을 이해하고, 심리학의 관점에서 인생을 이해하게 되어 좀 더 행복한 삶을 살게 되는 것. 이것이 이 책의 궁극적인 목표다.

하지만 책을 마치고 보니, 저자로서 여러분께 바라는 점은 한 가지뿐이다. 첫 장부터 마지막 장까지 부디 즐겁게 읽어주시기를. 이 책을 덮을 때 여기서 소개한 심리학 대가의 이름이 하나둘 정도는 기억에 남기를. 괜찮다면 그들의 연구와 이론도 소소하게나마 떠오르기를. 이렇게 남은 것들이 살다가 문제가 생겼을 때, 어려움에 맞닥뜨렸을 때 반짝 떠올라 힘이 되어주고 인생의 의미를 일깨우는 계기가 되기를. 그래서 행복하고 얽매이지 않는 삶을 사는 사람이 한 명이라도 늘어나기를. 쓰다 보니 바라는 점이 한 가지 이상이 되어버렸지만 부디 다 이뤄지기를.

1부

자아와 성장

1장

나는 어떤 사람이고, 어떤 사람이 될 것인가

에릭 에릭슨
Erik Homburger Erikson, 1902~1994

독일 출신의 미국 정신분석학자. 프로이트의 정신분석 이론을 심화시켜 노년기까지 인간의 전 생애를 아우르는 심리사회적 발달이론을 정립했다. 특히 자신의 정체성 고민을 학문으로 승화해 자아심리학으로 발전시켜 심리학을 넘어 사회사상 전반에 큰 영향을 미쳤다. 《정체성》, 《유년기와 사회》, 《인생의 아홉 단계》 등이 국내에 번역되었다.

소문에 따르면 베이징대학교의 경비원은 단순한 경비가 아니라 수문장에 견줄 만하다고 한다. 학교 정문을 통과하고자 하는 자는 누가 됐든 반드시 이 '수문장'이 던지는 3가지 엄중한 질문에 답해야 한다.

"누구십니까?"

"어디서 오셨습니까?"

"어디로 가십니까?"

그러고 보니 호출 앱으로 택시를 부를 때도 비슷한 질문에 답하게 된다. 현위치와 행선지 말이다.

경비원과 택시 호출 앱이 저렇게 묻는 까닭은 지극히 현실적인 필요 때문이지만, 한편으로 이는 우리 모두가 살면서 반드시 답을 찾아야 하는 질문이기도 하다. 실제로 조금만 바꿔보면 이 질문들은 곧장 고뇌에 빠진 청춘이 스스로에게 끊임없이 되뇌는 물음이 된다.

'나는 누구인가? 나는 어디서 왔는가? 나는 어디로 가는가? 나는 지금 인생의 어디쯤 와 있나?'

이는 본질적으로 자기동일성에 관한 질문이다. 만약 심리학에서 이에 대한 답을 찾고 싶다면 발달심리학자인 에릭 에릭슨Erik Homburger Erikson의 도움을 받아야 한다.

자아정체성, '나는 누구인가?'

에릭슨은 원초아$_{id}$를 중시했던 프로이트와 달리 자아$_{ego}$의 역할에 무게를 두고, 사회문화적 요소가 자아발달에 미치는 영향을 강조했다. 그의 관점에서 '나'란 독립적인 현상이 아니며 타인과 소통하고 융합하는 방식으로 존재한다. 즉 '나'는 지극히 사회적인 존재로 '우리' 안에서만 재건될 수 있다. 여기서 '우리'란 단순히 내가 속한 집단이 아니라 '세상에 관해 동일한 이미지를 공유하는 한 무리의 나'다.

나를 어떻게 정의하고 인정할지는 자기동일성$_{ego\ identity}$이라는 개념에서 실마리를 찾을 수 있다. 자기동일성, 좀 더 보편적인 단어로 자아정체성이란 개인이 자신에 대해 일관되게 갖는 인식을 말한다. 청소년기에는 자신의 현재와 미래에 대한 불안, 보이는 모습과 실제 모습 사이의 불일치에 시달리기 마련이다. '나는 어떤 사람인가' '나는 어떤 사람이 될 것인가' '나는 어떤 사람이 되고자 노력해야 하는가'를 끊임없이 고민할 수밖에 없다. 답을 순조롭게 찾는다면 자연스레 사회의 건전한 일원으로서 요구되는 성품을 획득하게 되며, 나아가 매 순간 더 나아지기 위해 노력하는 자아상 뚜렷한 사람이 될 수 있다. 반대로 청소년기에 자아정체감을 형성하지 못하면, 다시 말해 확실한 자아상을 찾고 현실을 인정하지 못하면 심리적 위기와 정체성의 혼란을 겪는다.

자아정체성을 정립하는 것은 결코 쉬운 일이 아니다. 에릭슨도 청소년기에 시작된 정체성 혼란으로 꽤 오랜 세월 방황해야 했다. 고등학교를 졸업한 후 예술을 배운다는 핑계로 이곳저곳을 떠돌며 '나는 누구인가'라는 질문에 대한 답을 찾아 헤매던 그는 우연히 발길이 닿은 곳에서 정신분석학을 만나 내면에 잠자고 있던 열정과 평생의 목표를 발견했다. 그렇게 오랜 방황에 종지부를 찍고 어엿한 심리학자로 거듭난 후, 내면에의 탐구에 매진한 끝에 마침내 자아정체감 혼란을 극복하고 자신의 깨달음을 세상에 공유하기 시작했다. 그의 나이 예순여덟이던 해의 일이다.

대가의 소소한 이야기 | **아버지의 부재가 그에게 남긴 것**

에릭슨은 무엇 때문에 오래 방황했을까? 이 질문의 답을 찾으려면 먼저 그의 이름을 자세히 살펴보아야 한다. 에릭 홈부르거 에릭슨Erik Homburger Erikson, 그중에도 에릭슨이라는 성姓을 곰곰이 뜯어보자. 눈에 익은 영단어 하나가 보이지 않는가? 그렇다. 아들을 뜻하는 'son'이다. 즉 에릭슨은

'에릭의 아들'이라는 뜻이다. 그런데 사실 이것은 그의 진짜 성이 아니다. 실제 성은 홈부르거, 새아버지의 성이다.

에릭슨은 사생아였다. 덴마크인 아버지와 유대인 어머니 사이에 태어났는데, 어머니는 에릭슨이 세 살일 때 치과의사이자 같은 유대인인 시어도어 홈부르거와 재혼했다. 에릭슨은 성인이 될 때까지 홈부르거를 친아버지로 알았다. 생부를 철저하게 잊고 싶었던 어머니가 재혼 사실을 숨겼기 때문이다. 문제는 에릭슨이 노르만계인 생부를 닮아 금발에 푸른 눈을 가졌다는 것이었다. 누가 봐도 유대인의 외모가 아니었지만 유대인 가정에서 자라며 유대인 학교에 다녔던 그는 결과적으로 학교에서는 노르만인이라며 괴롭힘을 당했고, 학교 밖에서는 유대인이라는 이유로 따돌려졌다. 이러니 에릭슨이 '나는 누구인가? 나는 어디서 왔고, 어디로 가야 하는가?'라는 질문에 사로잡히게 된 것도 당연했다.

고등학교를 졸업한 후 에릭슨은 대학에 진학하라는 새아버지의 제안을 따르지 않고 미술을 배운다는 핑계로 유럽 등지를 떠돌았다. 때때로 스케치를 하고 조각상을 만들었지만 대부분은 깊은 고뇌로 점철된 시간이었다. 그러다 프로이트 정신분석학의 발원지인 오스트리아 빈에 다다른 그는 프로이트의 딸 안나 프로이트Anna Freud를 만나 정신분석 세계에 발을 들이게 된다. 정신분석 수련을 마친 후 에릭슨은 점점 심해지는 나치의 박해를 피해 미국으로 건너갔고, 마침내 하버드대학 교수이자 세계적인 발달심리학자가 되었다.

미국 시민권을 취득하기 직전, 그는 자신의 이름을 '에릭 홈부르거'에서 '에릭 홈부르거 에릭슨'으로 바꾸었다. 에릭은 생부가 지어준 이름으로, 어찌 보면 친아버지가 그에게 남긴 유일한 흔적이라 할 수 있다. 그가 자신에게 '에릭의 아들'이라는 의미의 성을 지은 것은 생부를 기억하는 한편, 평생을 이어온 자아의 혼란에 종지부를 찍고자 스스로 정체성을 부여한 것이 아닐까. 그가 일평생 자아정체성 연구에 매진한 이유 역시 다르지 않을 것이다.

인간은 평생에 걸쳐 발달하는 존재 : 에릭슨의 생애주기 8단계

청소년기가 자신의 정체성을 고민하는 시기라는 사실은 익히 알려진 바다. 그런데 비단 청소년기만 그럴까? 인생의 다른 시기는 어떨까? 청소년기의 정체성 위기처럼 각 생애주기마다 마주하는 위기 또는 반드시 완수해야 할 과제가 있지 않을까?

인생 초반의 경험이 인격 형성에 절대적 영향을 미친다고 주장한 프로이트와 달리 에릭슨은 인격이 평생에 걸쳐 발달한다고 보았다. 그래서 단순한 자아발달이 아닌 심리-사회적 발달에 중점을 두고 인생 전체를 아우른 '생애주기' 이론과, 이를 구체화한 심리사회적 발달 8단계를 제시했다(26쪽 도표 참조). 이 이론은 발표 당시만 해도 가설의 성격이 강했다. 풍부한 임상 자료를 토대로 한 것이 아니라 에릭슨의 심도 깊은 사고를 통해 구상한 이론이었기 때문이다. 그러다 수많은 임상을 통해 이론의 타당성이 검증되면서 영향력이 확대되었다.

에릭슨의 심리사회적 발달 8단계 이론은 인생 전반에 걸쳐 인격 발달의 '결정적 시기'가 존재하며, 시기마다 반드시 수행해야 하는 핵심과제가 있고 이를 어떻게 수행하느냐에 따라 특정한 인격 특징을 획득하게 된다는 점을 밝혔다는데 의의가 있다. 과제를 성공적으로 완수하고 위기를 순조롭게 극복한다면 긍정적인 인격적 특징을 획득하게 되며, 그렇지 못할 경우 부정적인 인격이 형성된다.

'결정적 시기'라는 개념을 에릭슨이 가장 먼저 제시한 것은 아니다. 이 개념이 처음 등장한 분야는 심리학이 아니라 언어 학습이다. 언어 학습의 적기는 언제일까? 10세 이전이다. 이 시기를 놓치면 어떤 외국어든 아무리 열심히 배워도 원어민처럼 구사하기가 쉽지 않다. 이때가 언어 학습의 '결정적 시기'인 셈이다. 에릭슨은 이 개념을 심리학에 도입하여 언어 학습뿐 아니라 인격 형성에도 결코 놓쳐서는 안 될 결정적 시기가 있다고 주장했다.

인생의 단계마다 주어지는 결정적 키워드

젖먹이 아이의 '믿음'

인격 발달의 첫 번째 단계인 영아기는 어떤 인격 특징이 형성될까? 옛날이라면 아기 때야 잘 먹이고 잘 재우면 그만이지 인격 형성까지 신경써야 하느냐고 되물었을지 모른다. 하지만 오늘날에는 영아기 때 잘 먹고 잘 자는 것 못지않게 심리적 돌봄이 중요하다는 것이 상식이 되었다. 에릭슨의 연구가 그 '상식'에 일조했음은 물론이다. 그는 인생 전반에 심원한 영향을 미치는 중요한 인격 특징인 '신뢰감'이 바로 이 시기에 형성된다고 보았다. 영아기는 자신을 둘러싼 타인과 세상에 대한 신뢰 여부가 결정되는 결정적 시기다.

예를 들어보자. 여기 두 양육자가 있다. 첫 번째 양육자는 아기에게 온 신경을 기울이며 인내심과 책임감을 갖고 돌

〈에릭슨의 심리사회 발달 8단계〉

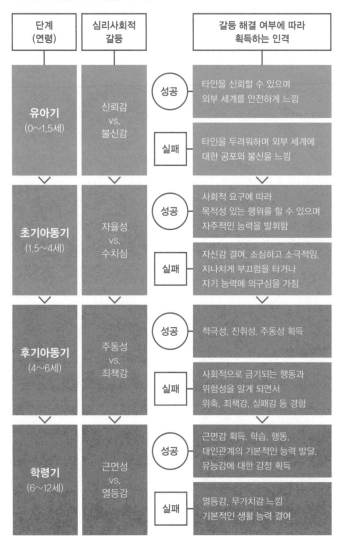

단계 (연령)	심리사회적 갈등		갈등 해결 여부에 따라 획득하는 인격
유아기 (0~1.5세)	신뢰감 vs. 불신감	성공	타인을 신뢰할 수 있으며 외부 세계를 안전하게 느낌
		실패	타인을 두려워하며 외부 세계에 대한 공포와 불신을 느낌
초기아동기 (1.5~4세)	자율성 vs. 수치심	성공	사회적 요구에 따라 목적성 있는 행위를 할 수 있으며 자주적인 능력을 발휘함
		실패	자신감 결여, 소심하고 소극적임. 지나치게 부끄럼을 타거나 자기 능력에 의구심을 가짐
후기아동기 (4~6세)	주동성 vs. 죄책감	성공	적극성, 진취성, 주동성 획득
		실패	사회적으로 금기되는 행동과 위험성을 알게 되면서 위축, 죄책감, 실패감 등 경험
학령기 (6~12세)	근면성 vs. 열등감	성공	근면감 획득, 학습, 행동, 대인관계의 기본적인 능력 발달. 유능감에 대한 감정 획득
		실패	열등감, 무가치감 느낌 기본적인 생활 능력 결여

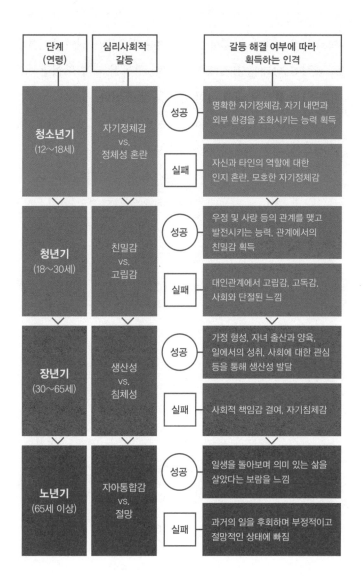

단계 (연령)	심리사회적 갈등		갈등 해결 여부에 따라 획득하는 인격
청소년기 (12~18세)	자기정체감 vs. 정체성 혼란	성공	명확한 자기정체감, 자기 내면과 외부 환경을 조화시키는 능력 획득
		실패	자신과 타인의 역할에 대한 인지 혼란, 모호한 자기정체감
청년기 (18~30세)	친밀감 vs. 고립감	성공	우정 및 사랑 등의 관계를 맺고 발전시키는 능력, 관계에서의 친밀감 획득
		실패	대인관계에서 고립감, 고독감, 사회와 단절된 느낌
장년기 (30~65세)	생산성 vs. 침체성	성공	가정 형성, 자녀 출산과 양육, 일에서의 성취, 사회에 대한 관심 등을 통해 생산성 발달
		실패	사회적 책임감 결여, 자기침체감
노년기 (65세 이상)	자아통합감 vs. 절망	성공	일생을 돌아보며 의미 있는 삶을 살았다는 보람을 느낌
		실패	과거의 일을 후회하며 부정적이고 절망적인 상태에 빠짐

본다. 아기가 울면 배고파서 우는지, 기저귀가 젖어서 우는지 즉시 알아차리고 배불리 먹이거나 기저귀를 갈아 뽀송하고 쾌적한 상태를 유지해준다. 이런 경험이 계속 쌓이면 아기는 외부 환경에 대해 이런 감정을 갖게 된다.

'세상은 믿을 만하구나. 내 주변 사람들은 모두 친절하고 선량해. 나는 필요하면 언제든 도움을 받을 수 있어.'

이로써 아기는 '신뢰'라는 인격적 특징을 획득한다.

반면 두 번째 양육자는 정서적으로 불안하고 변덕스러워서 아기보다는 자신의 감정을 우선한다. 기분이 좋을 때는 '우리 예쁜 아기'라며 아기를 안고 쪽쪽 입을 맞추다가도 기분 나쁘거나 불쾌한 일이 생기면 아기가 목이 터져라 울든 말든 방치한다. 심한 경우 우는 아기를 비난하기도 한다.

"그만 좀 울어! 지겨워 죽겠네. 어휴, 내가 왜 너를 낳아서 이 고생인지."

이렇듯 양육자의 태도가 일관되지 않을 경우, 아기는 다음과 같은 결론에 다다른다.

'세상은 믿을 수 없어. 내 주변 사람들도 언제는 친절했다가 언제는 무섭게 돌변해서 불안해.'

결국 이 아기에게는 '불신'이라는 인격적 특징이 자리 잡게 된다.

그 밖에도 이 시기에는 아기와 양육자 사이의 애착관계

가 매우 중요하다. 어떤 애착관계가 형성되었는지는 아기가 한두 살만 되어도 알 수 있다. 주양육자가 잠시 시야에서 사라졌다고 해보자. 안정적 애착관계가 형성된 아기는 주양육자가 사라지면 울음을 터뜨렸다가 금방 그친다. 잠시 후면 주양육자가 돌아올 것을 알기 때문이다. 또한 자신이 필요로 할 때면 곧바로 나타날 것을 믿기에 불안해하지 않고 이내 다른 것에 관심을 보이며 잘 논다. 반면 애착관계가 불안정한 아기는 주양육자가 나타날 때까지 울음을 그칠 줄 모른다. 주양육자가 돌아온다는 확신이 없기에 불안한 것이다.

　에릭슨에 따르면 영아기 때 형성된 신뢰감은 평생을 따라다니며 세상 및 타인과의 기본적인 신뢰관계에 영향을 미친다. 대표적인 예가 부부간의 신뢰 문제다. 어떤 사람은 딱히 그럴 만한 이유가 없는데도 배우자가 부정을 저지를까 노심초사한다. 만약 배우자가 사회적, 경제적으로 성공하고 이성적 매력이 넘친다면 불안감은 더욱 커진다. 배우자의 귀가 시간이 조금만 늦어져도 수십 통씩 전화를 건다. '어디야? 왜 이렇게 늦어? 언제 들어올 거야? 지금 누구랑 있어? 좀 바꿔 줘 봐. 영상통화는 왜 안 받아…?' 일종의 의부증 또는 의처증이라 할 수 있는데, 정도야 어떻든 당하는 사람은 미칠 노릇이다. 믿음을 주려고 아무리 노력해도 상대가 불신을 거두지 않는다고 생각해보라. 얼마나 답답하고 힘들겠는가.

이들은 사랑하는 배우자를 왜 믿지 못하는 것일까? 절대적이지는 않지만 어린 시절에 제대로 된 돌봄을 받지 못했기 때문일 가능성이 상당히 높다. 세상과 타인을 믿는 신뢰 능력이 형성되어야 할 시기에 불신만 잔뜩 쌓인 탓에 어른이 되어서도 제대로 된 신뢰관계를 맺지 못하는 것이다. 이런 사람들은 상대가 아무리 나에게 충실해도, 의심할 이유가 전혀 없어도 도무지 믿지를 못한다. 머리로는 아는데 마음이 따라주지 못하는 것이다. 불신이 낳은 불안과 걱정은 평생 그들을 따라다니는 그림자다.

젖먹이 때의 경험이 이렇게나 심각한 영향을 미치는 게 말이 되냐고 할지 모르겠지만, 정신분석학의 사고 흐름은 기본적으로 이렇다.

청년기의 '친밀감'

청년기는 무엇의 결정적 시기일까? 공부? 스펙? 사회적 활동? 모두 아니다. 에릭슨의 이론에 따르면 이 시기는 친밀관계를 맺는 결정적 시기다. 즉 열심히 연애할 때다.

그런데 인생 경험 좀 해봤다며 이렇게 말하는 사람도 있다.

"학생이 무슨 연애야? 급할 필요 없어. 그 나이에 연애한다고 결혼할 것도 아니고, 그 시간에 학점에 신경쓰고 자격증 더 따는 게 훨씬 나아. 연애는 자리잡고 난 뒤에 해도 늦지 않다니까."

얼핏 맞는 것도 같다. 이 나이대의 사랑은 대개 '자연사' 하거나 몰아치는 인생의 지엄한 폭풍 앞에 눈물을 흩뿌리며 절절한 이별로 막을 내린다. 게다가 취업 준비 등 할 일도 너무 많다. 그렇다면 연애는 포기하는 게 현명한 것일까?

일단 기본 전제부터 점검하자. 젊은 시절의 연애가 결실을 맺기란 과연 어려운 일이다. 하지만 반드시 결실을 맺어야 하는 것도 아니다. 어째서일까? 이 시기에는 누군가를 보는 것만으로도 심장이 두근두근 뛰는 설렘을 느끼고, 서로 감정을 나누며 친밀감이 무엇인지를 경험하는 것 자체가 중요하기 때문이다. 그렇다면 경제적으로든 사회적으로든 안정된 뒤에 연애하는 것은 안 된다는 말이냐, 그렇지도 않다. 그러나 그 나이쯤 되면 청년기처럼 펄떡펄떡 생동하는 감정을 느끼기 어렵다. 당장 감정에 불을 지피는 것 자체도 쉽지 않다. 인생의 단계마다 완수해야 할 임무가 괜히 있는 게 아니다. 격정적인 사랑의 기쁨과 슬픔도, 세상이 오직 한 사람으로 가득 찬 것 같은 환희도 청년기에 누릴 수 있는 특권이다. 그야말로 친밀관계를 경험할 최적의 시기, 결정적 시기다. 한번 흘러간 시절은 다시 돌아오지 않는다. 나중에 굳어진 심장을 부여잡고 아쉬워해봐야 소용없다.

장년기의 '생산성'

에릭슨은 30세부터 65세까지의 이들에게 '생산'이라는 과제를 제시했다. (이론이 정립되던 시기와 오늘날의 백세시대는 라이프스테이지에 다소 차이가 있다는 점을 감안하고 살펴볼 필요가 있다.) 여기서 생산이란 종족 보존만이 아니라 일적인 측면까지 아우르는 개념이다. 에릭슨의 관점에서 청년기와 장년기는 일과 가정을 가장 중시할 때다. 그중에서도 장년기는 한 사람이 인생의 성과를 이뤄가는 결정적 시기인데, 여기서는 일보다는 가정에 중점을 두어 이야기해보고자 한다.

통상 장년기의 가장 중요한 과제는 적합한 상대를 찾아 결혼하고 아이를 낳아 기르는 것이다. 이러한 일련의 과제를 제대로 완수할 때 비로소 삶이 원만해진다. 여기서 반론을 펼칠 분들도 많을 것이다. 결혼하고 말고는 각자의 가치관에 달려 있으며, 아이를 낳고 싶어도 차마 엄두가 안 난다고 말이다. 아이를 살뜰히 돌보고 보듬어야 하는 건 알지만 돈 버느라 그럴 시간이 없다고 말이다. 하지만 다시 기억하시라. 인생의 모든 결정적 시기는 한번 지나가면 돌이킬 수 없고 놓쳐버린 것들은 후회한들 되찾을 수 없다. 자녀 양육에 집중해야 할 때 그렇게 하지 않으면 무엇으로도 메울 수 없는 틈이 생겨버린다. 마땅히 자녀를 아끼고 가르쳐야 할 시기에 함께하지 않으면 대체 언제 가르치고 언제 함께하겠다는 말인가? 은퇴 이후에? 그때가 되면 누가 누구를 가르쳐야 할지 알 수 없는 상황이 될지도 모른다.

장년기는 사회적으로나 일적으로나 가장 활발하고 바쁠 시기인지라 가정에 소홀해지기 쉽다. 그러나 그 후폭풍은 상상 이상이다. 아무리 바쁘고 정신없더라도 무엇이 먼저고 무엇이 나중인지 분명하게 구분해야 한다. 모든 일에서 경중과 완급을 따지고, 최선을 다해 가족과 함께해야 한다. 허황된 성공을 좇는 것은 절대 금물이다. 능력도 안 되고 감당도 못할 '원대한 이상'에 사로잡히는 것은 더더욱 안 될 말이다. 이는 그 자체로 젊음과 생명을 갉아먹는 행위다.

인생의 결정적 시기를 놓치지 않고 자기 앞에 놓인 과제를 올곧이 해결하는 과정에서 자연스레 삶의 리듬이 안정되고 평온한 행복을 누릴 수 있다. 인생의 승자는 따로 있지 않다.

2장

인생의 가치를 어떻게 실현할 것인가

에이브러햄 매슬로
Abraham Maslow, 1908~1970

미국의 심리학자이자 철학자. 인간의 긍정적인 측면과 잠재력을 강조한 '인본주의 심리학'의 창설을 주도했다. 인간이 충족시켜야 할 욕구는 생리적 욕구부터 자아실현까지 위계가 있다는 욕구 5단계설을 제시했다. 그의 이론으로 '자아실현' 개념이 널리 알려지기 시작했다. 국내 번역서로 《매슬로의 동기이론》, 《동기와 성격》 등이 있다.

수많은 청춘이 외로움과 혼란 속에 방황한다. 이들에게 인생은 너무 낯설고 어렵고 두렵다. 그래서 부모가 일러준 대로, 혹은 선생이 가르치는 대로 공부에 매진하고 시험을 잘 보기 위해 밤을 새우며 좋은 직장에 들어가고자 애쓴다. 어느 길이 옳은지 알 수 없으니 일단 남들이 다 가는 길로 가 보는 것이다.

하지만 이래서야 자기 뜻대로 산다고 할 수 있을까? 내가 살아가는 이유는 무엇일까? 남이 가리키는 방향으로, 정해준 경로대로 사는 게 과연 옳은가? 내 인생의 가치를 실현하려면 어떻게 해야 하는가?

자기 가치와 성장이 갈수록 중요해지는 이유

사회가 발달하고 개인의 의식이 높아질수록 자기 가치가 중요해지는 이유는 무엇일까? 심리학 분야에서 이 질문에 가장 깊이 있는 답을 해줄 수 있는 사람은 누가 뭐래도 에이브러햄 매슬로Abraham Maslow다.

영국의 저술가 콜린 윌슨Colin Wilson은 매슬로에 대해 이렇게 썼다.

"매슬로가 사망한 지 어느덧 25년이 흘렀지만 그의 명성은 조금도 바래지 않았다. 같은 기간 프로이트와 융의 이론이 온갖 반론과 반박에 부딪혀 만신창이가 된 것에 비교하면 놀라운 일이다. 매슬로가 활동하던 당시에는 그의 이론 중 가장 의미 있는 부분이 그다지 주목받지 못했다. 그의 중요성이 본격적으로 부각될 시기는 21세기다."

윌슨이 말한 미래가 이미 도래한 오늘날, 청년 세대의 고민은 과거와 사뭇 다르다. 1960년대의 청년은 먹고살 일을 걱정했고 1970년대에는 나라가 이끄는 대로 경제성장에 매진했다. 그 후 비교적 풍족하고 여유 있는 환경에서 성장한 젊은이들은 단순히 먹고사는 일이 아닌 '자아실현' 같은 한 차원 높은 욕구를 추구한다. 자기 가치 및 인생 가치 실현을 훨씬 소중히 여기는 것인데, 바로 여기에 매슬로 욕구 단계 이론의 핵심이 있다.

'인본주의 심리학의 아버지'라 불리는 매슬로는 인간의 동기와 욕구에 단계가 있으며 사람은 누구나 더 높은 단계를 추구한다고 보았다. 매슬로의 이론에서 동기와 욕구는 떼려야 뗄 수 없는 관계이며, 인간의 모든 행동은 특정 욕구의 자극을 받아 이뤄진다.

그에 따르면 욕구는 생리적 욕구, 안전과 안정의 욕구, 소속과 애정의 욕구, 자기존중의 욕구와 자아실현의 욕구로 나뉜다. 또한 욕구에는 서열이 있으며 낮은 단계가 충족되면 자연히 그다음 단계를 추구하게 된다고 보았다.

예를 들어 '왜 일을 하십니까?'라는 질문을 받는다면 사람들은 무어라 답할까?

"먹고살려고 일하죠."

먹고사는 것은 생리적 욕구에 해당한다. 우리가 열심히 일해서 돈을 벌고, 건강한 업무환경과 각종 복리후생을 바라는 이유는 모두 생리적 욕구를 만족시키기 위해서다.

먹고사는 문제가 충족돼 더이상 걱정거리가 아니라면 같은 질문에 무어라고 대답할까? 아마 이렇게 대꾸할지도 모른다.

"빚을 갚으려고요. 주택담보대출이 어마어마하거든요."

전세자금대출이든 주택담보대출이든 돈을 빌려서까지 안정된 주거환경을 확보하려고 애쓰는 까닭은 안전의 욕구 때문이다. 안전한 환경에서 편안하고 안락하게 살고 싶다는 기본적 욕구가 발동한 것이다. 일어나지도 않은 사고를 대비해 각종 보험을 드는 이유도 다르지 않다.

보통 직장인에게는 비현실적이지만, 젊어서 주택담보대출을 다 갚았다고 치자. 그런 이에게 일을 왜 하느냐고 묻는다면 이런 답이 나오지 않을까.

"좋은 사람 만나서 결혼하려고요."

이런 사람의 욕구는 무엇일까? 바로 소속과 애정의 욕구다. 사람은 누구나 소속감을 느끼고 싶어 하고 건실한 인간관계를 갈망한다.

자, 원하던 대로 가정을 이루었다. 다음은 무엇일까?

"내 분야에서 성공하고 싶어요. 그래야 가족과 동료에게 체면이 서지 않겠어요?"

'체면이 선다'는 표현에는 타인의 인정과 존경을 받고 싶다는 존중의 욕구가 담겨 있다. 사회적 지위와 명예, 권력을 추구하고 남과 자신을 끊임없이 비교하는 것도 이 욕구 때문이다.

먹고사는 데 문제가 없고 집도, 가족도 있다. 사람들의 인정도 받고 있다. 그런데도 일을 그만두지 않는다. 왜일까?

"사람은 일을 해야죠. 일하는 게 재밌어요."

이 순간 일은 한층 높은 단계의 욕구를 충족하는 수단으로 승화된다. 그 욕구란 바로 자아실현의 욕구다. 이 단계에 이르면 자신의 특기와 장점을 발전시키고 도전에 응하며 스스로 느끼는 가치감을 높이는 것이 일하는 목적이 된다.

일만이 아니라 여가도 마찬가지다. 어떤 사람은 친구들과 어울리는 게 좋아서 게임을 한다(소속과 애정의 욕구). 어떤 사람은 자신이 얼마나 잘하는지 인정받기 위해 게임을 한다(존중의 욕구). 그런가 하면 오로지 게임이 주는 쾌감 때문에,

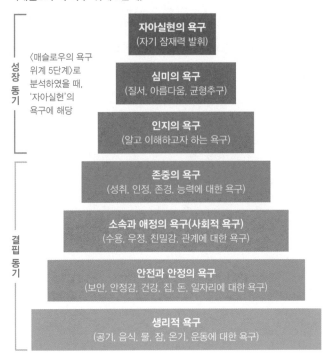

〈매슬로우의 욕구 위계 7단계〉

성장 동기

〈매슬로우의 욕구 위계 5단계〉로 분석하였을 때, '자아실현'의 욕구에 해당

자아실현의 욕구
(자기 잠재력 발휘)

심미의 욕구
(질서, 아름다움, 균형추구)

인지의 욕구
(알고 이해하고자 하는 욕구)

결핍 동기

존중의 욕구
(성취, 인정, 존경, 능력에 대한 욕구)

소속과 애정의 욕구(사회적 욕구)
(수용, 우정, 친밀감, 관계에 대한 욕구)

안전과 안정의 욕구
(보안, 안정감, 건강, 집, 돈, 일자리에 대한 욕구)

생리적 욕구
(공기, 음식, 물, 잠, 온기, 운동에 대한 욕구)

다시 말해 심리적 만족감을 위해 게임을 하는 사람도 있다(자아실현의 욕구). 이처럼 똑같이 게임을 해도 개인마다 충족하려는 욕구는 다르다.

대부분의 사람들은 존중의 욕구가 충족되고 나면 더이상 발전을 추구하지 않는다. 자아실현에 목표를 두고 노력하는 사람은 손에 꼽을 정도다. 그래서일까, 자아실현을 추구하는 이들은 일상에서도 남달라 보인다. '목구멍이 포도청' '친구 따라 강남 간다'처럼 생리적 욕구나 소속과 애정의 욕구, 존중의 욕구가 담긴 속담은 금방 떠오르는데, 자아실현의 욕구가 담긴 속담도 그러한가? 아닐 것이다. 그만큼 자아실현의 욕구를 좇는 것은 희귀한 일이다.

지금까지 설명한 욕구의 5단계 이론은 다들 들어보았을 것이다. 그런데 매슬로가 나중에 인지의 욕구와 심미의 욕구라는 두 단계를 더 추가했다는 사실을 아는 이는 많지 않다.

매슬로는 인간의 욕구를 7단계로 다시 분류하고 이를 두 가지 동기로 묶었다. 바로 결핍동기와 성장동기다. 생리적 욕구, 안전의 욕구, 소속과 애정의 욕구, 존중의 욕구는 결핍동기에 해당하며 인지의 욕구, 심미의 욕구 및 자아실현의 욕구는 성장동기에 속한다. 오늘날 사람들이 소중히 여기는 동기가 어느 쪽인지는 분명하다. 결핍동기보다는 성장동기, 다시 말해 자아실현을 통해 인생의 가치를 실현할 수 있기를 갈망한다. 매슬로 자신의 일생이 그러했듯이 말이다.

때로는 숭고함이 배고픔을 이긴다

매슬로의 욕구 단계 이론에서는 낮은 단계의 욕구가 충족되면 자연히 더 높은 단계의 욕구를 추구하게 된다고 설명한다. 반대로 낮은 단계의 욕구가 충족되지 않으면 그다음 단계의 욕구를 추구하지 않으며, 이미 충족된 욕구가 또다시 행동을 일으키는 동기가 되는 일도 없다고 한다. 예를 들어 선생님에게 인격모독이나 무시를 당하는 학생은 대부분 학업에 흥미를 느끼지 못한다. 존중의 욕구가 채워지지 않은 상태에서는 인지의 욕구가 생기지 않기 때문이다. 또 배가 너무 고플 때는 아무리 훌륭한 강연도 좀처럼 귀에 들어오지 않는다. 가장 기본적인 욕구가 채워지지 않았기 때문에 성장 동기가 작용하지 못하는 것이다.

그러나 인류의 희망은 때때로 예외적 경우 혹은 돌연변이에서 나오는 법. 몇몇 특별한 사람은 이 욕구 단계를 역행하기도 한다(이는 욕구 단계가 절대적인 것이 아니라는 반증이기도 하다). 즉 어떤 이들은 높은 단계의 욕구를 위해 낮은 단계의 욕구를 포기하는 남다름을 보인다.

다름 아닌 매슬로 본인이 그런 인물이었다. 매슬로의 어린 시절은 비참함 그 자체로, 자비 없는 아버지와 사랑 없는 어머니 밑에서 온갖 모진 말과 인격모독을 견뎌야 했다.

미신에 사로잡힌 어머니는 툭하면 '신이 벌하실 것'이라며 아들에게 저주를 퍼부었고, 아버지는 '이보다 더 못생긴 아이를 본 적이 있느냐'며 사람들 앞에서 그를 조롱거리로 만들었다. 유달리 섬세하고 마음이 여렸던 매슬로는 그때마다 엄청난 상처를 입었다. 그러나 따스한 애정도 안온한 소속감도 느끼지 못했던 그는 좌절하지 않고 훨씬 높은 단계의 욕구인 인지의 욕구를 추구하는 길을 택했다. 도서관에 틀어박혀 닥치는 대로 책을 읽은 것이다. 얼마나 열심히 읽었던지 나중에는 나이에 맞는 책 중에는 더이상 읽을 책이 없어 성인용 독서 카드를 발급받았을 정도다.

청년기의 매슬로는 크게 약진했다. 그의 석사학위 논문이 워낙 훌륭해 지도교수가 학술지에 기고할 것을 강력히 권고하기도 했다. 이 논문으로 매슬로는 학위 취득과 동시에 학계의 주목을 받았는데, 정작 본인은 자기 논문이 실망스러워 몰래 없애버리려 했다고 한다. 그때까지만 해도 인지의 욕구와 자아실현의 욕구가 오롯이 충족되지 않았던 걸까.

학사와 석사, 박사까지 행동주의 심리학을 연구한 그는 대학교수로 임용된 후 탄탄대로를 걷기 시작했다. 그의 강좌는 학생들이 손꼽는 인기 강의였고, 기업에 자문을 제공하면서 경제적으로도 여유가 생겼다. 교육자로서도 학자로서도, 개인적인 삶도 순탄했던 이 시기야말로 매슬로에게는 기본적 욕구가 모두 충족된 시기였을 것이다. 그러나 얼마 지나지 않아 그는 인생과 연구의 전환점을 맞는다. 2차대전 당시, 진주만 공습 직후 우연히 길에서 한 무리를 마주친 것이다. 낡고 해진 군복 차림의 노병과 소년단 무리가 미국 국기를 들고 피리를 불며 엄숙하게 행진하고 있었다. 겉모습은 초라하지만 숭고한 애국심을 불러일으키기에 조금의 모자람도 없는 그 모습에서 매슬로는 인간의 무한한 잠재력과 고결한 본성을 발견하고는 눈물을 흘리고 말았다.

"우리는 히틀러나 독일인을 이해할 수 없다. 그들 중 어느 한 사람도 이해할 수 없다. 그러나 만에 하나 그들을 이해할 수 있게 된다면 인간에 대한 이해의 지평을 넓힐 수 있을 것이다."

매슬로는 세계가 잔인한 살육을 멈추고 한 테이블에 둘러앉아 인간의 본성과 평화, 인류애를 이야기하는 광경을 그려보았다. 그리고 이 '평화의 테이블'을 위한 심리학, 사람들을 위한 심리학을 연구하기로 결심했다. 이후 매슬로는 행동주의 심리학에서 인본주의 심리학으로 노선을 선회하고 인간 본성의 선함과 자아실현을 평생의 연구 목표로 삼았다.

이 같은 행적에서 알 수 있듯이 매슬로는 단 한 순간도 심리학을 그저 밥벌이 수단이나 원초적인 욕구를 충족하기 위한 도구로 여기지 않았다. 그에게 심리학은 세상을 이해하는 통로였으며 고차원적인 욕구를 채워주는 근원이었다.

그의 노년은 어떠했을까? 남들이 다 은퇴하는 시기에 그는 어느 유망 기업으로부터 초빙학자로 와달라는 제안을 받았다. 높은 보수와 후한 연구자금, 개인용 차량과 연구실까지 제공받으며 그가 해야 할 일은 바로 '하고 싶은 연구를 하는 것'이었다. 학자라면 누구나 꿈꾸는 제안이 아닌가. 아마 매슬로도 그렇게 생각했던 모양이다. 대학 교수직도, 미국심리학회 회장이라는 자리도 내려놓고 받아들인 것을 보면 말이다. 아무리 많은 욕구가 있다 한들 편안하고 안락한 노후를 보내고 싶은 욕구만큼 강렬한 게 있을까.

재미있는 점은 심리학과 별 상관없는 이 소소한 에피소드가 심리학 역사를 다룬 교재마다 등장한다는 사실이다. 교재 편집을 맡은 사람들(대부분 학자이리라)이 그만큼 매슬로의 노후를 부러워한다는 뜻 아닐까. 물론 나도 마찬가지다.

자아실현의 쾌감, 절정경험

매슬로의 욕구 단계 이론에서 가장 높은 수준의 욕구는 잘 알려졌듯이 자아실현의 욕구다. 자아실현 욕구가 충족되는 순간 사람들은 찰나의 극치감과 해방감을 느끼기도 하는데 매슬로는 이를 '절정경험peak experience'이라 불렀다. 절정경험이란 가히 종교적 황홀경에 비견할 만한데, 시공간을 초월한 완벽한 몰아의 상태로 나라는 존재가 우주와 하나가 되고 단순한 자아실현을 넘어 무아도취에 이르는 순간을 가리킨다. 하지만 아무리 설명한들 절정경험이 대체 무엇인지 직관적으로 이해하기란 쉽지 않다. 누구나 쉽게 도달하는 경지가 아니기 때문이다. 별수 없다, 또다시 매슬로의 일화를 사례로 드는 수밖에.

젊은 시절, 매슬로는 사촌 누이에게 속절없이 빠져들었다. 그러나 원체 수줍음이 많은 탓에 매일같이 그녀의 집을 방문하면서도 말 한 번 제대로 붙이지 못했다. 말은커녕 쿵쿵대는 심장을 부여잡고 애써 태연한 척하느라 오히려 분위기를 어색하게 만들기 일쑤였다. 하지만 재채기와 사랑은 숨길 수 없는 법, 그의 불타는 마음을 진즉에 알아챈 미래의 처형이 어느 날 참지 못하고 매슬로의 등을 떠밀었다.

"가요, 가서 키스하라고요!"

매슬로는 깜짝 놀라면서도 주춤주춤 사촌 누이에게 다가갔고, 조심스레 그녀에게 입을 맞췄다. 그런데 곧 그가 상상하지 못한 일이 벌어졌다. 사촌 누이가 키스에 화답한 것이다! 첫사랑이 이뤄진 첫 키스의 순간, 매슬로는 절정경험을 맛보았다. 이후 두 사람은 반려로서 평생을 함께했다.

사랑이 이뤄지는 순간에만 절정경험이 찾아오는 것은 아니다. 매슬로에 따르면 그것은 '사랑하는 사람과 결합할 때'뿐 아니라 '지극히 심미적인 감동의 순간(특히 음악에 대해)'이나 '창조적 충동과 열정(위대한 영감)이 솟아날 때' 혹은 '심오한 진리를 깨달았을 때'에도 찾아온다. 여성이 아이를 낳고 기르며 사랑을 느끼는 순간, 울창한 숲이나 광활한 대지, 너른 바다를 마주하고 대자연과 하나가 되는 순간, 또는 스포츠 활동 중에도 불현듯 절정경험에 사로잡힐 수 있다.

성장하는 삶을 위해 해야 할 것, 하지 말아야 할 것

니체가 말했다. "그대 자신이 되어라."

매슬로가 말한 진정한 자아실현도 이와 다르지 않다. 내가 어떠한 사람이 될 수 있다면 반드시 그러한 사람이 되는 것, 자신의 본성이 이끄는 대로 자아의 성장을 이루는 것. 통속적으로 표현하자면 자아실현이란 자신의 잠재력을 최대치로 발휘하는 것이다.

1967년, 매슬로는 〈Self-actualizing and Beyond(자아실현과 그 이상)〉이라는 글에서 자아실현을 위한 구체적인 방법을 제시했다. 여기서는 크게 문제를 대하는 4가지 태도와 3가지 금기로 구분해서 소개하려 한다. 먼저 문제를 대하는 4가지 태도를 살펴보자.

첫째, 문제를 회피하지 않고 직시한다.

그러려면 평소 끊임없는 사색과 자기탐색, 자아성찰과 책임을 인정하는 용감한 태도가 필요하다.

둘째, 자기 내면에 귀를 기울인다. 그럼으로써 내면의 자아가 목소리를 낼 수 있게 한다.

이때 기억할 것이 있다. 자신의 천성과 잠재력을 충분히 발현하는 것을 행동의 제1원칙으로 삼는 것. 인간은 누군가 빚어주어야만 하는 점토 뭉치가 아니라 무한한 잠재력과 주체적 가치를 지닌 존재다. 자아실현에는 다른 사람이나 외부적 요소의 도움이 필요치 않다. 내가 도움을 구해야 할 상대는 오로지 나 자신이다.

자신에게 도움을 구하고 마음의 소리에 귀 기울임으로써 자아를 실현한 사례는 스티브 잡스가 대표적이다. 제품을 개발할 때 잡스는 결코 사용자의 요구에 귀 기울이지 않았다. 대신 'follow your heart', 즉 자기 마음의 소리를 따랐다. 고객에게 무엇을 원하느냐고 묻지 않고 고객이 이러한 것을 원하리라는 자신의 생각에 따라 제품을 만든 것이다. 만약 잡스가 자신의 직감이 아니라 대중의 요구만 따랐다면 아이폰이라는 시대를 초월한 역작이 세상에 등장하는 일은 없었을지도 모른다.

셋째, 성장을 선택한다.

살다 보면 누구나 다양한 선택의 순간을 맞는다. 갈림길 앞에 선 이에게 매슬로는 어떤 충고를 할까?

"전진과 후퇴, 도전과 안정 중 하나를 골라야 한다면 무조건 자신을 성장시키는 쪽을 선택해야 한다. 그리고 선택 하나하나가 후퇴와 방어가 아닌 성장의 결과를 낳도록 온 힘을 쏟아야 한다."

수동적이기보다는 능동적 자세로 머뭇거리지 말고 앞을 향해 나아갈 것. 인생은 강물 위의 배와 같아서 끝없이 물결을 거슬러 올라가지 않으면 저절로 떠밀려 내려갈 수밖에 없다. 같은 맥락에서 매슬로는 역경 앞에 지레 좌절하거나 무릎 꿇지 말라고 역설했으며 본인도 그런 삶을 살았다. 성선설을 전제로 한 인본주의 이론을 처음 내놓았을 당시 그에게 쏟아진 것은 박수갈채가 아닌 비판과 비난, 비웃음이었다. 어찌나 공격이 심했던지 한동안은 밤마다 미국심리학회에서 제명되는 악몽에 시달릴 정도였다. 그러나 매슬로는 포기하지 않았다. 마침내 모두가 그의 이론을 인정할 때까지,

더 나아가 세계로 전파돼 지대한 영향력을 미칠 때까지 연구에 매진했다.

넷째, 자아초월의 경지에 이른다.

말년에 매슬로는 욕구 단계를 새롭게 수정했다. 자아실현 다음에 자아초월이라는 더 높은 단계의 최고 욕구가 더해진 것이다. 자아실현이 자신이 가진 가능성과 잠재력을 최대치로 발현하는 것이라면, 자아초월은 그 단계를 넘어 자신의 존재를 잊을 정도로 어떠한 사명에 집중하거나 개인의 수준을 넘어 더 큰 무언가로 발전해나가는 상태를 의미한다. 개인의 한계, 아집, 경직되고 위축된 모든 구속을 벗어나 '망아忘我'의 주체적인 상태로 접어드는 이 경지를 가장 잘 설명하는 단어는 '몰입flow'이다. (몰입은 12장에서 자세히 다루도록 하겠다.)

매슬로에 따르면 자아실현을 이룬 사람은 선택의 순간마다 이 4가지 태도를 조합해서 대응하며, 이로써 최선의 결과를 도출해낸다. 그렇다면 '3가지 금기'는 무엇일까?

첫째, 성장하기를 멈추지 말라.

자아실현을 이루려면 끊임없이 성장하고자 노력해야 한다. 자아실현에는 끝이 없다. 내 안의 잠재력을 발견하고 이끌어내고 현실화하는 모든 과정이 곧 자아실현이다. 그렇기에 어떤 상태에 도달했는지는 중요치 않다. 애초에 자아실현에는 이만하면 됐다는 개념이 없으니 당연하다. 개인의 가치실현에는 성실한 노력과 지치지 않는 분투가 필요하다.

둘째, 절정경험에 얽매이지 말라.

절정경험은 자아실현의 여정에 짧게 스치는 순간에 불과하다. 물론 절정경험은 좋은 것, 필요한 것이며 누구든 살면서 맞을 수 있는 최고의 순간이지만 어디까지나 찰나의 황홀경일 뿐 결코 자아실현의 목적지가 될 수 없다. 따라서 아무리 잊을 수 없는 경험이었다 해도 계속 그 순간에 머무르는 것은 금물이다. 앞에서 강조했듯 자아실현은 특정 상태가 아니라 과정 그 자체이기 때문에 끊임없이 성장하고 초월하며 자신을 이해하고 발견하고 실현하고자 노력해야 한다.

셋째, 마음의 짐을 짊어지지 말라.

내게 어떠한 심리적 방어기제와 정신적 짐이 있는지 깨닫고, 만약 그것이 성장에 방해가 된다면 과감히 버려야 한다. 매슬로는 개인이 정신적, 심리적 부담을 내려놓고 자아실현을 향해 가도록 돕는 것이야말로 인본주의 심리학의 역할이자 욕구 단계 이론의 존재이유라고 했다.

자아실현을 이룬 사람은 우리가 마땅히 본받아야 하는 모범이다. 그들은 인류가 추구할 방향과 인간성이 도달할 수 있는 경지를 눈에 보이는 모습으로 구현한다. 그리고 문제를 대하는 4가지 태도와 3가지 금기를 기억한다면 누구든 자아실현의 경지에 도달할 수 있다.

마지막으로 매슬로와 관련된 에피소드를 하나 소개하고 이번 장을 마치려 한다. 어느 날 매슬로가 강의실에서 학생들에게 질문을 던졌다.

"여기서 나의 성공을 믿어줄 사람은 누구일까요?"

엉뚱한 질문에 학생들은 뭐라고 대답해야 할지 몰라 서로 눈치만 보았다. 당황한 시선들이 매슬로에게 향했다. 그러자 그가 씩 웃으며 말했다.

"나의 성공을 믿어줄 사람은 나 자신뿐입니다."

그렇다. 나를 성장시킬 사람도, 나의 성장을 막을 사람도 나 자신뿐이다. 나의 성취를 이룰 수 있는 존재도 나 말고는 없다. 매슬로가 학생들에게 심어주고자 했던 것은 이러한 자신감이었다. 지금 우리에게 필요한 것도 이것이 아닐까.

3장

나의 내면을 과학적으로 측정할 수 있을까

프랜시스 골턴
Sir Francis Galton, 1822~1911

영국의 유전학자로 우생학을 창시했다. 다양한 분야를 섭렵하던 중 다윈의 《종의 기원》에 영향을 받아 유전학을 연구했다. 인류 개량을 위해서는 환경보다 유전이 중요하다는 주장을 펼쳤다.

골상학이라고 들어보았는지? 골상학이란 사람의 두개골 형태를 보고 성격 및 심리적 특성을 알 수 있다고 주장한 학문이다. 지금이야 근거 없는 유사과학에 불과하지만 한때는 엄연한 심리학의 한 분파로 인정받았을 뿐 아니라 대단한 인기를 끌었다. 일례로 골상학자인 요한 스프르츠하임Johann Spurzheim은 하버드대와 예일대를 비롯한 수많은 의과대학 및 대학원에 초청받아 강의했으며 엄청난 명성과 열성 지지자를 거느리기도 했다. 당시 골상학이 얼마나 타당하게 받아들여졌던지 문학작품에도 골상학을 기반으로 한 인물묘사가 종종 등장한다. 샬롯 브론테의 소설에서 남자주인공은 종종 머리통이 크고 이마가 높은 총명한 사람으로, 그에 대립하는 인물은 머리통과 눈이 작은 비열한 작자로 그려진다. 아서 코난 도일이 낳은 명탐정 셜록 홈스 역시 사이즈가 큰 모자를 보고 모자의 주인이 매우 높은 지능을 가졌을 거라고 유추하곤 했다.

대중의 맹신도 대단했다. 하마터면 골상학 때문에 진화론이 등장하지 못할 뻔했다면 믿겠는가? 다윈이 진화론의 단초를 발견하게 된 여정을 시작할 당시, 그가 타려던 배의 선장은 다윈의 승선을 거부했다. 골상학적으로 봤을 때 그의 코가 너무 커서 도무지 믿을 만한 사람이 못 된다는 게 이유였다. 다윈이 포기하지 않고 끈질기게 설득해서 결국 배에 올랐기에 망정이지, 그렇지 않았으면 진화론은 빛을 보지 못했을지도 모른다.

골격만 보고 그 사람의 내면을 꿰뚫어볼 수 있다니, 과거 사람들의 행태가 어리석게 느껴질지 모른다. 그러나 오늘날 우리라고 다를 바 있을까? 두개골이 질문 리스트로 바뀌었을 뿐이다. 인터넷만 열면 MBTI를 비롯해 수많은 심리테스트를 얼마든지 찾아볼 수 있다. 몇 가지 간단한 문항이나 그림을 보고 묻는 바에 답하면 자신과 타인의 속내를 알 수 있다는 심리테스트에 열광한다.

그들이 골상학이 정확하다고 믿은 이유는 무엇일까? 우리는 왜 심리테스트에 설득당하는가?

겉모습으로 성격과 심리를 알 수 있다?

근원을 따져보면 심리테스트와 골상학 사이에는 분명한 연결고리가 존재한다.

첫 번째 단서, 당시 골상학은 실제 '학문'으로 연구되었다. 다시 말해 외모가 지능 및 성격과 유의미하게 연관되어 있다고 진지하게 믿은 심리학자가 정말 있었다는 뜻이다. 외과의사이자 신경학자로 인간의 뇌를 연구한 폴 브로카Paul

Pierre Broca는 몇몇 테스트에서 남성이 여성보다 우수한 성적을 내는 이유는 남성의 머리통이 여성보다 크기 때문이라고 여겼다. 그런가 하면 독일의 정신의학자 에른스트 크레치머Ernst Kretschmer는 체형을 보면 성격과 심리를 유추할 수 있을 뿐 아니라 정신적 취약점도 미리 알 수 있다고 주장했다. 예를 들어 키가 작고 퉁퉁한 사람은 외향적이고 사교적이지만 성격이 급하고 화를 잘 내며, 키가 크고 마른 사람은 내향적이고 소심하며 조현증을 앓을 확률이 높다는 식이었다.

두 번째 단서, 심리학 분야에서 심리검사의 단초를 제공한 사람은 다윈의 외사촌인 프랜시스 골턴 경Sir Francis Galton이다. 골턴은 한마디로 정의하기가 어려운 인물이다. 귀족 출신으로 어려서부터 천재성을 드러내 세 살 때 이미 글을 읽고 다섯 살에 그리스어와 라틴어를 이해했으며 일곱 살부터는 셰익스피어를 비롯한 여러 문학작품을 읽고 어른들과 대화를 나눌 정도였다. 후에 과학자들이 추정한 그의 지능지수는 무려 200에 달한다. 믿거나 말거나지만 어쨌든 대단한 두뇌의 소유자였음은 분명하다.

골턴은 이러한 천재성을 바탕으로 수많은 분야에서 두각을 나타냈다. 그는 심리학자이자 인류학자였고 오지탐험가인 동시에 지리학자였으며 기상학자, 통계학자, 유전학자, 발명가이기도 했다. 요즘 말로 하자면 전형적인 르네상스형 인재라 할까. 하지만 무엇보다 골턴의 이름 앞에 붙는 가장 유명한 수식어는 바로 '우생학의 창시자'다. 젊은 시절 막대한 재산을 물려받아 일찍이 경제적 자유를 이룬 그는 대학에 남아 학자가 되기를 바란 아버지의 바람을 뒤로 하고 아프리카 여행길에 올랐다. 대학에서 치열한 경쟁에 시달려 신경 쇠약이 생긴 탓도 있었지만, 우연히 만난 골상학자가 그에게 던진 한마디가 결정적이었다.

"두개골 모양을 보니 자네는 학문에 적합한 사람이 아니야. 밖으로 나가 탐험할 사람이지."

여행하면서 골턴의 두뇌는 잠시도 쉬지 않았다. 남들이 아프리카의 아름다운 풍광에 시선을 빼앗길 때 그는 그것을 지도로 남겼다. 이후 골턴은 여행 및 탐험 전문서적을 출판했고 탐험 전문작가로 인정받았다. 하지만 그에게 이 여행의 가장 큰 수확은 뭐니 뭐니 해도 자신의 평생 취미를 찾은 것이었다. 바로 '측정'이다.

골턴은 무엇이든 측정하기를 좋아했고 또 잘했다. 다양한 지역의 지리를 측정해서 35세에 영국 왕립지리학회 학회장이 되는 놀라운 업적을 이뤘으며 기상을 측정해서 최초의 기상도를 고안해냈다. 또한 각종 과학적 측정에 필요한 데이터를 수집하기 위해 설문지와 설문조사를 도입했으며 종교적 기도의 효과를 측정해서 별 효험이 없다는 결론을 내리기도 했다. 심지어 영국 어느 지역의 여인이 가장 아름다운지를 측정한 '그레이트브리튼 미인분포도'를 그리기도 했다.

그러다 골턴은 사촌형 찰스 다윈이 출간한《종의 기원》을 읽고 인생의 전환점을 맞는다. 그는 다윈의 진화론이 인류에 미칠 영향을 가장 먼저 간파한 사람 중 하나였으며, 특히 개체 간에 차이가 나타나는 이유에 사로잡혔다. 골턴은 사람 사이의 개체 차이를 측정, 기록, 분석하면 심리적 다름도 과학적으로 측정할 수 있으리라 보고 이를 증명하기 위한 작업에 착수했다. 그는 알지 못했지만 이것이 바로 심리검사 연구의 시작이었다.

과학적 심리검사의 30년 역사

지능검사와 우생학

골턴이 가장 먼저 시도한 것은 지능검사였다. 그는 지능이 신체감각의 예민도에 따라 결정된다고 여겼다. 인간은 감각을 통해 자신을 둘러싼 세상을 인지하기 때문이다. 그는 감각이 예민할수록 똑똑하다는 전제하에 신체감각을 측정해서 지능을 추정하는 여러 가지 실험을 고안하고 전문적인 실험실도 마련했다. 돈 걱정할 필요가 없는 골턴은 이 실험실에서 자신이 생각해낸 모든 지표에 대한 측정을 자신이 원하는 만큼 거듭 실행했다. 특히 지능과 관련 있다고 판단한 감각의 민감도를 측정하는 데 공을 들였다. 그 결과 두개골 크기, 양팔 펼친 길이, 선키, 앉은키, 손가락 길이, 체중, 악력, 폐활량, 시각 및 청각 민감도 등에 관해 1만여 명분의 데이터를 수집했다.

예민한 감각이 높은 지능의 증거라는 전제는 또 다른 가설로 이어졌다. 바로 지능이 유전된다는 것이다. 감각이 유전적 요인의 영향을 많이 받는다는 데 착안한 발상이었다. 골턴은 이 가설을 증명하기 위해 자신의 또 다른 주특기인 통계 역량을 발휘해 대법관, 정치가, 문학가 등 각 분야 명사들의 가계도를 수집하고 분석해서 이것이 평범한 사람들의 가계도와 어떻게 다른지 비교했다. 그러자 '콩 심은 데 콩 나고 팥 심은 데 팥 난다'는 결과가 나왔다. 걸출한 인물의 후대 역시 걸출한 성과를 낸 경우가 부지기수였던 것이다.

물론 여기에는 반박의 여지가 있다. 지능이 높고 사회적으로 성공한 인물이라면 당연히 자녀교육에 신경쓰고 잘할 가능성이 높다. 그렇다면 자녀의 훌륭한 성과가 유전적 요인과 환경적 요인 중 어느 쪽의 영향을 더 크게 받았는지 단언할 수 없지 않은가?

골턴도 이 점이 미심쩍었던 듯하다. 의문을 해결하기 위해 그는 쌍둥이를 대상으로 연구에 착수했다. 일란성 쌍둥이가 각기 다른 양육환경에서 자란 경우는 어떨까? 연구 결과, 유전적 조건이 같은 일란성 쌍둥이는 서로 다른 환경에서 자라도 비슷하게 성장했지만 유전적 조건이 다른 이란성 쌍둥이는 같은 환경에서 자라도 상이한 특성을 보였다. 환경보다는 유전의 영향이 더 크다는 점이 확인된 것이다.

산처럼 쌓아올린 교육보다 뛰어난 유전자 한두 개가 더 낫다는 결론에 이르자 골턴은 그 유명한 우생학을 주창하기 시작했다. 나아가 인류의 미래를 위해 지능이 우수한 사람끼리 결혼해서 자녀를 낳도록 독려하고, 그렇지 않은 사람은 아예 결혼도 출산도 못 하게 하는 정책을 정부에 건의했다. 인권에 대한 고려 따위는 없는 말도 안 되는 발상이지만 당시에는 상당히 과학적인, 꽤 그럴듯한 의견으로 여겨져 진지하게 검토되었다.

골턴의 지능검사에도 오늘날의 관점에서 바라보면 이런저런 문제점이 있다. 예를 들어 그가 시각, 청각 등의 감각을 측정해 지능을 추정한 것에 대해 권위 있는 인지심리학자 로버트 스턴버그Robert Sternberg는 이렇게 비꼬았다.

"만약 청각 검사를 지능 측정에 활용한다면 우리 집 고양이가 나보다 더 똑똑하다고 나올 것이다."

이처럼 오류와 한계가 뚜렷하지만, 골턴은 무수한 '최초' 시도로 심리학 역사의 한 페이지를 장식했다. 지능검사를 비롯해 쌍둥이 비교연구, 천성nature 대 양육nurture 연구, 설문조사와 이미지검사, 단어연상검사 및 이와 관련된 수많은 통계기술 연구 등이 모두 그가 최초로 시도한 것이다.

골턴이 수많은 시도를 통해 심리검사 발달사의 초기 10년을 책임진 이후, 다양한 심리 및 지능검사가 개발되었다. 대표적인 인물이 1890년대 제임스 커텔James McKeen Cattell, 1900년대의 알프레드 비네Alfred Binet다.

골턴 이후의 지능검사

미국인인 제임스 커텔은 '심리학의 아버지'라 불리는 빌헬름 분트Wilhelm Wundt를 사사했다. 분트의 주요 연구분야는 인간의 일반적인 심리로, 개개인의 차이에는 그다지 관심을 보이지 않았다. 반면 제자 커텔은 인간의 개체차를 파고든 골턴의 연구에 큰 흥미를 느끼고 그에게 연락해 가르침을 구했으며, 결국 아예 유럽으로 건너가 골턴의 문하에서 전문적으로 배웠다. 골턴을 숭배하다시피 한 커텔은 후에 그의 이론과 학문을 계승하고 더욱 발전시키겠다는 포부를 안고 미국으로 돌아갔다.

커텔은 '심리검사'라는 전문용어를 처음으로 제안했으

며 골턴이 창안한 몇몇 테스트를 보완하여 대학 입시에 지능 검사 항목이 도입되도록 하는 데 일조했다. 또한 스스로 '골턴의 제자'라 칭하며 우생학 이론을 이어받아 우수한 인간들이 결혼하고 출산해 인류 발전에 이바지해야 한다는 주장을 이어갔다. 그저 주장만 한 게 아니라 자신이 솔선수범해서 우수한 여성과 결혼해 일곱 자녀를 낳았으며, 자녀들에게도 똑똑한 사람과 결혼하라고 독려했다. 심지어 대학교수 집안과 결혼하는 자녀에게는 1000달러를 주겠다며 상금까지 내걸었다.

알프레드 비네는 프랑스 심리학자로 원래는 최면을 연구했다. 한때 그는 자기력을 이용해 피최면자의 증상과 감각을 통제할 수 있다는 주장을 펼치기도 했으나 효과가 없다는 사실이 과학적으로 입증돼 좌절을 겪었다. 자기력에는 그가 믿은 만큼의 신비한 힘이 없었고, 최면 중에 나타나는 반응역시 암시의 결과일 뿐이었다. 이 때문에 비네는 한동안 슬럼프에 빠졌지만 곧 새로운 돌파구를 찾게 된다. 바로 지능검사다.

골턴이나 커텔과 달리 비네는 감각 예민도가 아닌 인지능력을 직접 측정하는 지능검사 방식을 제안했다. 신체적 감각보다는 고도의 인지 및 심리 능력을 지능검사의 기준으로 삼아야 한다고 본 것이다. 그는 동료인 테오도르 시몬Theo-

61

dore Simon과 함께 지능이 연령에 따라 어떻게 발달하는지 연구한 뒤 1905년 비네-시몬 지능검사법을 발표했다.

현대적 지능검사의 원형이 된 이 검사의 주요 목적은 정상 지능을 가진 아동과 그렇지 않은 아동을 구분하는 데 있다. 오늘날 IQ를 숫자로 표현하는 근거를 제공한 것도 바로 비네-시몬 지능검사법이다.

비네-시몬 지능검사는 연령별로 각기 다른 문제를 풀게 되어 있는데, 만약 7세 아이가 7세용 문제를 전부 맞힌다면 이 아동의 IQ는 7 나누기 7에 100을 곱한 수치, 즉 100이다. 그런데 7세 아이가 5세용 문제밖에 맞히지 못한다면 IQ는 5 나누기 7에 100을 곱한 수치, 71이 된다. 반대로 IQ가 100이 훨씬 넘는다면 자신의 연령대를 훌쩍 뛰어넘는 인지 능력을 갖고 있다는 뜻이므로 똑똑하다고 말할 수 있다. 앞에서 말한 대로 골턴은 IQ가 200으로 추정된다고 하니 확실히 불세출의 천재였던 모양이다.

심리검사의 명암

골턴과 커텔, 비네로 이어진 지능검사 연구는 이후 수많은 심리학자의 지속적인 노력이 더해져 지능뿐 아니라 인성, 인간관계, 심리건강까지 확장되었다. 인간의 다양한 측면을 측정하는 심리검사가 심리학 응용 분야의 중요한 영역이 된 것이다. 특히 미국에서는 심리검사가 광범위하게 사용되고 있다. 군인은 참전을 위해, 학생은 입학을 위해 심리검사를 받아야 한다. 미국으로 이민을 희망하는 이들도 일련의 심리검사를 통과해야 한다. 한때 뉴욕시는 이민자를 대상으로 지능검사를 해서 기준에 미달하는 사람은 즉시 자국으로 돌려보내기도 했다. 미국은 똑똑한 사람에게만 '기회의 땅'이었던 셈이다.

오늘날 심리검사는 학문의 영역을 넘어 각광받는 비즈니스가 되었다. 골턴은 사람들에게 3펜스씩 돈을 줘가며 지능검사를 했는데, 비네-시몬 지능검사가 소개된 이후 자기 IQ를 궁금해하는 사람이 많아지면서 검사를 받으려면 돈을 내는 게 당연해졌다. 자기 자신을 이해하고 싶다는 인간의 본능적 욕구에 심리검사가 유용하고 과학적이라는 믿음이 더해진 결과, 심리검사 자체가 하나의 거대한 산업이 된 것이다.

그러자 부작용도 생겨났다. 여기저기 심리검사는 넘쳐나는데 과연 무엇을 어디까지 믿어도 되는지 도통 알 수 없게 된 것. 홍수에 마실 물이 없는 형국이랄까. 인터넷에 심리검사라고 검색하면 수십 수백 개의 테스트가 뜨는 요즘, 신뢰할 만한 심리검사를 구별하려면 어떻게 해야 할까?

심리검사의 옥석을 가리는 요령

이미 심리검사는 온·오프라인을 막론하고 생활 곳곳에 깊숙이 침투해 있다. 그런데 심리검사는 다 믿어도 될까? 전문적이며 공신력 있는, 한마디로 '좋은' 심리검사란 무엇일까?

전문 심리학자의 시각에서 볼 때 좋은 심리검사는 적어도 다음의 몇 가지 지표를 만족시켜야 한다.

첫째, 신뢰도다. 신뢰도는 검사의 안정성과 관련 있다. 만약 똑같은 심리검사를 했는데 어제는 내향적인 사람으로 나오고 오늘은 외향적인 사람으로 나온다면 신뢰도가 떨어지므로 좋은 검사라 할 수 없다.

둘째, 타당도다. 타당도란 수검자가 원하는 내용을 해당 검사가 제대로 측정할 수 있는지를 말한다. 측정 지표가 올바르게 설정되어 있지 않으면 백번 검사해도 내가 알고자 하는 내용이 정확히 나오지 않는다. 골턴의 머리둘레 지능검사를 생각해보자. 머리통 크기는 어제나 오늘이나 같을 테니 신뢰도야 높겠지만 머리둘레가 지능의 높고 낮음을 반영할 수는 없으므로 이 검사의 타당도는 상당히 떨어진다고 볼 수 있다.

셋째, 규준norm이다. 규준이란 특정 검사에 대한 대표집단의 점수를 일정한 분포로 작성하여 이후 개별 점수를 해석하는 기준으로 삼는 자료를 가리킨다. 한마디로 비교 기준이 되는 평균치라 할 수 있다. 지능검사 및 인격검사, 심리건강 검사에는 반드시 규준이 제시되어야 한다. 그것도 한두 명이 아니라 다수 대중에게서 도출한 규준이 필요하다. 고작 한두 명의 데이터만 가지고 수검자의 지능이 높다거나 우울증 정도가 심하다고 판단하는 것은 올바른 검사가 아니다. 좋은 검사는 반드시 규준을 갖추기 마련이며, 이를 잣대로 객관적 결과를 도출할 수 있다.

넷째, 표준화다. 믿을 만한 검사는 업계에서 공인된 표준화 과정을 거친다. 어떤 이론이 근거인지, 어떻게 측정하고 누가 진행하며 해석은 누가 어떻게 할지 등, 전문적인 검사를 설계하고 실행할 때는 반드시 이러한 사항들을 고려하여 표준화하는 과정이 필요하다. 제품의 신뢰도를 높이기 위해 ISO 인증을 받듯, 심리검사도 공신력을 높이려면 표준화가 필수다.

이러한 점을 염두에 두고 인터넷에 돌아다니는 심리검사를 따져보라. 십중팔구 신뢰도와 타당도, 규준을 갖추지 못하고 표준화 과정 역시 거치지 않은 경우가 절대다수다. 심지어 출처도 불분명하다. 한마디로 믿을 수가 없다. 그도 그럴 것이, 이런 심리검사는 사실 재미 삼아 하는 용도이기 때문이다.

하지만 의미 있게 볼 만한 심리검사도 더러 있는데, 일례로 투사검사가 그렇다. 투사검사란 정형화되지 않은 이미지나 언어 자극을 주고 이를 어떻게 해석하느냐에 따라 내면에 숨겨진 심리 및 성격형성 동기를 파악해내는 심리검사 기법이다. 검은 잉크 자국에 대한 반응을 보고 성격을 추측하는 로르샤흐 테스트나 집-나무-사람을 그려 심리 상태를 측정하는 HTP 검사 등이 대표적이다. 이런 종류의 검사는 재미만 있는 게 아니라 신뢰도와 타당도가 높고 표준화 과정도 거쳤기 때문에 숙련된 전문가의 진행과 해석이 더해진다면 재미와 유용함이라는 두 마리 토끼를 모두 잡을 수 있다.

그러나 조심할 것! 얼핏 보기엔 투사검사와 비슷하지만 전혀 과학적이지 않고 오로지 흥미 위주인 테스트도 있다. '원숭이-뱀-새' 심리테스트를 아는가? 원숭이, 뱀, 새와 함께 사막을 건넌다면 각각의 동물을 어떻게 데리고 갈 것인지를 떠오르는 대로 말하는 게 테스트의 전부다. 일단 나름의 대답을 해보자. 어떻게 할지 정했는가? 해설에 따르면 원숭이는 배우자, 뱀은 재물, 새는 자녀를 상징한다. 그리고 각각의 동물을 대하는 태도가 곧 배우자, 재물, 자녀를 대하는 나의 심리 상태라는 것이다. 어떤가? 맞는 것 같은가? 맞는 것 같든 아니든, 이 테스트는 전혀 믿을 게 못 된다. 심리 상태를 단정적으로 판단하면서 정작 판단의 근거는 제시하지 않기 때문이다. 각각의 동물이 왜 배우자와 재물, 자녀를 상징하는지에 대한 설명이 없다는 것부터가 문제다. 판단의 근거를 제시하느냐 여부는 인터넷에 떠도는 수많은 심리검사의 옥석을 가리는 가장 기본적인 기준이 된다. 해설만 하면서 왜 그런지 설명하지 못하는 심리검사는 믿고 걸러도 좋다.

엉터리 심리테스트를 믿는 심리

흥미로운 사실은 이런 심리검사를 하고 나서 '정확하다'고 느끼는 사람이 의외로 많다는 것이다. 어느 면으로 보나 엉터리인 심리테스트가 여전한 생명력을 가지고 끝없이 변주되며 양산되는 까닭도 이 때문일 것이다. 엉터리 테스트 같은데 어째서 내 마음을 정확하게 꿰뚫는 것일까?

그 이유로 첫 번째는 바넘 효과Barnum effect를 들 수 있다. 심리 현상의 하나로, 이를 처음 연구한 심리학자 버트럼 포러Bertram Forer의 성을 따서 포러 효과라고도 한다. 모호하고 광범위하며 일반적인 형용사로 성격 특성을 묘사했을 때 이를 자신과 정확히 일치한다고 여기는 심리적 경향을 가리킨다. 사람들이 혈액형별 성격 차이를 믿거나 점성술, 타로 카드에 빠지는 것도 바넘 효과 때문이라 할 수 있다.

두 번째 원인은 확증 편향confirmation bias이다. 확증 편향이란 자신의 생각이나 신념을 긍정하는 정보를 선택적으로 취하는 성향으로, 쉽게 말하면 보고 싶은 것만 보고 듣고 싶은 것만 듣는 오류라 할 수 있다. 어떤 심리테스트든 맞는 항목도 있고 틀린 항목도 있기 마련인데 우리 머릿속에 남는 것은 결국 맞는 항목뿐이다. 즉 인터넷상의 심리테스트들이 전혀 과학적이지 않은데도 잘 맞히는 것 같은 이유는 내가 주도적으로 믿음의 근거를 찾기 때문이다. 마치 점쟁이의 수많은 점괘 중 나에 대해 우연히 맞힌 내용만 기억에 남는 것처럼 말이다.

인간인 이상 우리는 누구나 바넘 효과나 확증 편향에서 자유롭지 못하다. 그러니 인터넷에 떠도는 심리검사에 지나치게 몰입하는 것은 바람직하지 않다. 심심풀이는 심심풀이일 뿐, 이를 진지하게 받아들여서 어설프게 자신의 심리를 진단하려다 되레 병을 얻을 수도 있다.

약은 약사에게, 심리상담은 전문가에게

사실 인터넷상의 심리검사를 하면서 내 심리 상태와 문제점을 정확히 짚어주기를 진지하게 바라는 사람은 많지 않을 것이다. 그런데도 이런 심리검사가 인기인 이유는 결국 자기 자신을 더 잘 알고자 하는 인간의 열망과 동기 때문이다. 특히 자기확신이 흔들리는 때일수록 이런저런 테스트에 괜히 더 눈길이 간다. 나이 든 사람보다 젊은 사람, 그중에서도 청소년이 심리테스트를 좋아하는 이유도 자기정체성이 완전히 자리잡히지 않아 불완전한 시기이기 때문이다.

그렇다면 인터넷의 심리테스트로는 정말 나 자신을 이해할 수 없는 것일까? 미안하지만 그렇다. 물론 제대로 된 검사도 있겠지만 전문가가 아니고서는 진위를 파악하기 어렵고, 또 대개는 상업적 목적이나 흥미 위주로 제공되는 만큼 처음부터 아예 신뢰하지 않는 편이 좋다. 그저 재미 삼아 이런저런 테스트를 해보는 것이야 말릴 이유가 없지만, 실제로 심리적 위기를 겪고 있다면 어설픈 심리검사로 자가진단하지 말고 전문가를 찾아가 상담을 받아야 한다. 선무당이 사람 잡는 법, 마음의 문제는 눈에 보이지 않지만 그 어떤 문제보다도 신중하게 접근해야 한다는 사실을 반드시 기억하자.

4장   어떻게 나를
      변화시킬 수 있는가

벌허스 스키너
Burrhus Frederick Skinner, 1904~1990

미국의 심리학자. 인간 행동을 내적 의지보다는 외부
의 자극-반응 관계로 설명한 행동주의 심리학의 선구
자다. 환경을 조작해 특정 행동을 유발할 수 있다고 보
고, 그 원리와 방법을 '스키너 상자'를 통해 제시했다.
《스키너의 행동심리학》,《월든 투》등의 저서가 있다.

남자가 흘리지 말아야 할 것은 눈물만이 아니라는데, 정작 남자 화장실에 가보면 소변기 주변으로 흘리지 말아야 할 것들을 잔뜩 흘린 흔적이 적나라하다. 이 문제를 해결하기 위해 어떤 사람이 기막힌 아이디어를 냈다. 소변기 정중앙에 파리 한 마리를 그려 넣은 것이다. 그러자 사람들은 파리를 겨냥했고, 그 결과 엉뚱한 곳으로 튄 소변 흔적이 현저히 줄었다.

한 달에 10kg 정도는 쉽게 뺀다며 호언장담하는 사람일수록 다이어트에 실패하는 경우가 많다. 지나치게 큰 목표는 포기도 쉽기 때문이다. 반대로 '매일 팔굽혀펴기 10개'처럼 작지만 실행 가능한 목표를 세운 사람은 다이어트에 성공할 확률이 높다. 간단하지만 지속 가능한 노력들이 모이고 쌓여서 매일 운동하는 건강한 습관이 몸에 배고, 이러한 습관이 결국 다이어트 성공이라는 성과로 귀결되는 것이다.

목표 실현을 위해 우리가 가장 먼저 하는 일은 무엇일까? 바로 계획을 세우는 것이다. 계획이란 근본적으로 자신의 행동을 설계하는 행위다. 그러나 그럴듯한 목표와 행동만 나열해서는 실질적인 변화를 이룰 수도, 좋은 행동 습관을 만들 수도 없다. 행동을 제대로 설계하려면 먼저 그 원리와 방법을 바르게 이해해야 한다. 중국에 '억지로 비틀어 딴 참외는 달지 않다'는 속담이 있다. 내면의 욕구와 맞지 않는 행동형성behavior shaping은 소기의 목적을 달성하기는커녕 거센 반발에 부딪힐 위험이 크다. 반대로, 인간 심리가 작동하는 법칙을 확실히 파악한다면 행동설계로 기대 이상의 효과를 얻을 수도 있다.

행동설계 이론과 실천의 선구자는 단연 벌허스 스키너Burrhus Skinner다. 스키너는 신행동주의의 대표적 인물로, 행동주의 심리학의 창시자 존 왓슨John Watson의 뒤를 잇는 가장 위대한 학자로 평가된다. 마흔네 살 때부터 심리학 역사에 족적을 남기기 시작한 그는 미국 국립과학아카데미National Academy of Sciences의 회원이자 권위 있는 과학 훈장인 국가과학메달National Medal of Science 수상자이기도 하다. 대중적 인지도도 높아서 〈타임〉 지가 선정한 '현존하는 가장 영향력 있는 심리학자', 2002년 미국심리학계가 진행한 '20세기 가장 유명한 100인의 심리학자' 조사에서 1위에 오르기도 했다.

스키너의 걸출한 점은 이론 수립부터 검증을 위한 연구설계, 실제 응용방법에 이르기까지 모두 스스로 고안하고 실행했다는 데 있다. 단순히 이론만 내세우지 않고 실험을 통해 확인된 바를 기반으로 이론을 보강하고 수많은 실험장치를 설계하는 등, 기존 심리학계에서는 볼 수 없었던 새로운 연구방식을 개척했다. 게다가 그는 자기 홍보에도 뛰어났다. 스키너는 TV에 출연하고, 소설을 쓰고, 언론과 밀접한 관계를 유지하며 심리학을 대중화하는 데 앞장섰다. 그의 과감한 행보는 논쟁을 불러일으키기도 했지만, 결과적으로 대중의 관심을 끌고 자신의 사상과 저술을 널리 알리는 데 도움이 되었다.

그가 발견한 '행동을 바꾸는 비밀'은 무엇일까?

행동을 바꾸는 비밀, '강화'

스키너의 행동주의 이론은 행동주의 심리학의 창시자인 왓슨과 파블로프Ivan Pavlov의 연구를 더욱 발전시켰다는 평가를 받는다. 왓슨과 마찬가지로 스키너는 의식이나 심리처럼 모호하고 현학적인 개념 연구에 집중하기보다는 구체적인 행동을 연구하고 눈에 보이는 결과를 중시해야 한다고 여겼다.

특정 행동이 일어나는 원인을 분석하기 위해 스키너는 남들이 하지 않은 새로운 방법을 시도했다. 그는 먼저 독특한 실험장치를 고안해냈는데 이것이 그 유명한 '스키너 상자Skinner box'다. 내부 벽에 지레가 있고 쥐가 이 지레를 누르면 먹이가 나오도록 설계된 상자로, 쥐는 우연히 지레를 눌러서 먹이를 얻는다. 이것이 몇 차례 반복돼 지레를 누르면 먹이가 생긴다는 사실을 '학습'한 쥐는 상자에 넣자마자 지레를 누르는 행동을 보인다.

　스키너는 이 결과를 근거로 조건 형성을 통해 유기체의 행동을 변화시킬 수 있다는 조작성 조건형성 원리를 제안했다. 그는 사람의 행동 역시 유전 요인, 환경 자극, 행동결과 자극이라는 3가지 요소에 의해 결정된다고 보았다. 스키너 상자 실험에서 쥐가 본능적으로 상자 여기저기를 탐색하는 것은 유전 요인, 상자 내에 지레가 있는 것은 환경 자극이며 그 지레를 눌러 먹이를 얻은 것은 행동결과 자극이다. 행동결과 자극에 따라 특정 행위가 반복적으로 발생할 수도 있고 반대로 줄어들거나 아예 멈출 수도 있는데, 이를 '강화'라 한다.

　스키너는 모든 행동을 강화의 결과라고 보았다. 자연 발생한 어떤 행동으로 이득을 얻으면 그 행동을 많이 하고 이득이 없거나 오히려 해를 입으면 발생빈도가 낮아지는데, 이러한 과정이 반복되면서 개인의 행동 패턴이 형성된다는 것이다. 그에 따르면 좋은 행동이든 나쁜 행동이든 상관없이 개인에게 '이득'이 되는 행동이 강화된다.

　예를 들어보자. 전 세계 아기들이 가장 먼저 하는 말이

'엄마'인 이유는 무엇일까?

먼저 '엄마'라는 단어 자체가 아기들이 발음하기 쉬운 음절로 이루어져 있다는 점을 염두에 두자. 실제로 어떤 언어든 엄마를 뜻하는 단어는 'm'이나 'a' 등 비슷한 음절이 반복적으로 나타난다. 즉 아기가 엄마라는 단어를 알고 말한다기보다는 대부분 문화권에서 아기가 가장 먼저 낸 발음에 엄마라는 의미를 부여했다는 편이 타당한 설명이다. 그러나 여기서 더 중요한 것은 아기가 옹알이를 하다가 무의식중에 m과 a를 함께 발음해서 '엄마' 같은 소리를 냈을 때 양육자의 반응이다. 대개는 소스라치게 감격하며 아기를 껴안고 기뻐하기 마련인데, 그러면 별생각 없이 소리를 낸 아기는 의문을 품게 된다. '왜 이 사람이 이렇게 기뻐하지?' 그러다 같은 상황이 반복되면서 차츰 깨닫는다. '아, 내가 '엄마' 소리를 내면 이 사람이 기뻐하고, 내가 필요한 것을 채워주는구나.'

이 사실을 깨달은 아기는 다음부터 무언가 필요하거나 바라는 것이 생기면 '엄마'라는 소리를 낸다. 그러다 또 깨닫는다. 아무나가 아닌 바로 '이 사람'을 '엄마'라고 불렀을 때 더 크고 확실한 효과가 있다는 사실을 말이다. 이렇게 해서 아기는 엄마를 엄마라 부르게 된다. 어찌 보면 부모자식 간의 애착은 바로 이런 작은 우연과 계산(?)에서 시작되었는지도 모른다.

즉 스키너의 이론에 따르면 아이가 엄마를 '엄마'라고 부르는 가장 큰 이유는 그렇게 부르는 행위가 자신에게 이득을 가져다주기 때문이다. 이처럼 자신에게 이득이 되는 행동은 끊임없이 강화되고, 그 결과 최종적으로 특정한 행동방식을 만들어낸다.

물론 여기에는 중요한 전제조건이 있다. 아기에게 지속적인 관심을 기울이고 살뜰히 돌봐주는 양육자가 존재해야 한다는 점이다. 만약 '엄마'라 불러도 어떠한 이득도 없다면 엄마를 부르는 행동은 더이상 강화되지 않고, 행동 발달이 늦어지게 된다. 이러한 맥락에서 보면 엄마보다 '아빠'라는 말을 먼저 한 아기는 아빠가 더 세심하게 돌봐준 게 아니겠느냐고 추측할 수 있다. 즉 아빠라고 부를 때 즉각적으로 이득을 얻은 경험이 이 행동을 더욱 강화시켰고, 그 결과 엄마보다 아빠를 먼저 부르게 됐다는 것이다.

얄궂은 점은 좋은 행동만이 아니라 나쁜 행동도 똑같은 원리로 강화될 수 있다는 사실이다. 아이에게 나쁜 습관이 생기는 이유다. 대형마트 바닥에 드러누워 발버둥 치며 장난감을 사달라고 떼쓰는 아이와 당혹감에 어쩔 줄 모르는 부모를 본 적이 있는가? 누구나 한두 번은 목도했을 광경이다. 바닥이 얼마나 더럽고 차가운지 아이는 모르는 것일까? 아니, 아이도 잘 안다. 그런데도 왜 그런 행동을 할까? 예전에 이렇게 온 바닥을 굴러다니며 떼를 썼더니 엄마가 결국 장난감을 사준 적이 있기 때문이다. 나쁜 행동의 결과로 이득을 얻은 경험이 아이로 하여금 또다시 바닥에 누워 떼를 쓰도록 만든 것이다.

이처럼 특정 행동이 강화되는 원리는 똑같다. 어린아이만이 아니라 청소년, 심지어 성인도 마찬가지다. 따라서 상대방에게 어떤 행동을 기대한다면, 그 행동으로 이득을 얻을 수 있게 해주면 된다. 반대로 어떤 행동이 줄어들기를 원한다면 그 행동을 했을 때 아무런 이득도 없거나 심지어 손해를 보게 만들어야 한다. 각종 사회적 규제와 징벌이 존재하는 이유다.

적절한 강화를 활용해 개체의 행동을 조작하는 것, 스키너는 이러한 행동형성 이론을 실제 실험과 사례로 증명해 냈다. 그는 먼저 동물을 대상으로 스키너 상자나 비둘기 실험을 해서 강화와 처벌로 특정 행동을 활성화하거나 억제할 수 있다는 점을 확인한 후, 대상을 확대해 인간 역시 조작과 강화로 행동형성 및 교정이 가능하다고 주장했다.

문화설계와 '통제'

스키너 이론의 또 다른 핵심은 행동통제다. 행동통제는 크게 개별통제와 집단통제로 나뉜다.

개별통제는 개인이 이미 획득한 조건 및 기술을 이용해 타인을 제 뜻대로 움직이려 시도하는 것을 말한다. 힘 있는 사람은 무력을 휘두르고, 부유한 사람은 재물의 힘을 빌리며, 미모가 뛰어난 사람은 아름다움을 이용한다. 약한 자는 아첨하고, 포악한 자는 타인의 혐오를 자극한다. 사람은 누구나 자신이 가진 것을 이용해 타인을 통제하려 든다. 물론 집단통제에 비하면 개별통제의 위력은 크지 않다. 선택할 수 있는 수단도 외부 자극 조절, 강화 이용, 적절한 상벌 등으로 제한적이다.

반면 집단통제가 선택할 수 있는 수단은 훨씬 많은데 정부나 법, 종교, 경제, 교육, 심리치료 등이 모두 여기에 해당한다. 대표적인 것이 스키너가 제시한 '문화설계'라는 개념이다. 여기에는 인류의 행동을 통제하려는 대담한 구상이 담겨 있다. 실험 쥐에서 시작된 스키너의 연구가 추구하는 궁극적인 목표는 행동과학이 인간 공동체와 사회에서 발생하는 각종 문제에 해결의 실마리를 제공하는 것이었다.

스키너는 유기체의 행동이 3가지 '변화-선택'에 의해

형성된다고 보았다. 첫 번째는 다윈이 말한 '자연선택'이다. 이는 같은 환경 조건에서 동물마다 서로 다르게 행동하는 이유가 된다. 두 번째는 행동과학에서 말하는 '강화'로, 우리가 일상에서 접하는 가변적이고 조작 가능한 행동은 대부분 강화에 의해 발생한다고 볼 수 있다. 마지막은 문화가 변화하고 발전하는 중에 자연스레 전파되고 전달되는 '사회환경'으로, 문화권마다 고유한 행동양식이 발달하는 가장 큰 요인이다. 스키너의 연구 영역 역시 최초의 자연선택 행동에서 인류의 강화 행동으로 그리고 사회환경적 행동으로 점차 확대되었다.

스키너는 문화의 본질 또한 특정 행동을 독려하거나 배척하는 거대한 강화라고 보았다. 어떤 문화 안에서 나고 자랐느냐에 따라 같은 자극에도 반응하는 행동이 달라진다. 즉 특정 문화권에서 나고 자라는 것은 그 자체로 모종의 거대한 실험환경에 놓이는 것이다. 스키너는 이 점에 착안해 실험환경을 설계하고 통제하듯 문화를 설계하고 통제하면 의도한 결과를 얻을 수 있다고 주장했다. 그리고 행동강화의 원리를 이용해 문화를 설계하는 방식에 '행동공학behavior engineering'이라는 명칭을 붙였다. 행동공학으로 공동체와 사회 구성원의 행동을 조작하고 나아가 통제할 수도 있다는 것이 스키너의 생각이었다.

지금까지 보았듯 스키너는 위에서 아래로의 톱다운식 변화와 설계를 강조했다. 스키너 상자, 온도와 습도가 통제된 양육환경을 구현한 '아기 상자'(그는 실제로 자신의 어린 딸을 이 상자에서 키웠다), 그 밖의 수많은 교육용 기계와 사회조직 통제모델 등은 모두 이러한 생각에서 나온 것이다.

그가 주창한 이론은 《월든 투Walden Two》라는 소설로도 구현돼 있다. 스키너가 직접 쓴 이 소설에는 그의 이론대로 만들어지고 통제되는 지극히 평화롭고 화목한 사회가 등장한다. 이후 스키너의 광팬이 소설을 본떠 미국 버지니아주에 트윈 옥스Twin Oaks라는 공동체를 만들었고 지금까지도 유지되고 있다는 점은 또 다른 놀라움을 선사한다. 물론 스키너가 설계한 모델과는 다소, 아니 좀 많이 달라지긴 했지만.

인간의 자유와 존엄성은 어디로?

톱다운식 설계로 유토피아 사회를 실현할 수 있다는 주장이 일리가 없지는 않다. 하지만 필연적으로 한 가지 의문이 생긴다. 과연 개인의 자유와 존엄성은 어떻게 지킬 것인가? 진짜 이상적인 사회라면 개인이 독립성을 갖고 행동을 스스로 통제할 자유가 있어야 하지 않는가?

이러한 의문에 스키너는 진즉에 답했다. '자유의지'라든가 '선택의 자유' 따위는 전부 듣기 좋은 헛소리에 불과하다는 것이다!

스키너에 따르면 절대자유란 존재하지 않는다. 그 누구도 환경의 영향에서 완벽히 자유로울 수 없기 때문이다. 사람은 필연적으로 온갖 외부 자극과 행동의 결과에 영향을 받을 수밖에 없다. 자유의지로 행한 것처럼 보이는 행동도 알고 보면 그저 환경 자극에 반응한 것이거나 이전에 유리한 결과를 낳았던 어떤 행동을 반복하는 것에 지나지 않는다. 우리가 소중히 여기는 자유도 따지고 보면 자신에게 해롭거나 불리한 통제를 받는 상황에서 벗어났을 뿐이지 통제 자체에서 벗어났다고 볼 수는 없다. 어쩌면 자유란 자신을 둘러싼 환경 중에 불리한 통제 요소를 피하거나 변화시키고, 자신에게 좀 더 유리한 통제 환경으로 옮겨간 것에 불과한지도 모른다.

같은 맥락에서 인간의 절대적 존엄성도 존재하지 않는다. 인류가 스스로 지극히 존엄하다고 여기는 까닭은 인류문명의 모든 성취가 인간의 자유의지에서 비롯된, 인간이 창조해낸 결과라고 믿기 때문이다. 그러나 사실 인간은 자유로운 존재가 아니기에 인간의 성취 역시 다양한 상황에 의존해 영향을 주고받는 과정에서 우연히 이뤄진 것이라 볼 수 있다.

인간이라고 해서 동물보다 딱히 더 존엄하다고 할 만한 근거가 없다는 것이다.

결론적으로 유전적 측면에서 인간은 문화적 변화와 생물학적 진화의 제한 아래 놓여 있다. 강화 측면에서 인간의 행동은 모두 피동적이다. 따라서 인간이 절대적 자유와 존엄을 갖는다는 말은 어불성설이다. 스키너는 전통적인 인문학이 인간을 신처럼 여기며 주관적인 감정으로 가치 판단을 내리도록 부추김으로써 인류 행동의 진정한 작동기제를 알 수 없도록 만들고, 객관적이고 과학적인 분석을 방해해 인류의 진보와 발전을 저해했다고 보았다.

이러한 주장에 일리가 없지는 않지만 우려의 소지는 다분하다. 실제로 스키너와 대척점에 있는 로저스Carl Rogers는 그가 '권력의 문제를 지나치게 낙관적으로 보았다'며 이렇게 지적했다.

"행동과학은 특정인이 타인을 통제하고 조종하는 데 악용될 수 있다. 혹자는 과학자나 선의를 가진 집단이 행동과학을 활용해 통제자가 되면 좋지 않겠냐며, 심지어 이런 상황을 바라기도 한다. 그러나 인류 역사를 돌이켜보건대 이러한 바람이 긍정적인 결과를 낳은 적은 단 한 번도 없었다. (중략) 만약 행동과학자가 자기 이론에 심취해서 이를 널리 알리는 데에만 치중한다면 권력을 잡은 개인이나 집단에 그럴듯한 도구로 이용당할 공산이 크다. 문제는 권력을 잡은 게 누구인지 행동과학자는 신경도 쓰지 않을 것이라는 점이다."

만약 세계적인 행동과학자가 독재자나 음모가의 앞잡이로 이용된다면 어떻겠는가? 상상하기조차 두려운 상황이 벌어질지도 모른다.

스키너는 이에 대해 어떻게 반박했을까? 그는 기술의 중립성을 강조하며 행동과학 기술이 악용될 수도 있지만 선용될 여지도 충분하다고 역설했다. 나아가 문화를 설계하는 과정에 필연적으로 통제-피통제라는 관계의 문제가 발생하므로, 스키너는 문화를 인위적으로 설계할 때에는 반드시 두 가지를 고려해야 한다고 강조했다. 첫 번째는 효과적인 반反 통제 장치를 마련함으로써 통제와 반통제 간에 균형을 이룰 것, 두 번째는 통제자도 통제받는 집단의 일원이 되게 할 것. 다시 말해 통제자 역시 통제를 받아야 한다는 것이다. 그래야만 통제권의 남용을 막을 수 있다.

사람은 이름을 따라간다고 하던가. 스키너도 자신의 이름처럼(Skinner는 skin이라는 단어에 사람을 뜻하는 er을 붙인 성으로 '피부를 벗겨내는 자'라는 의미가 담겨 있다) 전통적인 인문학이 인간에게 덧씌운 아름다운 허울을 벗겨내고 인간의 자유와 존엄의 민낯을 드러내 보였다. 불편하지만 인정하지 않을 수 없는 진실을 폭로한 것이다.

그러나 스키너가 구상한 사회는 지나치게 이상적이고 단순화되었다는 비난에서 자유롭지 못하다. 현실은 그의 생각보다 훨씬 복잡하다. 앞서 아기가 엄마라는 말을 가장 먼저 배우는 이유를 스키너의 행동주의 심리학으로 해석한 사례를 기억하는가? 그의 설명은 꽤 그럴듯하다. 그러나 실제로 말문이 트이는 과정을 생각해보자. 아기를 키워본 사람이라면 알겠지만 아기는 한마디 한마디씩 배워서 말하지 않는다. 어느 날 불현듯 무언가 깨달은 것처럼 말을 쏟아낸다. 그 모습을 보면 점진적인 강화의 결과로 말을 배운다기보다는 이미 인간에 내재된 언어 시스템이 갑자기 켜졌다는 설명이 더욱 타당하게 다가온다. 이 관점을 제시한 사람은 당시에는 아직 새파랗게 젊은 신예 심리학자였으나 곧 스키너 못지않게 유명해진 언어학의 대가, 노암 촘스키Noam Chomsky다. 촘스키의 명성이 높아짐에 따라 스키너의 영향력은 점차 사그라들었다.

1990년 86세의 나이로 세상을 떠나기 전까지 스키너는 행동주의의 흥망성쇠를 고스란히 목도했지만 끝까지 행동주의에 대한 믿음을 버리지 않았다. 그는 하버드대학 교수직에서 은퇴한 후에도 매일 사무실에 나가 편지에 답장을 보내고, 자신의 팬들을 만나고, 자서전을 집필했다. 또 틈틈이 '취미 삼아' 자신의 글이 얼마나 많이 인용되었는지 통계를 냈다. 그리고 마침내 1989년에 이렇게 선언하기에 이른다.

"내 글의 인용률이 처음으로 프로이트를 앞질렀다."

5장

어린 시절의 상처에서
어떻게 놓여날 것인가

지그문트 프로이트
Sigmund Freud, 1856~1939

오스트리아의 생리학자이자 정신분석학의 창시자. 히스테리의 주요 원인으로 성(性)과 관련한 트라우마를 지목했고, 심리적 원인을 규명해 신체적 질환을 치유하는 자신의 방법론을 '정신분석'이라 명명했다. 이후 정신질환자가 아닌 일반인의 심리분석으로 확대해 인간 무의식의 작동방식을 설명했다. 《꿈의 해석》, 《히스테리 연구》, 《정신분석 강의》, 《문명 속의 불만》 등 다수의 저작이 국내에 번역돼 있다.

한동안 모 온라인 커뮤니티를 뜨겁게 달군 화두가 있다. 바로 '부모가 모든 불행의 근원'이라는 것. 이 화두에 몰두한 사람들은 어린 시절 부모의 잘못된 양육방식이 현재 자신에게 어떠한 상흔을 남겼는지 낱낱이 열거해가며 분노했다. 처음에는 한 사람의 인생에 가족이 미치는 부정적 영향을 말하며 시작되었지만, 가족 중 가장 영향력이 큰 존재가 부모이다 보니 결국 부모에게 화살이 돌아간 것이다.

부모는 정말 만악萬惡의 근원일까? 원가족의 비극을 피할 방법은 정녕 없는 것일까?

프로이트가 발견한 '어린 시절'의 의미

어린 시절의 경험에 대해 말하자면 심리학의 거장 지그문트 프로이트Sigmund Freud를 언급하지 않을 수 없다. 그는 심리 치료를 하던 중, 성인 환자들이 현재 겪는 문제가 종종 과거 어린 시절의 경험과 연관되어 있다는 사실을 발견하고 고민에 빠졌다. 둘 사이에 정말 유의미한 연관성이 있는 걸까? 어린 시절의 경험과 성인이 된 후의 인격 사이에 인과관계가 성립한다고 볼 수 있는가?

정신분석학파의 특성 중 하나는 분석에 능하다는 것이

다. 정신분석학파의 창시자답게 프로이트는 타인뿐 아니라 자기 자신도 분석의 대상으로 삼았으며, 자신을 분석할 때 더욱 가차 없이 메스를 휘둘렀다. 그는 철저한 자기분석 끝에 자신이 아버지에게 사랑과 미움이 섞인 복잡한 감정을 느끼는 이유는 어머니를 향한 애착 때문이라는 결론을 내렸다. 대략 두 살쯤 되었을 때 어머니의 벗은 몸을 보고 '리비도 libido', 즉 성충동이 생겼다는 것이다.

프로이트는 이러한 분석을 바탕으로 '오이디푸스 콤플렉스Oedipus complex'라는 개념을 제시하고, 어린아이는 발달 과정에서 누구나 어머니에게 호의적이고 아버지에게 적대적인 강렬한 감정을 느끼게 된다고 주장했다. 또한 이런 감정을 올바르게 해소하지 못하면 향후 인격 형성 과정에 문제가 생길 수 있으며, 성인에게서 나타나는 인격적 결함도 불쾌한 어린 시절의 경험 탓일 가능성이 크다고 강조했다.

실제로 어린 시절의 경험이 인격 형성에 주는 영향은 결코 무시할 수 없다. 신新 정신분석학의 대가인 카렌 호나이 Karen Horney 역시 부모의 양육태도가 한 사람의 인생에 얼마나 큰 흔적을 남기는지 강조하며 냉담, 불성실, 편애, 모욕 등을 부모의 '기본적 악basic evil'이라고까지 비판했다.

프로이트 이후로 유년 시절이 인생에 미치는 영향력은 누구도 무시할 수 없는 무언가가 되었다. 불행한 어린 시절을 보낸 사람은 돌이킬 수 없는 과거에서 결코 벗어날 수 없기에 어린 시절이 무엇보다 중요하다는 논리가 절대적 진리처럼 자리잡았다. 그의 이론은 최근에 다시 주목받으며 학자에게나 익숙할 법한 심리학 용어가 일상적으로 거론되는 데 일조했는데, 바로 '원가족 family of origin'이다. 원가족은 한 사람이 나고 자란 가정으로, 일반적으로 감정과 경험을 학습하는 최초의 공간이다. 성인이 된 후 자신의 배우자 및 자녀와 이룬 가정은 '생식가족'이라 한다.

어린 시절이 모든 것을 결정한다는 프로이트의 '정신결정론 psychic determinism'이 워낙 깊이 각인된 탓에 사람들은 원가족에서 잘못 양육된 것이 현재 자신이 겪는 문제의 원인이라는 주장을 당연한 듯 받아들인다.

"지금 내 결혼생활이 불행한 까닭은 내 부모가 불행한 결혼생활을 했기 때문이야. 불행의 재연이라고 할 수 있지."

많은 사람이 현재 겪는 불행을 이런 식으로 해석한다. 즉 원가족의 문제가 나의 생식가족에게 대물림된다는 것이다. 그리고 원가족을 영영 벗어날 수 없는 원죄인 양 여긴다.

물론 원가족 이론을 유사심리학이라 보는 시각도 있다. 한 어미 자식도 아롱이다롱이라고, 같은 환경에서 자란 형제자매라도 전혀 다른 성격 특성을 보일 때가 부지기수이기 때문이다. 그렇게 보면 개인의 올바르지 못한 행동방식 역시 부모와 그리 큰 관계는 없는지도 모른다. 불행의 책임을 원가족에게만 물을 수는 없다는 의미다.

원가족의 영향력은 대체 얼마나 될까? 또한 광범위하게 퍼져 있는 프로이트의 정신결정론을 어떻게 이해하면 좋을까?

대물림되는 원가족의 영향력

원가족은 개인이 경험하는 최초의 관계인 만큼 원가족이 인격 형성에 미치는 영향은 결코 무시할 수 없다. 원가족이라고 꼭 집어 명시하지 않더라도 가정환경이 개인에게 얼마나 중요한지를 뒷받침하는 연구 사례는 발에 차일 정도로 많다.

실제로 '건전하지 못한' 가정환경에서 성장한 사람은 심리사회적 활동뿐 아니라 감정조절 및 심리건강 면에서 어려움을 겪을 확률이 높다. 예를 들어 부부싸움이 잦은 집안에서 자란 아이는 성인이 되어 연애나 결혼에 대해 부정적이거나 기피하는 감정을 느끼기 쉽다. 또한 정서적 지원이나 따스한 보살핌 대신 거절, 냉담으로 일관하는 부모에게서 자란 아이는 성인이 되어서 데이트폭력 등 반사회적 행동을 보일 위험이 크다.

결혼하여 자신의 가정을 꾸린 후에도 원가족의 영향은 계속된다. 한 연구에 따르면 원가족에서의 경험이 결혼 후 성생활 만족도를 좌우하는 중요한 요소가 될 수 있다고 한다. 부부간 성생활에 문제가 있다면 얼마만큼은 어린 시절 부모의 폭력적인 양육방식 때문일 수도 있다는 뜻이다. 또한 아동 4000여 명을 대상으로 수년간 추적조사한 결과, 부모 사이가 심각하게 나쁘거나 가정이 아예 깨진 경우 청소년기에 우울증 및 불안증을 겪을 위험이 매우 높았다.

그 밖에 부모가 갈등을 해결하는 방식이 자녀에게 그대로 나타난다는 연구도 있다. 성인이 된 후 연인이나 배우자 등 친밀한 관계에 있는 사람과 갈등이 생겼을 때 부모가 썼던 방식 그대로 답습해 대응한다는 것이다. 이처럼 원가족이 개인에게 미치는 영향은 장기적이고 심층적이며 심지어 세대를 거쳐 대물림되기도 한다.

원가족이 개인의 성장에 분명한 영향을 미친다는 것은 논쟁의 여지가 없는 사실이며 이를 뒷받침하는 연구 역시 셀 수 없이 많다. 그러나 반드시 기억하자. 이것만이 전부는 아니다.

신정신분석학파의 카렌 호나이는 부모의 기본적인 악이 자녀에게 얼마나 유독한지 신랄하게 지적하면서도 프로이트의 정신결정론 자체에는 동의하지 않았다. 성장하면서 겪는 모든 문화적 요소가 어린 시절의 경험보다 인격 형성에 더 큰 영향을 미친다고 보았기 때문이다. 또한 누구나 내면 깊은 곳에는 긍정적으로 성장할 수 있는 내재적 역량이 있다고 주장했다. 실제로 성인이 된 후 불행한 원가족을 떠나 스스로 노력해서 인격적 성장을 훌륭히 이뤄낸 사례가 얼마나 많은가.

원가족의 영향력을 결코 무시할 수는 없다. 그러나 그 영향력은 명확한 한계가 있다. 거울처럼 과거의 옳고 그름을 비춰줄 수는 있지만 과거와 현재의 인과관계를 정확히 측정하는 절대적 척도는 될 수 없다는 말이다. 스스로 성장하고자 하는 노력과 열망이야말로 모든 것을 결정하는 힘이다.

그렇다면 우리는 왜 자꾸 원가족론을 끌어들이는 것일까? 프로이트의 정신결정론이 특히 동양권 국가에서 끈질긴 생명력을 갖게 된 이유는 무엇일까? 근원을 파고들면 이 역시 인간의 본성과 관련이 있다.

첫째, 정신결정론은 사물이나 현상을 훨씬 쉽게, 직관적으로 해석할 수 있는 틀을 제공함으로써 세상을 이해하고자 하는 사람들의 욕구를 충족시킨다. 게다가 설득력도 상당하다.

둘째, 수천 년간 유교사상의 영향을 받아온 동양권 문

화는 성장과정에서 '어른스러울 것'에 대한 압력이 유달리 강하다. 그런데 프로이트의 정신결정론은 심리적 문제의 원인을 어린 시절과 성性에서 찾는다. 수많은 제약과 억압 속에 성장한 유교문화권 사람들에게 '내가 지금 힘든 이유는 어린 시절에 욕구를 제대로 발산하지 못하고 억압당했기 때문'이라는 속 시원한 해답을 제공하는 셈이다. 그러니 정신분석을 사랑하지 않을 도리가 있겠나.

마지막으로 정신결정론 등의 이론은 기본적으로 외부 귀인external attribution이다. 원인을 외부에서 찾는다는 뜻인데, 그 덕에 내담자가 받아들일 때 심리적 저항이 덜하다. 현재의 문제가 나 때문이 아니라 원가족처럼 나와 상관없는 혹은 내가 바꿀 수 없는 원인 때문이라는 해석은 인생이 불공평하다는 분노를 일으키지만, 동시에 '내 잘못이 아니'라는 그럴싸한 핑계가 되어준다. 자신이 아닌 남에게 책임을 전가하면 스스로 문제를 해결하고자 노력하지 않아도 덜 부끄러울 수 있다. 그렇게 마음의 위안을 얻는 것이다. 특히 불우한 어린 시절을 보냈거나 성적으로 상당한 억압을 받은 사람일수록 프로이트의 정신결정론에서 문제해결의 실마리를 찾으려 한다.

대물림의 고리, 어떻게 끊을까

뻔한 말 같지만 운명은 스스로 만들어가는 것이다. 원가족의 그림자에서 벗어나 스스로 생각과 태도를 변화시키고, 나아가 운명을 뜻대로 이끌어가려면 어떻게 해야 할까?

첫째, 평상심을 유지하며 문제를 직시하자.

세상에 완벽한 부모는 없으며 누구나 부족한 점이 있다. 먼저 이 사실을 인정해야 한다. 문제없는 원가족은 애초에 존재할 수 없다. 원가족에서 독립해 이제 막 자기만의 가족을 이룬 사람 역시 이런저런 잘못을 저지르기 마련이다. 실제로 어느 조사에 따르면 생각보다 많은 부모가 자녀를 체벌한 경험이 있다고 답했다. 그러나 한두 번 잘못 행동했다고 이 부모들을 모두 아동학대범으로 고발하거나 부모 자격이 없다고 매도할 수는 없는 일이다.

우리는 모두 평범한 사람이고 누구도 완벽하지 않다. 또한 이미 지나간 과거는 바꿀 수 없는데 원가족을 들먹이며 옛일을 곱씹는 것만으로는 유의미한 변화를 만들기 어렵다. 원망보다는 평상심을 유지하며 원가족의 '죄와 벌'을 대하려고 노력해야 한다. 그래야 현재의 나에게 도움이 되는 실질적 변화를 이룰 수 있다.

둘째, 화해하고자 하는 마음으로 대화를 시도하는 것도 매우 중요하다.

프로이트가 자신의 유년 시절을 분석했던 것처럼 우리 역시 제삼자의 입장에서 어린 자신의 곁으로 돌아가 스스로 위로할 수 있다. 그럼으로써 어린 시절을 이해하고, 지금의 불안한 심리를 헤아릴 열쇠를 찾는 것이다.

원가족에게 섭섭함과 불편함이 있다면 나를 힘들게 한 당사자와 대화를 시도해보자. 대개는 부모이지만 더러는 형제자매일 수 있다. 얼굴을 맞대고 직접 대화하기가 껄끄러우면 편지를 써서 솔직한 심정과 바라는 바를 전해도 된다. 직접적이든 간접적이든 소통을 통해 어린 시절 느꼈던 부정적 감정과 두려움을 극복해내는 것이 중요하다. 물론 쉽지는 않을 것이고, 결과가 반드시 이상적이라는 보장도 없다. 상대가 과거의 잘못을 인정하고 사과한다든가 내 아픔을 이해하는 반응을 보이지 않을 수도 있다. 설령 그렇다 하더라도 무조건 담아두는 것보다는 한 번쯤 풀어내는 게 마음에 맺힌 응어리를 푸는 데 도움이 된다. 적어도 나 자신과 화해하는 출발점이 될 수 있다.

전문가의 도움을 받는 것도 좋은 방법이다. 원가족이 남긴 고통에서 도무지 빠져나올 수 없을 때는 망설이지 말고 상담실의 문을 두드리자. 이것이 가장 현명한 선택지다.

셋째, 싸움을 멈추고 미래를 준비하자.

원가족에게 나를 설명하고 이해받고자 하는 욕구는 지극히 정당하지만, 그들의 생각과 행동을 바꿀 수 있는지는 또 다른 문제다. 자칫하면 원하는 결과는커녕 오히려 상황이 더 나빠질 수 있다. 그들에게도 그렇게 행동한 나름의 논리가 있기 때문이다. 어떤 부모는 자녀에게 별다른 애정이 없어서, 어떤 부모는 어떻게 사랑을 표현해야 할지 몰라서 못한다. 이 사실을 깨닫고서 화해나 용서를 포기할 수도 있다. 어떤 결정을 하든 내 생각만큼은 반드시 바뀌어야 한다.

전문적 상담치료 면에서 볼 때 과거에 중점을 두는 프로이트의 상담방식은 구시대 유물이나 다름없다. 정신결정론의 정확성 여부는 차치하고라도 바꿀 수도 없는 지난 일에 과도하게 붙들리는 것은 가성비가 떨어진다. 그래서 최근에는 내담자의 경험이나 과거가 아닌 현재에 집중해 지금의 행동과 인간관계를 어떻게 개선할지에 초점을 맞추는 치료가 주된 흐름이다.

정신결정론 등 원가족에 대한 관점이 시사하는 바 또한 과거에 매몰되라는 게 아니다. 현재와 미래를 제대로 보라는 것이다. 지금을 살고, 나로부터 시작하여, 나의 현재와 미래에서 원가족의 부정적인 영향을 최소화하는 것. 어두운 대물림의 고리를 끊고 나 자신부터 부모다운 부모, 어른다운 어른이 되는 것. 그렇게 함으로써 나의 자녀가 행복하고 생기가 가득하며 희망찬 원가족 안에서 자랄 수 있게 하는 것. 이것이 가능할 때 비로소 원가족론이 진정한 의미와 가치를 가질 것이다.

마지막으로 짧은 이야기 하나를 소개한다. 한 장난꾸러기 아이가 부모의 침실에 오줌을 쌌다. 화가 잔뜩 난 아버지가 소리쳤다.

"이 못된 녀석! 나중에 커서 아무짝에도 쓸모없는 인간이 되겠구나!"

이 아이는 과연 어떻게 됐을까? 저주를 퍼부은 아버지를 원망하며 잔뜩 위축된 채 자라나 아버지의 저주대로 아무짝에도 쓸모없는 인간이 되었을까? 그렇지 않다. 아이는 훌륭하게 성장하여 세계적으로 영향력 있는 심리학자가 되었다. 바로 프로이트다.

6장 지금 내 마음,
치료가 필요할까

칼 융
Carl Gustav Jung, 1875~1961

스위스의 정신과 의사이자 분석심리학의 창시자. 프로
이트의 정신분석이 조현병을 이해하는 데 유효하다는
것을 증명하고, 프로이트가 말한 '억압된 것'에 '콤플
렉스'라는 이름을 붙였다. 훗날 프로이트와 학문적으
로 대립한 후 자신만의 독자적인 분석심리학을 수립하
는 데 주력했다. 융의 심리유형론은 훗날 마이어스와
브릭스에 의해 MBTI 지표로 발전했다. 《인간과 상징》,
《무의식이란 무엇인가》, 《칼 융 분석심리학》 등의 저서
가 있다.

심리학에 관심 있는 사람이라면 으레 한 번쯤 상담을 받아볼지 고민한다. 하지만 실행에 옮기는 경우는 많지 않은 듯하다. 인식이 많이 개선되었다 해도, 상담을 받기 위해 정신과 문턱을 넘는 순간 내게 문제가 있음을 인정하는 것 같아 여전히 두렵다. 그러다 간신히 두려움을 이기고 상담을 받겠다고 결심해도 넘어야 할 또 다른 문제가 있다. 대체 어디로 가야 믿을 만한 심리상담사를 만날 수 있단 말인가?

대개 심리상담이라 하면 가장 먼저 떠올리는 인물이 프로이트고, 그다음이 칼 융Carl Gustav Jung이다. 프로이트는 앞에서 소개했으니 이번에는 융에 대해 이야기해보자. 융은 분석심리학의 창시자로 프로이트와 더불어 정신분석학파의 대표적 인물이다. 심리상담 분야에서 자주 활용되는 모래놀이 치료, 만다라 그림치료 등이 그의 작품이다.

무의식을 탐구하는 방법, '적극적 상상'

칼 융의 이야기를 하려면 프로이트를 언급하지 않을 수 없다. 원래 융은 프로이트가 친히 지목한 '후계자'로, 정신분석학계의 떠오르는 유망주였다. 그러나 스승이라고 해서 무조건 따를 수만은 없는 법, 융은 일부 이론에서 프로이트와 견해 차이를 보였고 끝까지 합일에 이르지 못했다. 거기에 개인적인 원한까지 더해지면서 두 사람의 관계는 돌이킬 수 없게 되었고, 결국 각자의 길을 갔다.

프로이트와 갈라선 후 학계에서 고립무원이 된 융은 심한 불안증을 겪으며 정신적으로 붕괴 직전까지 몰렸다. 어느 날은 환각을 보기도 했다. 환각은 존재하지 않는 것을 보고 듣는 현상으로, 현대의학에서는 조현병 여부를 판단하는 중요한 지표로 쓰인다. 그러니까 당시 융은 조현병 문턱까지 갔던 셈이다. 그러나 거장은 거장이었다. 이런 상황에서도 그는 약물이나 주사에 의존하지 않고 '놀이'로 자신을 치유하는 데 성공했다.

그는 어릴 적 가장 좋아했던 쌓기 놀이부터 시작했다. 하릴없이 돌 따위를 쌓아올리며 융의 상상력은 날개를 펼치고 끝없이 확장했다. 이렇게 얼마간의 시간이 흐른 후 융은 감정을 이미지로 전환할 때 내면이 안정되고 고요해짐을 깨달았다. 융의 대표적인 심리치료 방법인 '적극적 상상active imagination'이 탄생하는 순간이다.

그는 적극적 상상을 다음과 같이 설명했다.

"임의로 이미지 하나를 떠올리고 여기에 온 정신을 집중한 뒤, 이미지가 어떻게 변화하고 펼쳐지는지 세심하게 관찰한다. 이미지를 자기 뜻대로 바꾸려 하지 말고 철저한 무위의 태도로 이미지가 스스로 변해가는 과정을 지켜보기만 한다. 어떤 이미지든 이 방식을 따르다 보면 결국 어떻게든 변하기 마련이다. 갑자기 이 주제에서 다른 주제로 건너뛰지 말고 자신이 선택한 이미지가 자연적으로 변화할 때까지 굳건히 붙들고 참을성 있게 과정을 따라가는 것이 중요하다. 그러다 보면 어느새 무의식의 상태에 접어들고, 이미지가 나에게 말을 걸기 시작한다. 그때는 내 마음의 소리를 털어놓고, 그가 하는 말에 귀를 기울인다."

융의 설명을 좀 더 쉽게 풀어보자. 어떤 일 때문에 정서적으로 불안하거나 불편한 마음을 견딜 수 없을 때, 하나의 이미지를 떠올리고 그곳에 정신을 집중한다. 그것은 사진일 수도 있고 소리일 수도 있으며 그림이나 여타 사물일 수도 있다. 먼저 머릿속에 이미지를 떠올리고 그것이 마치 살아 있는 것처럼 생생해질 때까지 의식을 집중한다. 이렇게 깊이 집중해 명상 상태로 들어가면 인격화된 자신의 무의식과 만나게 되는데, 그 무의식과 대화하며 자아성찰을 하다 보면 심신의 안정과 평안을 얻을 수 있다는 것이 적극적 상상의 핵심이다. 융의 적극적 상상은 단순히 긍정적인 생각이나 기분 좋은 상상을 가리키는 게 아니다. 자신의 심리적, 의식적 역량을 능동적이고 적극적으로 활용해 무의식과 대화하고 이를 통해 부정적인 감정을 극복하며 문제해결 방법과 삶에 대한 직관을 찾으라는 것이다.

어떤가, 해볼 만한가? 적극적 상상이 효과적인 무의식 탐구법인 건 틀림없지만, 아무 훈련도 받지 않은 개인이 하나의 이미지에 집중해 명상 상태에 진입하기란 결코 쉬운 일이 아니다. 그래서 융과 그의 후계자들은 개인이 자신의 내면에 좀 더 쉽게 접근할 수 있도록 다양한 치료요법을 고안했다. 융은 특히 예술의 심리치료 기능을 중시했다. 그는 춤추기든 글쓰기든 찰흙놀이든, 내면세계를 표현할 수 있는 수단이라면 무엇이든 치료 도구로 쓰일 수 있다고 믿었다. 실제로 그중 몇몇은 현재 심리상담 현장에서 활발하게 활용되고 있는데, 만다라 미술심리치료와 모래놀이 치료 등이 대표적이다.

만다라 미술치료는 둥근 원 안에 그린 추상적인 무늬의 모양과 색을 관찰함으로써 내면의 무의식적인 심리활동을 탐구하는 치료법이다. 융은 만다라를 그리는 행위 자체가 자기치료의 과정이 될 수 있다고 보았다. 반복적이고 추상적인 패턴의 만다라를 그리며 무의식 깊은 곳에 자리한 원형 archetype을 깨울 수 있을 뿐 아니라 자신에게 내재된 기쁨과 질서, 생명의 의미를 찾을 수 있기 때문이다. 또한 그림을 그리는 동안 적극적 상상을 통해 진정한 자아를 회복하고 자기치유 및 성장을 이룰 수 있다고 믿었다.

융의 이론에 기반한 모래놀이 치료는 특히 아동 심리상담에서 활용도가 높다. 모래놀이 치료에서는 개인이 선택하는 도구부터 만들어내는 모양까지 모든 것이 심리상태를 반영하는 상징적 이미지다. 내담자는 모래놀이를 통해 무형의 심리상태를 눈에 보이는 방식으로 표출할 수 있으며, 그 의미를 찾아가는 과정에서 자신의 무의식 및 깊은 내면과 소통하게 된다. 자기 자신에 대한 이해는 곧 자기치유와 자아발전으로 이어진다.

다만 적극적 상상이나 이와 관련된 상담요법을 사용할 때는 주의할 점이 있다.

첫째, 철저한 훈련이 뒷받침되어야 한다. 잠재의식을 집중적으로 탐구하기 시작할 당시 융은 자신의 상태 변화를 기록으로 남겨두었는데, 해당 기록을 보면 그가 자신을 환각 속에 방치했을 뿐 아니라 심지어 환각 상태를 일부러 유도했다는 사실을 알 수 있다. 이른바 '잠재의식과의 대화'를 통해 자아를 분석하기 위함이었지만 일반인은 결코 시도해서는 안 된다. 환각을 경험했을 때 융은 이미 정신분석에 통달한 대가였다. 그랬기에 정상적인 의식 상태와 환각 상태를 자유로이 넘나들 수 있었다. 그러나 아무런 훈련도 받지 않은 사람이 환각 상태에 빠지면 돌아오기 어려울뿐더러 돌아온다 해도 정신적으로 심각한 후유증을 겪을 위험이 크다. 몇몇 예술가들이 자신만의 환상 세계에 빠져들었다가 정신분열 증세를 겪곤 하는 것이 이런 경우다.

둘째, 자칫 신비주의에 경도될 위험이 있다. 당시 융의 내담자들은 사회적, 경제적으로 성공을 거두고 혁혁한 성취를 이룬 명사가 대부분이었다. 그럼에도 그들은 삶의 열정을 느끼지 못하고 공허함과 무의미함에 시달렸는데, 융은 이들이 인생의 의미와 가치를 찾도록 도울 수 있다면 종교나 점성술 같은 비과학적인 방식도 가리지 않고 활용했다. 때로는 참선이나 유교 경전인 《주역周易》이 심리치료에 동원되기도 했다. 이렇듯 융의 심리치료 이론과 기법을 깊이 파고들다 보면 자칫 신비주의나 영지주의로 빠질 위험이 있으므로 주의해야 한다.

아무리 잘 설계된 심리치료법이라도 내담자의 특성에 따라 전혀 효과가 없거나 오히려 부작용이 생길 수 있다. 돈과 시간이 충분하고 문화적 소양까지 갖춘 사람에게는 융의 심리치료 이론과 기법이 효과적일지 몰라도, 그렇지 않은 누군가에게는 한바탕 푸닥거리를 하는 편이 정신건강에 더 유익할지도 모른다. 심리치료 과정에서 특정 인물과 특정 치료법만을 고집하고 맹신하는 것은 금물이다.

그렇다면 우리에게는 어떠한 치료법이 적합할까? 신뢰할 만한 심리상담사를 만나려면 어디로 가야 할까? 이에 대한 답을 찾기 전에 먼저 핵심적인 질문부터 해결해보자. 심리상담가의 도움이 필요한 순간은 언제인가?

심리상담사를 찾아가야 할 때

1년 365일 마음 편하고 행복한 사람은 없다. 누구나 많든 적든 심리적 문제를 안고 산다. 분명히 내 마음인데 왜 내 뜻대로 되지 않는 것인지, 속상하고 불편하고 불안한 순간은 왜 그리 자주 찾아오는지, 가끔은 답답함과 막막함에 눈물이 찔끔 날 때도 있다. 이런 때가 심리상담사가 필요한 순간일까? 많은 전문가가 '상담에 거부감을 갖지 말라'고 조언한다. 감기에 걸리면 의사를 찾아가듯 마음의 감기 역시 전문가의 도움을 받아 그때그때 해결하는 편이 좋다는 것이다.

그러나 현실적으로 보자면 매번 그럴 필요는 없다. 심리적 문제라 해서 일일이 전문적 상담을 받아야만 해결되는 것은 아니기 때문이다. 감기에 걸리면 의사를 찾아가 약을 처방받거나 수액을 맞기도 하지만, 따뜻한 물을 많이 마시며 쉬거나 비타민을 먹고 한숨 푹 자고 일어나면 어느덧 회복되기도 한다. 다시 말해 증상의 경중에 따라 병원에 가야 할 수도, 집에서 쉬면서 자연히 낫기를 기다릴 수도 있다. 마찬가지로 마음이 좀 불편하다고 반드시 심리상담을 받아야 하는 것은 아니다.

예컨대 연인과 헤어졌다고 해보자. 실연의 아픔으로 너덜너덜한 가슴을 안고 심리상담사를 찾아가는가? 아니다. 대개는 혼자 집에 틀어박혀 실컷 울거나 친구들을 만나 위로를 얻기 마련이다. 며칠이든 몇 주든 이런 과정을 반복하다 보면 어느새 아픔은 옅어지고 새로운 사람에게 눈길이 간다. 이런 상황에서는 전문적인 심리상담사가 굳이 필요치 않다. 특별한 정신적 어려움이 있는 게 아니라면 대부분의 문제는 이런 식으로 자연스레 해결된다. 그래서 보통은 훌륭한 심리상담사보다 허심탄회하게 마음을 터놓을 수 있는 좋은 친구 한둘이 정신건강에 훨씬 도움이 된다.

하지만 감기가 심해져서 폐렴으로 악화됐다면? 그때는 열일 제쳐두고 병원으로 달려가야 한다. 그럴 때조차 병원에 가지 않겠다고 고집을 부리면 자칫 목숨이 위험해질 수 있다. 마음의 병도 마찬가지다. 괴로움이 일정 정도 이상이 되면 전문적인 심리상담은 더이상 선택이 아닌 필수가 된다. 여기서 말하는 '일정 정도'란 과연 어느 정도를 말하는 것일까?

전문적인 진단기준은 심리장애 및 정신질환의 종류에 따라 다르므로 여기서 일일이 열거하기는 무리다. 다만 보편적으로 통용될 수 있는 자가진단 기준은 크게 다음의 두 가지다. 첫 번째는 그저 조금 힘들고 답답한 정도가 아니라 심리적으로 정말 큰 고통이 느껴지는 경우, 두 번째는 이 고통 때문에 정상적인 생활이 불가능한 경우다.

앞서 실연을 예로 들어보자. 누구나 실연을 겪으면 한동안은 기분이 저조하고 우울해진다. 하지만 마음이 건강한 사람은 스스로 부정적인 감정을 전환하고 완화하려 애쓴다. 다른 일에 신경을 쏟거나 친구, 지인과 더 많은 시간을 보내는 식으로 말이다. 이런 사람은 회복탄력성이 좋기 때문에 굳이 심리상담을 받지 않아도 된다. 그러나 어떤 사람은 실연 후에 마음의 균형을 회복하지 못하고 일상생활이 힘들 정도로 괴로운 감정에 시달리기도 한다. 이처럼 스스로 마음을 다잡으려 애쓰고 주변의 도움을 받아도 소용이 없다면 망설이지 말고 전문 심리상담사를 찾아가야 한다. 즉 심리적 고통이 스스로 치유하거나 벗어날 수 없을 정도이고 심지어 일상생활에 지장을 주기 시작한다면 바로 그때가 전문가의 도움을 구해야 하는 순간이다. 치료 시기를 놓쳐서 더 큰 후환이 생기는 것은 몸이나 마음이나 다르지 않다.

융이 정신분석학의 대가라는 점에는 이견의 여지가 없
다. 그러나 학자가 아닌 개인의 삶을 들여다보면 그가 과연
정상이라고 할 수 있을지 고개가 갸웃해진다. 융은 어려서부
터 환각과 환청을 경험했고 심한 우울증으로 오랫동안 '암흑
시대'를 겪었다. 이름이 널리 알려진 뒤에도 종종 명상인지
환각인지 알 수 없는 상태에 빠졌고, 상담하러 온 여성들과
부적절한 관계를 맺는 것으로 모자라 집에 데려가 아내에게
소개하기도 했다. 상식적인 관점에서는 도무지 이해할 수 없
는 괴짜였다.

어찌 보면 융은 대중이 가진 전형적인 심리학자의 이미
지에 전적으로 부합한다. 심리학자의 눈으로 보면 세상에 문
제없는 사람은 없다. 그런데 보통 사람이 보기에 심리학자도
제정신이 아닌 것은 마찬가지다. 심리건강검사를 한다면 심
리학자 상당수가 비정상으로 나올지도 모른다. 그도 그럴 것
이 평범한 사람이라면 도무지 떠올리지 못할 발상을 할 뿐
아니라 실행에 옮기기까지 하니 말이다. 예를 들어볼까? 정
신분석학의 창시자 프로이트는 세상 온갖 만물에서 생식기
를 보았다. 성에 대한 망상증이나 편집증이 있지 않았나 싶

을 정도다. 붉은털원숭이 연구로 애착 이론을 창안한 해리 할로우Harry Harlow는 요즘 기준으로 보자면 동물학대로 고발당해도 할 말이 없다. 행동주의 심리학의 개척자 존 왓슨은 한술 더 떠서 조건반사 이론을 보완하겠다며 생후 9개월 된 아기에게 비인륜적인 실험(일명 '어린 앨버트 실험')을 강행했고, 가엾은 아기는 나중에 산타클로스의 하얀 수염만 봐도 경기를 일으키는 등 심각한 후유증에 시달렸다. 이쯤 되면 원래 이상한 사람이 심리학자가 되는 것인지, 아니면 심리학을 공부하다 보면 이상해지는 것인지 헷갈릴 지경이다. 이런 이미지 때문인지 영화나 소설 등에는 제정신이 아닌 심리학자가 종종 등장한다. 영화 〈양들의 침묵〉에서 강렬한 인상을 남긴 살인마 한니발 렉터도 심리학 박사였다.

대중에게 심리학자는 대체 왜 이런 이미지가 되어버린 것일까? 크게 3가지 이유를 들 수 있다.

첫째, 알고 보면 심리학 연구 분야는 무척 광범위하다. 그래서 심리학에 종사하는 사람들 역시 서로 간에 공통점을 찾기 어려울 정도로 천차만별이다. 주의력이나 기억력을 연구하는 심리학자는 겉보기에 물리학자 같다. 대뇌의 생리적 기제를 연구하는 이들은 심리학자라기보다는 생리학자에 가깝고, 심리학이론학파 연구자들은 영락없는 역사학자로 보인다. 문화권별 심리적 특성을 연구할 때는 스스로 심리학자라고 밝히지 않는 이상 인류학자로 오인되기 십상이다. 이처럼 심리학이라는 학문은 자연과학에도 사회과학에도 접근할 수 있다는 사실이 특징이자 매력이다. 이토록 다양한 유형 중에는 이상한(?) 심리학자도 당연히 있지 않겠는가.

둘째, 심리학은 대중적 관심도에 비해 알려진 바가 아직 많지 않다. 심리학이라는 학문 자체가 무엇을 연구하는지 명확하지 않은 데다 잘 알려진 심리학 이론도 깊이 파고들수록 오히려 이해하기 어려워지는 경우가 태반이다. 그런 상태에서 심리적, 정신적으로 심각한 문제를 겪다가 심리상담이나 정신의학분석의 도움을 받아 극적으로 회복된 경우, 또는 반대로 극단적 상황으로 치닫는 경우를 생각해보라. 심리학이 얼마나 난해하고 신비롭게 느껴지겠는가. 그럴수록 심리학은 엄연한 과학임에도 신비의 영역에 반쯤 걸쳐 있는 인상을 준다.

특히 사람들은 심리학자나 정신의학자가 자기 속을 빤히 들여다볼지도 모른다는 점을 꺼림칙하게 여긴다. 나는 상대방의 속내를 전혀 알 수 없는데 상대는 나 자신조차 알지 못하는 나의 내면을 꿰뚫어본다면 아무래도 유쾌하지는 않을 것이다. 이렇다 보니 사람들은 심리상담가나 정신의학자에게 의지하는 동시에 관계의 불평등에서 오는 불편함과 두려움을 느낀다.

이러한 심리적 불균형을 해결하기 위해서일까, 사람들은 영화나 소설 같은 허구에 실패한 심리학자들을 자주 등장시킨다. 심리학자 역시 나와 똑같이 불완전한 인간일 뿐이라는 사실을 확인하며 안정감을 찾는 것이다. 특히 서양 문화권에 이런 현상이 두드러지는데, 심리학의 역사가 긴 만큼 심리학자에 대한 오해와 편견도 많은 것일까.

셋째, 심리학계에는 실제로 융처럼 위대한 업적을 이룩했지만 일반인의 시각으로는 도무지 이해할 수 없는 괴팍한 인생 궤적을 남긴 이가 적지 않다. 심리학의 유행과 함께 이들의 인생사가 알려지면서 대가들도 이런데 다른 심리학자들은 오죽하겠냐는 귀납적 추론이 성립되었고, 곧 심리학자는 이상한 사람들이라는 편견이 양산된 것이다.

7장 　 내 선택은 어디까지가
　 　 나의 의지일까

마이클 가자니가
Michael Gazzaniga, 1939~

미국의 진화심리학자이자 뇌과학자. 인지신경과학 분
야의 개척자. 로저 스페리와 함께 '분리뇌 실험'을 진행
해 좌뇌와 우뇌가 서로 다른 기능을 갖고 있음을 증명
했다. 뇌과학을 대중화하는 데 관심이 많아《뇌는 윤리
적인가》등 10여 권의 대중교양서를 집필했다.

밖에서는 멀끔하고 예의 바른 신사지만 가족에게는 걸 핏하면 화를 내고 주먹을 휘두르는 폭력 가장이 있다. 과연 어느 쪽이 그의 본성일까?

야누스 같은 성격 또는 한 사람이 여러 인격을 가진 다 중인격은 영화나 소설에 자주 등장하는 극적 장치다. 물론 현실에서는 인격장애 환자로 분류될 이들이다. 그런데 생각 해보자. 누구나 평소와 다른 모습을 보일 때가 있지 않나? 나 는 과연 나의 의식을 원하는 대로 통제하고 있는가?

이 질문은 인간의 자유의지라는 철학적 화두로 이어진 다. 그러나 여기서는 철학이 아닌 과학의 차원에서 다뤄보고 자 한다. 과학적 측면에서 볼 때 정상인의 범주에 드는 사람 이 '하나의 두뇌에 두 개의 의식'을 가질 수도 있을까? 뇌와 의식은 대체 어떤 관계일까?

이제부터 들려드릴 이야기는 지금까지와 달리 이론 설 명의 비중이 높다. 뇌과학과 자유의지에 관한 논쟁 자체가 이해하기 어려운 점이 많을뿐더러 아직 결론도 나지 않았기 때문이다. 그러니 마음의 준비를 단단히 하고 뇌와 의지, 인 생을 둘러싼 거대한 질문 속으로 뛰어들어가 보자.

분리된 뇌를 가진 사람의 세상

뇌와 의식에 대해 이야기하려면 먼저 그 유명한 분리뇌 실험부터 언급해야 한다. 인간의 뇌는 좌반구와 우반구로 나뉘며, 각각이 신체 우측과 좌측의 감각과 움직임을 통제한다는 사실은 잘 알려져 있다. 예를 들어 왼눈으로 본 사물을 인식하고 왼손을 뻗어 그것을 만지도록 조종하는 쪽은 우뇌, 반대로 오른눈으로 본 사물을 인식하고 오른손을 움직이게 하는 쪽은 좌뇌다. 그리고 좌뇌와 우뇌 사이에 둘을 연결하는 신경다발인 뇌량이 존재한다. 정상인은 양쪽 대뇌가 뇌량으로 연결되어 하나의 통일된 뇌로 움직인다. 그런데 만약 뇌량이 끊어져서 좌반구와 우반구가 완전히 분리된다면 어떤 일이 벌어질까?

많은 과학자가 궁금해했지만 쉽게 해결될 수 있는 문제가 아니었다. 궁금하다고 사람 머리를 가지고 실험을 할 수는 없으니 말이다. 그래서 초기의 뇌과학 연구는 주로 고양이나 원숭이를 대상으로 이뤄졌다.

그러던 중 뇌과학사에 한 획을 그은 역사적이고 중요한 연구가 진행됐다. 바로 분리뇌 연구다. 이 연구의 주인공은 로저 스페리Roger Sperry와 마이클 가자니가Michael Gazzaniga로, 스페리는 분리뇌 연구로 1981년 노벨생리의학상을 수상했으며 가자니가는 인지신경과학 분야를 개척했다.

사제지간인 이들은 동물을 대상으로 뇌 연구를 진행했지만 곧 한계에 부딪혔다. 동물실험으로는 인간의 뇌가 지닌 비밀을 밝혀내는 게 거의 불가능했던 것. 그렇다고 연구윤리를 저버리고 사람을 대상으로 실험할 수도 없고, 도대체 어떻게 해야 할까? 그러던 어느 날, 고심하던 그들에게 기적 같은 기회가 찾아왔다. 뇌전증, 흔히 간질이라 부르는 병의 원인이 일부 대뇌 세포의 비정상적인 활동에 있다는 사실이 밝혀졌는데, 후속 연구를 통해 뇌량을 절단하면 뇌의 일부분에 일어난 발작이 전체로 퍼지는 것을 막아 지속적인 손상을 방지할 수 있다는 점이 추가로 확인된 것이다. 스페리와 가자니가는 뛸 듯이 기뻤다. 뇌전증의 증상을 호전시키면서 자연스레 뇌가 '분리된' 사람을 연구할 기회가 생겼기 때문이다. 드디어 뇌의 좌우반구가 각각 어떤 역할을 하는지 밝힐 수 있다는 기대감에 두 사람은 흥분을 감추지 못했다.

실험을 진행한 이는 주로 가자니가였다. 그는 먼저 뇌량 절단, 즉 분리뇌 수술을 받은 피험자의 눈을 가리고 오른손에 물체를 쥐여준 뒤 손에 있는 물건이 무엇이냐고 물었다. 피험자는 별 어려움 없이 물건의 이름을 말했다. 그런데 똑같은 물체를 왼손에 쥐여주고 같은 질문을 했을 때는 우물쭈물하며 대답하지 못했다. 하지만 어떤 물건을 쥐고 있었는지 손으로 가리켜보라고 했을 때는 정확히 그 물건을 가리켰다. 즉 정보를 파악하는 능력에는 전혀 문제가 없었는데 말만 하지 못했던 것이다. 왜 이런 현상이 벌어졌을까? 좌뇌와 우뇌를 연결하는 뇌량이 끊어진 탓에 왼손이 인지한 정보가 언어중추에 전달되지 않았기 때문이다. 반대로 오른손에 물건이 있었을 때는 오른손의 정보가 언어중추가 자리한 좌반구에 전해진 덕에 금방 말로 대답할 수 있었다.

때로 피험자는 왼손에 쥔 사물의 이름을 말하지 못하는 대신 소리 내어 웃기도 했다. 하지만 왜 웃는지 이유를 물으면 제대로 설명하지 못했는데, 마치 우뇌가 독립적인 인격을 가진 것 같은 느낌을 줄 정도였다. 심지어 좌뇌와 우뇌가 서로 '다투는' 듯한 상황이 벌어지기도 했다. 남성 피험자에게 '당신의 여자친구는 누구입니까'라고 질문하자 입으로는 좌뇌의 통제를 받아 밝히고 싶지 않다며 대답을 거부했지만 우뇌의 지시를 받는 왼손으로는 종이에 여자친구의 이름을 쓰는 식이었다.

가자니가는 심도 있는 연구를 위해 오른쪽 눈과 왼쪽 눈에 각각 다른 이미지를 보여주는 특수 장치를 만들어 실험을 진행했다. 결과는 매우 흥미로웠다. 한 번은 분리뇌 환자가 정서적으로 당황했을 때 어떤 반응이 나타나는지 알아보기 위해 포르노 잡지에서 여성의 나체 사진을 잘라내 특수

장치를 통해 여성 피험자의 오른쪽 눈에 보여주었다. 좌반구에만 정보가 전해지도록 한 것이다. 피험자는 무표정하게 아무 반응도 보이지 않았다. 그런데 똑같은 사진을 왼쪽 눈에 보여주자 자신도 모르게 웃음을 터뜨렸다. 왜 웃었냐고 가자니가가 묻자 그녀는 '글쎄요, 선생님 기계가 참 웃기네요'라고 답했다. 우뇌가 한 반응을 좌뇌의 언어중추로 설명하려다 보니 자신도 이해할 수 없는 대답이 나온 것이다.

분리뇌를 가진 사람에게는 신기한 재주가 있다는 것도 발견했다. 양쪽 눈에 각기 다른 모양을 보여주고 그려보라고 하면 왼손으로 동그라미를 그리면서 동시에 오른손으로는 네모를 그려냈다. 보통 사람은 좌뇌와 우뇌가 연결되어 있기 때문에 두 손으로 각기 다른 일을 하려고 해도 서로 간섭이 생겨서 잘되지 않는다. 그러나 분리뇌를 가진 사람은 좌뇌와 우뇌의 연결이 끊어져서 두 가지 일을 동시에 할 수 있다. 마치 한 몸 안에 두 가지 인격이 존재하고 각각의 인격이 손 한쪽씩 통제하는 것처럼 서로 아무런 간섭도 받지 않았다.

분리뇌 연구를 바탕으로 가자니가와 스페리는 새로운 두뇌분리 이론을 발표했다. 핵심은 좌뇌와 우뇌가 각각 다른 기능과 역할을 맡고 있다는 것이다. 좌뇌는 분석 논리 계산 언어를, 우뇌는 공간 음악 직감 감각 등을 담당한다. 오늘날 당연하게 받아들여지는 우뇌 개발, 좌우뇌 균형발달 같은 교육이론은 모두 두뇌분리 이론에 뿌리를 두고 있다 해도 과언이 아니다. 이 밖에 실험을 통해 좌뇌와 우뇌가 각자 자아의식과 사회의식을 갖고 있다는 점이 밝혀지기도 했다.

분리뇌 실험은 뇌과학 발달에 엄청난 파급력을 미친 중요한 연구다. 실험 결과가 워낙 흥미로운 터라 신기한 가설도 많이 도출되었다. 분리뇌를 가진 사람은 인격이 두 개로 나뉜다는 것이 대표적이다. 좌반구는 화가가 되고 싶다고 하는데 우반구는 사이클 선수가 되고 싶다고 하거나, 좌반구는 메리를 사랑한다는데 우반구는 조세핀을 좋아한다고 한 실험 결과도 실제로 있다. 이를 소재로 주인공의 머릿속에서 두 개의 의식이 서로 싸우고 분열하는 내용의 소설이 발표되기도 했다.

이러한 현상은 한 가지 의문을 불러일으킨다. 우리의 뇌에 정말 두 명의 '나'가 사는 게 아닐까? 나란 대체 누구이며 나의 의식을 결정하는 것은 누구인가? 나의 행동은 누가 정하는가? 분리뇌 실험이 촉발한 일련의 연구들은 근본적으로 다음의 도발적인 질문에 관한 것이었다.

과연 자유의지란 존재하는가?

자유의지, 허상인가 실상인가

'자유의지'란 쉽게 말해 내 생각과 행동을 나의 의지로 결정하는 것이다. '내 운명의 주인은 나'라고 표현할 수도 있겠다. 점심 식사 메뉴를 내가 원하는 대로 정하는 것도, 자전거를 타는 것도, 심리학을 배우는 것도 모두 자유의지의 발로라고 할 수 있다. 인간에게 자유의지가 있다는 것은 어찌 보면 너무나 당연해서 여기에 무슨 논쟁의 여지가 있나 싶다.

하지만 방금 든 예를 자유의지가 존재한다는 근거로 제시한다면 어떤 과학자나 철학자는 '그건 당신의 착각!'이라고 단언할지도 모른다. 무슨 뜻일까? 당신이 먹고 싶은 음식을 먹는 것은 '식욕' 때문이고, 자전거를 타고 싶은 이유는 '무료함' 때문이다. 심리학을 공부하고 싶다는 생각이 든 까닭은 어린 시절의 특수한 경험 탓이며 그때의 경험은 대개 부모와 밀접한 관련이 있다. 다시 말해 다른 요소에 전혀 영향받지 않고 순전히 자신의 의지로 자유롭게 선택한 게 아니라 수천수만 년 동안 인류가 쌓아온 경험에서 필연적으로 심리학을 배우고자 하는 마음이 생겼다는 것이다.

이처럼 인간의 자유의지를 부정하고 모든 것이 정해진 결과라 역설하는 이론이 '결정론'이다. 결정론은 인간이 인과관계로 이루어진 틀 안에 갇혀 있으며 이 인과관계의 근원은 우주 대폭발의 순간까지 거슬러 올라간다고 주장한다. 아, 너무 나갔나? 나는 단순히 심리학을 공부하고 싶었을 뿐인데 우주 대폭발까지 소환되다니!

그러나 결정론자에게는 지극히 타당한 논리 전개다. 결정론의 역사는 언뜻 생각해도 수백 년에 달한다. 물리학자인 뉴턴과 아인슈타인도 결정론을 옹호했다. 뉴턴은 몇 가지 법칙과 공식을 이용해 우주의 운행 규칙을 밝히려 했는데, 우주의 운행에 일정한 규칙이 있다면 세상 모든 존재의 운명도 결정되어 있다는 뜻이 된다. 아인슈타인은 아예 이 세상에 일어나는 모든 일이 공식에 의해 이미 정해져 있다고 믿었다. 그에게 자유의지란 듣기 좋은 농담 그 이상도 이하도 아니었다.

다윈의 자연선택론과 프로이트의 잠재의식 이론도 인간의 자유의지란 허상이라는 주장에 힘을 싣는다. 오늘날 내가 하는 생각과 결정은 모두 어린 시절에 겪은 일 때문이거나 유전자 때문이거나 먼 옛날 내 조상이 아프리카 초원에서 했던 행동 때문이다. 남성이 머리카락이 길고 육감적인 여성에게 끌리는 이유는 무엇일까? 길고 풍성한 머리카락은 건강을 방증하고 육감적인 몸매는 종족 번식에 유리한 조건이라서 그렇다. 여성은 왜 경제력 있는 남성을 좋아하는가? 자원이 많은 남성일수록 자녀를 낳고 기를 때 더 좋은 환경을 제공해줄 수 있어서다. 이런 닳고 닳은 이야기에도 개인의 선택이 자유의지가 아니라 대대손손 전달돼 살아남고 싶은 유전자의 작용이라는 결정론이 숨어 있다.

그리고 이 오래된 논쟁에 1980년대 이후 본격화된 뇌과학 연구가 새롭게 뛰어들었다. 뇌과학은 자유의지를 잔인하리만치 철저하게 짓밟으며 결정론에 힘을 실어줬다. 뇌과학은 인간이 하는 모든 의식적인 의사결정은 대뇌의 무의식적 활동의 결과일 뿐이라고 단정한다. 일례로 준비전위readiness potential라는 뇌파는 개인이 어떤 결정을 내리겠다는 의식을 갖기도 전에 나타난다. 내가 자전거를 타겠다는 생각을 미처 하기도 전에 대뇌는 벌써 자전거 탈 준비를 하고 있다는 뜻이다. 따라서 의식은 전혀 자유롭지 않다. 내가 무슨 결정을 내리든 뇌에서는 이미 그것을 '알고' 있다.

신경과학의 발달 역시 자유의지의 존재에 의문을 던진다. 기술 발달로 뇌의 기능이 심도 있게 밝혀지면서 인간의 모든 생각과 사고를 결정하는 주체가 인간 자신인지 아니면 뇌인지 알 수 없게 됐다. 지금 음식을 먹고 싶어 하는 것은 나인가, 아니면 내 뇌인가? 내가 지금 하는 말, 네가 지금 하려는 말이 모두 모종의 힘에 의해 이미 결정되어 있다면?

이는 자유의지 논쟁에 새로운 착안점을 제시한다. 내가 하는 말이 내가 하고 싶었던 말인지 아니면 누군가가 내가 하길 원했던 말인지에 따라 자유의지의 존재 여부가 갈린다는 것이다. 나의 생각은 정말로 내가 한 것일까?

뇌가 아닌 사람을 보라

가자니가는 자아란 환상에 불과하다고 말했다. 인간은 생각만큼 위대한 존재가 아니라는 것이다. 꽃을 좋아하거나 뱀을 무서워하는 등, 나를 구성하는 여러 특성 역시 나의 선택이 아니라 저절로 그렇게 되거나 타고난 것이다. 주관적 의식도 결국은 의식 표면에 떠오른 단편적 정보들을 좌뇌가 부단한 해석을 거쳐 그럴듯하게 만들어놓은 결과물에 불과하다. 즉 무의식적, 자동적으로 먼저 결정을 내려놓고 나중에 열심히 좌뇌를 굴려서 왜 그렇게 결정하고 행동했는지 합리적인 이유를 찾아 덧붙인 후 마치 자신이 자유의지로 선택한 양 믿어버린다는 것이다. 때로는 이미 벌어진 과거의 사건에 허구의 설명을 덧붙이고 진실이라 믿기도 한다. 이렇게 보면 우리의 의지란 결코 자유롭지 못한 셈이다.

그러나 '인간에게 자유의지가 있다'는 신념은 이미 인류 문화에 깊이 뿌리내려 있지 않은가. 그리고 이런 신념을 굳게 가질 때 사회가 더 나은 방향으로 나아간다는 연구 결과도 있다. 실험에 따르면 자유의지를 믿는 사람일수록 타인을 돕고자 하는 성향이 강했다. 인간에게 자유의지가 있다는 신념이 서로를 존중하게끔 만든 것이다. 반대로 결정론을 믿는 사람은 상대적으로 타인에게 공격적인 성향을 보였다. 이에 대해 심리학계는 결정론이 무력감을 야기하고 '어차피 다 정해진 일이니 내 책임은 아니'라는 무책임한 태도에 빌미를 제공하기 때문이라고 해석한다.

이것이 사실이라면 자유의지와 결정론 중 어느 쪽이 맞는지 단정할 수는 없어도 적어도 친구를 사귈 때 참고는 될 것이다. 결정론을 믿는 사람이라면 다소 공격적일 것을 감안해 좀 더 조심하는 식으로 말이다.

이렇게 말한 가자니가는 결정론자일까? 그렇게 단정하긴 섣부르다. 그는 과학적 근거를 들어 결정론도 비판했다.

첫 번째, 혼돈이론chaos theory에 따르면 복잡계complex system는 장기 예측이 거의 불가능하다. 초기의 미세한 편차만으로도 예상과 전혀 다른 결과가 나오기 때문이다. 나비효과를 알 것이다. 나비의 날갯짓으로 일어난 미미한 바람이 태평양 반대편에 태풍을 불러일으킬 수도 있다는 이론이다. 이는 복잡계의 불확정성을 극명히 보여준다. 게다가 이 불확정성은 임의적이기까지 하다. 결정론은 수학과 측량으로 미래를 예측할 수 있다고 주장하는데, 현실은 복잡계에 속한다. 따라서 정확히 예측하는 것이 불가능하다. 여러 가지 현상에서 아무리 확실한 규칙과 공식을 발견했다 해도, 복잡계에서는 아주 작은 차이가 엄청나게 다른 결과를 초래할 것이기에 이를 그대로 적용하기엔 무리가 있다.

두 번째, 양자물리학의 출현으로 결정론의 토대인 전통 물리학이 뿌리부터 흔들렸다. 입자는 보편적인 운동법칙을 따르지 않는다. 물체는 뉴턴의 운동법칙에 따라 움직이지만 물체를 이루는 입자 단계에 이르면 이 법칙이 통하지 않는다는 것이다. 즉 거시세계에서는 뉴턴의 운동법칙이 불변의 진리일지 몰라도 미시세계로 들어가면 힘을 잃는다. 미시세계는 결정론이 아닌 확률론의 세계다. 이 세계에서는 그저 어떤 일이 발생할 확률만을 예측할 수 있을 뿐이다.

물리학에서 미시세계와 거시세계에 모두 적용 가능한 명확한 규칙은 존재하지 않는다. 양자물리학은 미시세계의 규칙이고 뉴턴 운동법칙은 거시세계의 규칙이다. 전자는 후자를 완벽하게 예측할 수 없고, 후자 역시 전자를 정확하게 읽어낼 수 없다. 뇌과학으로 돌아가서, 신경세포와 신경전달 물질 등 신경생리학의 미시적 연구를 기반으로 모종의 확정적인 모델을 구축했다고 해보자. 과연 이 모델로 대뇌가 인간의 의식, 생각, 심리의 생성에 어떠한 작용과 역할을 하는지 온전히 설명할 수 있을까? 나아가 개인을 넘어 집단, 즉 다수의 두뇌가 교차하는 상황에도 신경세포의 규칙을 그대로 적용할 수 있을까? 타인과의 관계, 사회적 활동 등 거시적 세계의 일에 미시적인 관점을 들이대는 것이 타당한가? 마치 현미경으로 코끼리를 관찰하는 것과 같지 않을까?

미시세계와 거시세계에는 각각의 규칙과 해석이 필요하다. 인간은 사회적 동물이기에 두뇌 하나만 연구해서는 인간의 행동 전반을 설명하지 못한다. 다른 두뇌, 다른 사람과 상호작용하는 사회적 현실에서 어떻게 작용하는지까지 보아야 비로소 인간을 이해할 실마리를 찾을 수 있다.

세 번째, 우리가 궁극적으로 책임져야 할 것은 인간과 인간 사이의 사회적 약속과 계약이지 두뇌의 속성이 아니라는 것이다. 이는 가자니가가 내민 마지막 비장의 카드였다. 과학이란 이유로 결코 인간의 가치와 미덕을 훼손할 수 없으며 과학적 관점에서 생명과 두뇌, 의식을 더 깊이 이해하려는 시도 또한 우리가 소중히 여기는 가치를 쓸모없게 만들지 않는다. 우리는 대뇌가 아닌 사람이다. 대뇌의 비밀을 밝히는 것이 신경과학의 임무이지만 이를 통해 자유의지의 유무를 판단하는 것은 논외다. 사람으로 태어났다면 자신과 타인의 가치를 소중히 여기고 지켜야 하며, 마땅한 책임을 감당해야 한다.

결국 가자니가는 이렇게 말하고 싶었던 게 아닐까.

"자유의지? 좋지, 좋은 거야. 하지만 이걸 뇌과학 측면에서 논하기에는 좀 지나친 감이 있어."

뉴턴 운동법칙으로는 미시세계 속 입자의 움직임을 설명하지 못하는 것처럼 뇌과학의 미시 규칙으로는 복잡하고도 아름다운 인간의 삶을 결코 설명할 수도, 예측할 수도 없다.

이번 장의 주제인 인간의 의식과 자유의지는 매우 심오하고도 난해한 영역이며 뇌과학 역시 한창 발전 중인 새로운 분야다. 그렇기에 섣불리 일상에 적용하거나 남용되지 않도록 주의해야 한다. 최근에 두 건의 일급살인죄로 사형 판결을 받고 복역 중이던 범죄자가 뇌 스캔 결과를 근거로 항소하여 무죄 판결을 받은 사례가 있었다. 뇌를 스캔해보니 전두엽이 기형으로 나타났고, 이 때문에 범죄를 저지를 당시 정상적인 판단과 행동을 할 수 없었다고 주장한 것이다. 법원은 이를 받아들였고, 결국 범죄자가 '과학'의 이름으로 교묘히 법망을 빠져나가는 일이 벌어지고 말았다.

아직까지는 법원에서 뇌과학적 증거를 정식으로 채택하는 비율이 높지 않지만, 이러한 선례가 있는 만큼 나날이 발전하는 뇌과학을 복잡다단한 우리 인생에 어떻게 얼마나 받아들일지 진지하게 고민해보아야 한다. 분명히 신중해야 할 것이다. 그러니 누군가 뇌과학 운운하며 당신의 머릿속을 헤집으려 한다면 정신 바짝 차리시길. 아무리 최첨단 뇌과학이라도 인간이라는 존재를 이해하고 설명하기엔 아직 갈 길이 멀고도 멀다.

2부

이성과 감성

8장   날뛰는 감정을 조율하려면

조너선 하이트
Jonathan Haidt, 1963~

미국의 사회심리학자. 도덕성의 감정적 토대 및 발달
과정, 문화적 다양성 등 도덕성에 초점을 맞춘 연구
를 진행해왔다. 그중에서도 긍정적인 도덕 감정 연구
에 주력해 '도덕성 기반 이론'을 공동 개발했다. 저서로
《바른 마음》,《나쁜 교육》,《조너선 하이트의 바른 행
복》이 있다.

줄리아와 마크는 친남매로 둘 다 대학생이다. 어느 여름, 두 사람은 방학을 맞아 프랑스로 여행을 떠났다. 외딴 해변의 오두막에 묵게 된 둘은 문득 색다른 경험을 해보기로 했다. 잠자리를 갖기로 한 것이다. 서로 비밀만 지킨다면, 또 피임만 잘한다면 문제 될 일이 없어 보였다. 그리고 그날 두 사람은 꽤 만족스러운 밤을 보냈다. 하지만 특별한 경험은 단 한 번으로 끝내기로 약속했고 실제로 그런 일은 두 번 다시 일어나지 않았다. 둘만 아는 비밀이 생긴 후 남매의 우애는 더욱 돈독해졌다.

당신은 줄리아와 마크의 행동을 어떻게 생각하는가? 그들의 행동은 옳은 것일까?

이 이야기를 들은 사람들은 대부분 불쾌해한다. 또 둘의 행동이 옳으냐는 질문에도 '결코 그렇지 않다'고 답한다. 그러나 왜 옳지 않은지 설명해보라고 하면 논리적으로 제대로 대답하지 못한다. 어쨌든 남매의 행동은 지극히 사적인 영역인 데다 남에게 아무런 해도 끼치지 않았기 때문이다. 하지만 다들 이것이 지극히 잘못된 행각이라는 느낌을 떨치지 못한다.

이렇듯 감정으로는 받아들이지 못하면서도 왜 거부감을 느끼는지 그 이유를 이성적으로 설명하지 못하는, 다시 말해 감정과 이성 사이에 충돌이 일어나는 상황은 일상에서

의외로 자주 일어난다. 이때 우리는 감정을 따라가는 게 옳을까, 아니면 이성으로 감정을 억누르는 게 옳을까? 감정과 이성 사이에 균형을 잡으려면 어떻게 해야 하는가?

감정과 이성이 충돌할 때

친남매 간 성관계라는 난제를 제시한 사람은 테드TED의 단골 연사인 미국 심리학자 조너선 하이트Jonathan Haidt다. 도덕심리를 연구한 하이트는 세계적으로 손꼽히는 사상가, 철학자이자 타고난 이야기꾼으로, 온갖 기상천외한 이야기를 지어내 사람들을 고민에 빠뜨리고 논쟁을 일으키곤 한다. 여기 그가 지어낸 이야기를 몇 가지 더 소개할 테니 이 상황이 과연 도덕적인지 아닌지 생각해보자.

이야기 하나. 집안을 정리하던 사람이 낡은 국기를 발견했다. 그는 국기가 너무 낡아서 더는 쓸 수 없으리라 판단하고 조각조각 잘라서 욕실 청소용 걸레로 썼다. 이 행동은 도덕적인가?

이야기 둘. 매주 시장에서 살아 있는 닭을 사 오는 남자가 있다. 그는 닭을 잡기 전에 반드시 수간獸姦을 한다. 이 남자는 도덕적인가?

이야기 셋. 어느 가족이 기르던 개가 차에 치여 죽었다. 마침 개고기가 맛있다는 이야기를 들은 가족은 그날 밤 죽은 개를 요리해서 먹었고, 아무도 그들의 행동을 보지 못했다. 이 가족은 도덕적인가?

어떤가? 아마 친남매의 근친상간 이야기를 접했을 때처럼 눈살이 찌푸려졌을 것이다. 그리고 논리적으로 옳고 그름을 따지기 전에 매우 잘못되고 부도덕하다는 느낌부터 들었을 것이다. 하지만 '느낌'은 잠시 뒤로 밀어내고 이성적으로 이들이 부도덕한 이유를 설명해보자. 이들의 행동으로 타인이 해를 입었는가? 아니다. 이들이 타인의 권리나 자유, 정의를 훼손했나? 그렇지도 않다. 닭은 애초에 식용으로 거래되었고 개는 이미 죽었으며 자신의 소유를 어떻게 처리할지는 전적으로 개인의 자유다. 국기를 잘라서 걸레로 쓴다 한들 나라가 망하는 것도 아니다.

그런데도 왜 우리는 이들의 행동을 도덕적이지 않다고 느끼는 것일까?

감정과 이성 사이의 미묘하고 알다가도 모를 관계는 오랫동안 심리학자들의 단골 토론 주제였다. 그중에서도 하이트는 이 주제를 심도 있게 연구한 학자로 손꼽히며, 이로써 심리학 역사에 괄목할 만한 성과를 남겼다. 새로운 긍정심리학 분파의 대표적 인물이기도 한 그는 심리학 및 철학 분야의 발전에 공헌한 바를 인정받아 템플턴상The Templeton Prize을 수상했다. 잠시 설명을 덧붙이자면 템플턴상은 상금이 노벨상 상금을 상회하는 것으로 유명하며 정신 분야, 그중에서도 종교와 과학 사이의 이해와 교류를 증진한 사람에게 주는 상으로서, 그 점에서 하이트는 명실상부한 일인자라 할 수 있다.

그렇다고 하이트의 연구가 현학적인 것은 아니다. 오히려 실생활과 밀접히 연관되어 있으며 이해하기도 쉬운 편이다. 도덕과 종교 문제, 자유주의와 보수주의 사이의 갈등, 미국의 인종 문제 등 우리의 삶에 직접적인 영향을 미치는 문제들이 그의 연구 주제다. 하이트는 자신의 이론이 사회 발전에 실질적으로 이바지하고 갈등을 해결하는 데 보탬이 되기를 바랐다. 심리학과나 철학과가 아니라 스턴경영대학원 교수직을 택한 것도 그런 이유에서였다. 자신의 연구가 상아탑 안에 머물지 않고 복잡한 사회 시스템에 녹아들어 기업과 비영리집단, 도시계획 및 여타 정책에 좀 더 실질적인 영향을 줄 수 있기를 희망한 것이다.

하지만 무엇보다 하이트가 유명한 이유는 감정과 이성의 충돌에 관한 획기적인 시각을 제공한 데 있다. 앞서 말했듯이 감정과 이성의 충돌 문제는 오랜 세월 심리학자들을 괴롭혀온 난제였다. 이를 해결하기 위해 하이트는 인류의 역사를 총망라하고 그 안에 나타난 감정과 이성의 관계 모델을 3가지로 정리했다.

첫째는 플라톤 모델이다. 이성을 추앙하고 감정을 의심하는 관점으로, 수천 년 서양 철학사의 주류 모델이다. 플라톤 모델은 이성을 유지하고 감정을 억누름으로써 이성이 '통치자'가 되도록 해야 한다고 주장한다.

둘째는 흄 모델이다. 영국의 철학자 흄은 수천 년간 이어져온 주류에 반기를 들고 이성은 그저 감정의 하인일 뿐이라고 역설했다. 이성은 아무런 힘없이 그저 감정을 따를 수밖에 없다는 것이다.

셋째는 토머스 제퍼슨 모델로, 제퍼슨은 이성과 감정을 비교적 평등한 관계로 보았다. 초대 로마 황제가 제국을 동로마와 서로마로 나눈 것처럼 이성과 감정은 각각 독립된 공통의 통치자라고 설명했다.

이 3가지 모델 중 어느 것이 더 합리적일까? 인간의 본성에 부합하는 쪽은 어느 쪽인가? 이에 대한 해답을 찾으려면 먼저 감정과 이성이 왜 충돌하는지 본질적인 면에서 이해할 필요가 있다.

코끼리 등에 올라탄 기수

진화론적으로 볼 때 이 지구상에 가장 먼저 나타난 생물은 파충류이며 다음이 포유류, 마지막이 인류다. 흥미롭게도 인류의 두뇌 구조에는 이러한 생물의 진화사가 고스란히 담겨 있다.

사람의 두뇌는 크게 세 부분으로 이뤄져 있는데 각 부분은 상호 밀접하게 연결되어 있을 뿐 아니라 각자 특정 역할을 맡고 있다. 첫 번째 부분은 이른바 '파충류 뇌'로, 두뇌 가장 안쪽에 있는 가장 오래되고 변화도 적은 부분이다. 후뇌 또는 생명의 뇌라고도 하며 생명 중추 역할을 한다. 먹고 배설하고 호흡하는 등 생명 유지를 위한 모든 일을 이 뇌가 담당한다. 만약 파충류 뇌만 있다면 인간은 생존을 위한 활동만 할 뿐, 이를 넘어서는 고차원적 사고나 행동은 하지 못하게 된다.

두 번째 부분은 '포유류 뇌'로 감정의 뇌 또는 중뇌라고 한다. 변연계라고도 하는데 호르몬 분비를 통해 인간이 여타 포유류처럼 희로애락의 감정 및 성욕을 느끼고 사회적 관계를 맺고자 하는 열망을 갖게 한다.

세 번째 부분은 가장 고등한 '인간의 뇌', 전두엽이다. 인간이 인간다울 수 있게 하는 이성의 뇌로서, 창의력과 상상력, 문제해결 및 사고 능력, 자의식, 높은 수준의 선량함과 동정심을 담당한다. 이 뇌가 발달하면서 인류는 비로소 수많은 위대한 업적을 이룰 수 있었다.

뇌의 세 부분은 인류의 진화 과정에서 순차적으로 발달했다. 가장 먼저 생긴 부분은 파충류 뇌이며 다음이 포유류 뇌, 마지막이 인간의 뇌다. 인간의 뇌가 발달함으로써 인간은 이성을 갖게 되고 본능의 충동을 통제할 수 있게 되었다.

문제는 이성의 뇌가 나머지 두 뇌를 완전히 통제하지는 못한다는 사실이다. 그 탓에 때로 뇌의 세 영역은 서로 협력하지 못하고 분열하거나 충돌한다. 마치 한 사람의 머릿속에 파충류와 포유류, 인류라는 세 종류의 동물이 기거하면서 서로 자기가 원하는 것부터 하자고 다투는 꼴이다. 생명의 뇌는 먹고 마시는 일에 진심이고, 감정의 뇌는 재미와 즐거움을 추구하며, 이성의 뇌는 일 좀 하자고 아우성친다. 이러니 서로 부딪치지 않을 재간이 없다.

사람이 성장하는 과정에서도 뇌의 발달순서를 엿볼 수 있다. 어릴 때는 본능적 충동의 지배를 받는다. 어느 정도 자란 뒤에도 감정이 날뛰면 뒷일은 생각하지 않고 저지르기 일쑤다. 이를 통제해야 할 이성의 뇌가 덜 자랐기 때문이다. 그러다 나이가 들고 이성의 뇌가 완전히 발달하면 비로소 충동을 자제하고 감정을 다스릴 줄 아는 '어른'이 된다.

이성의 뇌 덕분에 이성과 의지력을 갖게 된 인류는 한 가지 집념에 사로잡히게 되었다. 이성으로 욕망과 감정을 완벽히 다스리고자 한 것이다. 그러나 아쉽게도 이성의 뇌가 가진 힘에는 한계가 있다. 굳이 비교하자면 세 종류의 뇌 중 가장 약하다고 해도 과언이 아니다. 본능적인 욕망 또는 감정과 정면충돌하는 순간 이성의 의지는 무력해지기 일쑤다. 그 유명한 마시멜로 실험에서 끝까지 마시멜로를 먹지 않은 아이들은 욕망을 통제한 것일까? 그렇지 않다. 마시멜로를 먹고 싶다는 유혹에서 벗어나기 위해 아이들은 그보다 더 재미있는 놀이로 주의를 돌렸다. 본능적인 욕망을 이성으로 통제한 게 아니라 욕망과 싸우지 않고 피해버린 것이다. 그래서 하이트는 이성과 의지력을 강화하기 위해 일부러 노력할 필요는 없다고 단언했다. 애당초 이성적 선택이라는 것 자체가 허상이기 때문이다.

그럼에도 사람들은 자신이 이성적이라고 생각한다. 그러나 알고 보면 이성에 따라 판단했다기보다는 본능적으로 판단을 내리고, 그런 뒤에 그럴듯한 이유를 찾아 자신의 판단에 이성적 근거를 덧붙이려고 애쓰는 경우가 절대적으로 많다. 앞서 나왔던 근친상간 이야기를 떠올려보자. 이성적으로 옳고 그름을 따지기 전에 감정적인 거부감이 먼저 들지 않던가? 실제로 하이트의 연구 결과도 비슷했다. 이야기를 들은 사람 중 복잡한 도덕적 추론을 거쳐 친남매 간의 근친상간은 옳지 않다는 결론을 내린 경우는 거의 없었다. 대부분은 즉각적으로 거부감을 보이며 옳지 않다고 답했고, 그러고 나서 왜 그런지 설명하기 위해 열심히 근거를 찾았다. 어떤 이는 세상에 완벽한 피임은 없다며 임신 위험성을 이유로 들었고, 어떤 이는 근친상간으로 정신적 트라우마가 생길 수 있기에 잘못된 일이라고 주장했다. 사례에서 남매 모두 아무런 충격도, 부작용도 겪지 않았다고 분명히 언급했음에도 말이다. 이처럼 대부분의 응답자가 감정적으로 판단한 뒤 이성적으로 근거를 찾으려 한 탓에 논리적으로 대답하지 못하고 횡설수설했다. 이러한 상황을 하이트는 '감정적 개와 합리적 꼬리'라고 표현했다. 감정이 개라면 이성은 그 개의 꼬리밖에 되지 않는다는 것이다.

개와 꼬리라는 비유로 감정과 이성의 다툼을 표현한 하이트는 이후 더 강력한 비유를 내놓았다. 바로 '코끼리와 기수'다. 인간이 진화 과정에서 획득한 내면의 직관과 본능적 반응, 감정과 감각이 코끼리라면 이성의 통제를 받는 의식과 사고방식은 기수라는 것. 이 둘의 관계를 하이트는 '코끼리 등에 올라탄 기수'라고 설명했다. 기수가 코끼리 등에 올라탔으니 마치 코끼리를 부리는 것처럼 보이지만, 사실 코끼리의 뜻에 반하는 명령은 내릴 수가 없다. 왜냐하면 코끼리의 힘이 훨씬 세기 때문이다. 코끼리와 기수는 결코 대등한 상대가 아니다. 엄밀히 말해 기수는 코끼리의 '조언자'에 불과하다. 이성이 감정의 하인이라는 흄의 주장보다는 한결 온건하지만 기본적으로 하이트는 흄과 비슷한 관점을 유지했다고 볼 수 있다.

자신이 언제나 이성적으로 판단할 수 있다는 생각은 착각일 뿐이다. 의식적이고 논리적으로 사고할 수 있다고, 나아가 자기 의지로 본능을 이길 수 있다고 믿는 것도 마찬가지다. 기수로서 당신이 할 수 있는 일은 코끼리의 뜻을 존중하며 잘 협력하는 것뿐이다. 이성으로 감정을 다스리고 코끼리를 달리도록 만드는 길은 이 방법뿐이다.

하이트의 기수와 코끼리 비유는 이해하기 쉽고 설득력도 있다. 하지만 현실 생활에 어떻게 적용해야 할지는 여전히 애매하다. 마음 번잡한 일을 겪은 나의 코끼리가 우울하고 불쾌해할 때 기수는 어떻게 해야 할까? 구체적인 행동 매뉴얼은 없을까?

다행히 있다. 비록 하이트가 구체적인 지침을 제안하지는 않았지만 그의 이론에서 몇 가지 실행 가능한 방법을 도출해볼 수 있다. 이른바 감정을 조절하는 전략이다.

감정을 조절하는 기수의 전략

먼저 생각의 준비가 필요하다. 각오라고도 할 수 있다. 바로 인생에는 내 뜻대로 되는 일보다 그렇지 않은 일이 훨씬 많음을 인정하는 것이다. 인생이 마음처럼 풀리지 않을 때는 무조건 이성만 강조하지 말고 먼저 내 안의 코끼리를 인정하고 돌봐야 한다. 코끼리도 존중받아야 할 존재다. 무조건 부정하거나 억누르면 부작용이 생길 수 있다. 코끼리를 억누르려는 노력은 실패로 돌아가거나 오히려 기수가 의지를 상실하는 결과로 이어질 공산이 크다. 어쨌든 기수보다는 코끼리가 훨씬 강력하기 때문이다. 그러니 내 안의 코끼리와 싸우지 않고 함께 잘 살아가는 길을 모색해야 한다.

그리고 충분한 행동대책을 세워놔야 한다. 심리학을 배워서 좋은 점은 내가 어떤 상황에 놓였을 때 무슨 일이 벌어질지, 어떤 심리적 반응과 감정이 생길지 대략이나마 예상할 수 있다는 것이다. 예상할 수 있으면 준비할 수 있고, 준비가 되어 있으면 덜 당황하며, 코끼리가 미쳐 날뛰어도 의연하게 대처할 수 있다. 자신에 대해서든 타인에 대해서든 다음의 두 가지 대책만 가지고 있으면 어느 정도 코끼리를 기수가 원하는 방향으로 이끌 수 있다.

기수 뺨 치고 코끼리 쓰다듬기

이게 대체 무슨 말일까? 간단히 말해 먼저 이성의 뇌를 깨우고 그다음에 감정의 뇌를 위로하라는 뜻이다.

얼마 전에 한 학생이 이렇게 물었다.

"교수님, 여자친구와 헤어졌는데 어떻게 해야 할지 모르겠어요. 온종일 그 애가 생각나서 너무 괴롭고 슬픈데 어쩌죠?"

실연의 고통에서 헤어나지 못하는, 안타깝지만 흔한 상황이다. 자, 이때 어떻게 조언해줘야 할까? 포기하지 말고 다시 한 번 사랑을 향해 돌진하라고 독려해야 하나? 아니면 냉엄한 현실을 주지시키면서 판을 깨라고 해야 하나? 그것도 아니면 '새 사랑이 오면 옛사랑은 자연히 잊히는 법'이라고 위로해야 하려나?

앞서 나온 두뇌의 진화 과정을 기억하는가? 이성의 뇌와 감정의 뇌는 한쪽이 활성화되면 다른 한쪽은 억제되는 관계다. 즉 코끼리가 주도하거나 기수가 주도하거나 둘 중 하나다. 실연당한 직후에는 아무래도 감정의 뇌가 주도권을 잡고 이성의 뇌는 억제된다. 그 결과 고통을 느끼고 힘들어하며 헤매는 것이다. 이때 이성의 뇌를 깨우면 감정의 뇌는 억제되고, 고통도 자연스레 줄어든다. 즉 실연의 아픔을 잊는 가장 좋은 방법은 코끼리를 가능한 자극하지 않으면서 기수

즉 이성의 뇌를 깨우는 것이다. 단어를 외우거나 수학 문제를 풀어보자. 뭐든 좋으니 머리를 풀가동하거나 집중할 수 있는 무언가를 찾아야 한다. 그러면 마음이 한결 덜 힘들다. 실제로 감정이 부정적이거나 우울할 때 정밀성과 인내심이 요구되는 작업을 하면 심리 상태가 훨씬 나아진다는 연구 결과도 있다. 그러니 아까 그 학생에게 가장 적합한 조언은 '연애가 깨진 김에 토익 점수를 높여보는 건 어떤가'일지도 모르겠다.

물론 감정 상태가 좋지 않을 때는 긍정적인 방향보다 부정적인 방향으로 행동이 흘러가기 쉽다. 토익 점수를 높이고자 공부에 매진하면 좋겠지만, 많은 사람이 그보다는 술을 진탕 마시는 쪽을 선택한다. 놀랍게도 이 또한 나름의 과학적인 이유가 있는데, 타인에게 거절당하면 신체 손상과 관련된 뇌 부위가 활성화된다고 한다. 즉 실제로 아픔을 느낀다는 것이다. 아프면 어떻게 하는가? 진통제를 먹는다. 술은 일종의 진통제다. 이것이 실연의 아픔을 겪는 사람들이 술을 찾는 이유다.

이성의 뇌를 깨우고 감정의 뇌를 억제하는 더 간단한 방법도 있다. 바로 게임이다. 게임은 단어 암기보다 쉬운 데다 심지어 재미도 있다. 게임은 부정적인 감정을 해결하는 가장 편리한 방법 중 하나다.

감정 상태가 나쁜 것은 그 자체로 일종의 위기 상황이다. 하지만 이 위기로 술고래가 될지, 토익 900점을 돌파할지는 선택하기 나름이다. 마지막으로 실연으로 실의에 빠진 사람에게 종종 들려주는 고무적인 이야기를 여기에도 소개할까 한다. 한 남학생이 실연한 후 이성의 뇌를 일깨우기 위해 컴퓨터 프로그래밍에 전념했다. 그 결과물로 교내 여학생들 외모를 평가하는 프로그램을 개발하더니 세계적인 사회 연결망 서비스로 발전시켰다. 어딘지 익숙하지 않은가? 그렇다. 페이스북 창립자 마크 저커버그의 이야기다.

코끼리 먼저 달래고 기수 찾기

기수 뺨 치고 코끼리 쓰다듬기가 자신을 위한 방법이라면, 코끼리 먼저 달래고 기수 찾기는 타인을 대할 때 적용하는 방법이다.

내 안의 코끼리가 날뛸 때는 이성을 자극해서 기수를 정신 차리게 할 수 있다. 하지만 다른 사람의 코끼리가 날뛸 때는 정반대다. 먼저 코끼리를 달래서 진정시킨 뒤 기수를 일깨워서 대화를 시도해야 한다. 잔뜩 흥분하거나 화를 내는 등 격한 감정에 사로잡힌 사람에게는 이치나 논리를 들이밀어봐야 소용이 없다. 그럴 때는 물 한잔 권하면서 진정하라고 달래기부터 해야 한다. 일종의 '쿨타임'이 필요한 것이다.

앞의 근친상간 이야기를 다시 꺼내야겠다. 연구가 진행될 때 하이트는 효과를 극대화하기 위해 실험 참가자들에게 이 망측한 일에 '면죄부'가 될 수도 있는 해명을 두 가지 제시했다. 하나는 다소 억지스럽고 논란의 여지가 있지만 '몰라서 그렇지 이런 경우가 꽤 있다'며 근친상간을 일반화하는 해명이었고, 또 하나는 비교적 과학적이고 합리적으로 보이도록 진화론을 기반으로 한 해명이었다.

"우리가 친남매 근친상간을 혐오하는 까닭은 진화 과정에서 근친상간에 따른 유전질환을 피하려고 인간 스스로 터부를 만들어냈기 때문입니다. 하지만 이미 말했듯이 이야기속 남매는 확실히 피임했기 때문에 임신 위험이 전혀 없습니다."

참가자들의 반응은 어떠했을까? 첫 번째 해명에는 여전히 납득하지 못했지만 두 번째 해명을 듣고는 상당수가 고개를 끄덕이며 이해하는 듯한 모습을 보였다. 그렇다면 두 번째 해명이 첫 번째보다 설득력이 있는 것일까?

이야기를 듣자마자 평가하도록 한 경우에는 두 가지 다 설득력이 없는 것으로 나타났다. 참가자들은 어느 해명이 옳은지 그른지 검토조차 하지 않고 무조건 '그래도 부도덕하다'는 입장을 고수했다. 그러나 이야기를 들은 후 얼마간 생각할 시간을 가진 뒤 평가하게 하자 두 번째 해명에 설득되는 비율이 높아졌다. 왜 이런 현상이 나타날까?

이야기를 들은 직후 판단할 때는 직관적으로 태도를 정한 뒤 이성적으로 이유를 찾는다. 그러나 이야기를 듣고 시간이 흐른 후 판단하게 하면 감정이 어느 정도 가라앉기 때문에 좀 더 이성적으로 생각한 뒤 판단을 내린다. 그래서 두 번째 해명이 효과를 발휘한 것이다.

타인을 상대할 때도 마찬가지다. 감정에 사로잡힌 사람은 기본적으로 직관에 따라 움직인다. 그럴 때는 아무리 논리와 이치를 따져봐야 소용이 없다. 그의 이성은 이미 감정의 변호인 이상도 이하도 아니다. 다시 말해 감정이 어디로 튀든 이성은 죽을힘을 다해 감정을 변호하고 그럴듯한 이유를 찾는 일에만 매달린다.

하지만 상대의 감정이 가라앉기를 기다렸다가 찬찬히 대화를 시도하면 상황은 사뭇 달라진다. 고조된 감정 탓에 단단히 막혀서 아무 말도 들리지 않던 귀가 열리고, 타인의 말을 곡해 없이 받아들여 이성적인 판단을 할 수 있는 상태가 된다. 마침내 기수가 코끼리를 제어하기 시작한 것이다.

도덕적 판단에서 출발한 하이트의 연구는 뇌의 진화 이론을 접목해 감정과 이성의 충돌을 해석함으로써 코끼리와 기수의 관계를 도출하고, 사람이 도덕적 판단을 내리는 실질적인 과정을 규명했다. 이를 활용해 일상에서 자신과 타인을 대하는 구체적 방법과 지혜를 제시했다. 나의 코끼리가 날뛸 때는 기수를 먼저 깨우고, 남의 코끼리가 날뛸 때는 코끼리 부터 달랜 뒤 기수와 대화를 시도하라는 것. 이것만 기억하면 자신과 타인의 감정이 불안할 때 좀 더 현명하고 원만하게 상황을 정리할 수 있을 것이다.

9장 이상과 현실의 괴리에서 자존감을 지키려면

엘리엇 애런슨

Elliot Aronson, 1932~

미국의 사회심리학자. 페스팅거의 인지부조화 이론을
완성했다. "미친 짓을 하는 사람이 반드시 미친 것은
아니다"라는 그의 말은 기괴한 행동에서 상황적 요인
의 중요성을 함축한다. 그 밖에 인종 간 적대감과 편견
을 줄이는 '직소교실'을 발명하는 등 '일상생활을 보는
방식을 근본적으로 바꾼 과학자'로 학계의 인정을 받
았다. 《사회심리학》, 《프로파간다 시대의 설득전략》 등
의 저서가 있다.

지금 매우 중요한 시험을 치르고 있다고 해보자. 최선을 다해 준비했는데도 문제가 너무 어려워 쩔쩔매는 와중에 문득 옆에 앉은 사람이 막힘없이 문제를 푸는 모습이 눈에 들어온다. 게다가 마음만 먹는다면 답안을 볼 수 있을 것도 같다. 이대로라면 시험을 망칠 게 뻔한 상황, 당신은 어떤 선택을 하겠는가? '부정행위'를 할 텐가, 말 텐가?

만약 부정행위를 한다면 시험장을 나온 뒤 양심의 가책을 느낄 것이다. 여태껏 나름대로 정직하게 살아왔는데 이런 짓을 하다니! 반대로 부정행위를 하지 않았다면? 마음이 가뿐할까? 아니다. 장담컨대 시험을 통과할 기회를 눈앞에서 날려버렸다며 아쉬워하거나 후회하는 마음이 들 것이다. 이런 상황에서는 어떤 선택을 하든 마음이 불편할 수밖에 없다. 이 불편함을 어떻게 해야 할까?

심리학에 따르면 대부분의 사람은 사건에 대한 해석과 태도를 바꿈으로써 마음의 평화를 얻으려 한다. 예컨대 부정행위를 했다면 부정행위 자체에 더 관대해지는 것이다.

"한 번 커닝한 게 뭐 대수야? 학교 다닐 때 다들 한 번씩 하잖아."

부정행위를 하지 않았다면 반대로 부정행위를 매몰차게 비난한다.

"커닝해서 시험을 통과한들 무슨 의미가 있겠어? 내 실

149

력도 아닌데. 시험 하나 때문에 인간말짜가 될 수는 없지."

살다 보면 이처럼 마음을 어지럽히는 일이 수도 없이 생긴다. 때로는 불편하다 못해 불쾌감이 들기도 한다. 개인의 신념 및 태도(인지)와 행동 간에 불일치가 생길 때 우리는 일종의 긴장상태(부조화)에 빠진다. 그리고 이 불쾌한 감정을 해소하기 위해 으레 행동이 아니라 태도를 바꾼다. 심리학에서는 전자를 인지부조화, 후자를 인지부조화 해결 전략이라 부른다. 이에 대해 가장 심도 있는 연구를 한 사람은 미국의 심리학자 엘리엇 애런슨Elliot Aronson이다.

손해보는 주식과 나쁜 남자를 손절하지 못하는 이유

마음의 균형을 찾고자 행동을 합리화한다

인지부조화라는 개념은 레온 페스팅거Leon Festinger의 《인지부조화 이론A Theory of Cognitive Dissonance》에서 처음 등장했다. 애런슨은 당시 우연한 기회로 아직 출간되지 않은 원고를 보고 이 이론에 매료되어 페스팅거에게 배우기로 결심했다.

페스팅거에 따르면 사람은 인지의 조화를 유지하려는

성향이 있다. 현실사회에는 도처에 모순이 도사리고 있지만 외부의 불일치가 매번 내면의 불일치를 일으키지는 않는다. 사람은 무의식적으로 이러한 불일치를 합리화해서 매 순간 심리적, 인지적 일치를 이루려 하기 때문이다. 문제는 이게 되지 않을 때다. 즉 자신이 스스로 가치관이나 신념(인지)과 다른 행동을 했을 때 인지부조화가 생기며 심리적 고통을 경험하게 된다. 이때 등장하는 것이 바로 자기합리화다.

예를 들어 아주 아름답지만 몹시 신경질적인 여성과 결혼한 남성이 있다고 치자. 아내의 짜증에 시달리느라 그의 삶은 매일 고달프다. 그런데도 남성은 아내와 헤어지는 대신 이렇게 생각한다.

'이렇게 예쁜 여자랑 살려면 이 정도는 감수해야지. 게다가 나, 괴롭힘당하는 걸 은근히 즐기잖아. 역시 우린 천생연분이라니까.'

이런 게 바로 자기합리화다. 사람은 인지부조화로 심리적 불쾌감이 생기면 이를 해결하기 위해 어떻게든 그럴싸한 이유를 찾아낸다. 그러다 끝까지 그럴싸한 이유를 찾지 못하면 마음의 균형을 잃고 고통에 시달린다.

서로 관련되지만 상호독립적인 두 가지 인지요소가 각각 상반된 방향을 향할 때도 인지부조화가 일어난다. 흡연자를 예로 들어보자. 내면에 '흡연은 건강에 해롭다'와 '나는 흡연한다'라는 두 가지 인지요소를 동시에 갖는다면 인지 부조화를 겪게 된다. '흡연은 건강에 해롭다'는 '흡연을 하지 말아야 한다'는 결론으로 이어지는데 자신은 흡연을 하고 있고, 이 행동은 앞의 결론에 위배되기 때문이다. 인지와 행동의 불일치로 인지부조화가 발생하는 것이다.

인지부조화가 생기면 마음이 불편하고 불쾌하다. 이러한 불쾌함은 배고픔이나 목마름처럼 강력한 내적동인으로 작용해 인지부조화를 해결하기 위한 작업에 착수하게 만든다. 두 가지 인지요소 중 하나 또는 둘 다 바꿔서 인지 조화를 이루는 자기합리화가 시작되는 것이다.

'흡연은 건강에 해롭다'와 '나는 흡연한다'의 모순은 어떻게 해결할 수 있을까? 가장 좋은 방법은 당연히 금연이다. 담배를 피우지 않으면 모순은 자연히 사라진다. 하지만 이게 쉽겠나. 그래서 대개는 인지에 손을 댄다. 즉 '흡연은 건강에 해롭다'는 관념을 바꿔서 심리적 균형을 찾으려 한다. '과학자들이 그러는데, 흡연이 건강에 나쁘다는 건 사실 논란의 여지가 있대'라든가 '우리 친척 할아버지는 술 담배 다 하면서도 아흔아홉 살까지 사셨어'라는 식으로 흡연이 건강에 해롭다는 인지에 '반론'을 들이미는 것이다. 혹은 새로운 개념을 '덧붙여서' 인지의 조화를 이루려 한다.

"나는 담배를 피우면 행복해. 인생에서 행복만큼 중요

한 게 어디 있어? 행복하지 않은 삶은 의미도 없어."

이렇게 생각을 바꾸면 마음이 편안해지며 이런 결론에 이른다. 이 좋은 걸 왜 끊어? 계속 피우자!

자존감을 위해 현실을 왜곡한다

애런슨은 페스팅거의 행보를 따라 각종 인지부조화 현상을 연구했다. 그런데 연구를 진행하면서 누구나 인지부조화를 겪지만 구체적으로 어떤 종류의 인지가 부조화를 유발하는지에 대해서는 논란의 여지가 있다는 사실을 발견했다.

예를 들어 열심히 준비해서 원하던 직장에 어렵게 취업했는데, 막상 입사하고 보니 재미가 없어도 너무 없다고 해보자. 이런 상황은 인지부조화를 초래한다. 다른 식으로 표현하면 '나 같은 인재가 이따위 조직에 입사하려고 그렇게 노력했다니!'라고 표현할 수도 있겠다. 이런 상황을 어떻게 이해하면 좋을까?

애런슨은 인지부조화의 원인을 개인의 자아개념과 자존감에서 찾았다. 애런슨에 따르면 인간의 두 가지 기본적 욕구가 서로 충돌할 때 인지부조화가 생긴다. 하나는 외부 환경을 정확하게 인지하려는 욕구로, 이는 안정적인 생존을 위해 반드시 필요하다. 또 다른 하나는 양호한 자존감을 유지하려는 욕구로, 개인의 긍정적 발달을 추진하는 근간이라

할 수 있다. 그런데 이 두 가지 욕구가 충돌하면 어떻게 될까? 외부 환경을 있는 그대로 받아들이면 자존감이 손상되고, 자존감을 지키려면 외부 환경을 왜곡하는 수밖에 없다면?

여기 능력이 부족해서 하는 일마다 실패하는 사람이 있다고 해보자. 객관적으로 자신을 바라보면 '나는 남들보다 능력이 부족하다'는 결론에 이를 수밖에 없는데, 이는 자존감에 엄청난 타격을 준다. 그렇다면 자존감을 지키기 위해 그가 할 수 있는 일은 무엇일까? 세상을 있는 그대로, 객관적으로 인식하지 '않는' 것이다. 실제로 많은 이들이 인지부조화를 해결할 때 자기 자존감을 해치느니 차라리 외부 환경을 곡해하는 편을 택한다. 단적인 예로, 실적이 나쁜 원인을 자신에게서 찾는 직장인은 많지 않다. 대개는 '상사가 내 능력을 알아보지 못해서' 혹은 '무능한 상사가 내 앞길을 가로막고 있어서'라는 식으로 외부에서 원인을 찾는다. 그렇게 무너졌던 심리적 균형을 되찾고 자존감도 지키는 것이다.

재미있게도 애런슨이 처음 자아이론을 기반으로 인지부조화를 해석했을 때, 이 분야의 헤게모니를 잡고 있던 페스팅거는 정작 이 해석을 탐탁지 않게 여겼다. 애런슨이 자신의 이론을 바르게 수정했다고 페스팅거가 인정한 것은 그로부터 10년이나 지난 후의 일이다.

인지부조화는 누구도 피할 수 없다

살다 보면 (나 자신을 포함해) 좀처럼 이해하기 힘든 사람이 너무 많지 않은가? 대체 왜 저렇게 말하는지, 왜 저런 행동을 하는지 도저히 납득 불가인 사람들을 너무 많이 만난다. 그런데 인지부조화가 발생하는 원인이 현실과 자아상의 괴리 때문이라는 점을 알면 이 같은 세상만사를 이해하기가 한결 쉬워진다.

손해만 보는 주식을 선뜻 팔아버리지 못하고 오히려 돈을 더 넣어서 '물타기'를 하는 주식 투자자의 심리는 무엇일까? 알고 보면 이유는 간단하다. '손절'은 곧 '내가 어리석어서 잘못된 투자 결정을 내렸다'는 사실을 인정하는 것이기 때문이다. 자존심을 목숨처럼 여기는 사람이라면 더더욱 이를 수치와 모욕으로 받아들이기 쉽다. 그래서 허울뿐이라 해도 자존심을 지키기 위해 현실을 왜곡한다. '내가 투자한 건 저평가된 가치주야, 언젠가 반드시 오를 테니 쌀 때 더 사두자' '지금 경기가 안 좋아서 그래. 곧 오를 테니 조금만 버티자' 등 현실과 전혀 맞지 않는 해석을 자꾸 내놓는 것이다. 물론 열심히 물타기를 하고 끈질기게 버티다 보면 결국 수익을 안겨주는 주식이 있을 수도 있다. 하지만 반대로 버티고 버티다가 휴지조각이 되어버리는 경우도 비일비재하다. 확실한 사실은 자존심을 다치기 싫다는 이유만으로 현실을 자기 멋대로 왜곡하는 한, 언제든 더 큰 손해를 볼 위험이 도처에 도사린다는 점이다.

여기까지 읽고는 어리석은 '허세'를 비웃을지도 모른다. 자존심이 꺾이면 죽는 줄 아는 사람들을 비웃으면서. 하지만 인지부조화는 누구도 피할 수 없고, 자아를 지키기 위해 현실을 왜곡하는 오류 또한 사람이라면 누구나 저지르는 잘못이다. 파랗게 질린 주식을 쉽게 놓지 못하는 것처럼 '쓰레기 같은 상대'와 좀처럼 헤어지지 못하는 경우가 의외로 많다. 희한할 정도로 비슷한 유형의 나쁜 남자만 연달아 만나는 여성도 제법 있다. 가족과 친구들이 무조건 헤어지라고 하고, 본인도 그게 맞다고 느끼면서도 번번이 같은 굴레에 또 얽혀드는 이유는 무엇일까? 정 때문일까, 아직 사랑이 남아서일까? 미안하지만 둘 다 아니다. 이별을 선택하려면 먼저 한 가지 뼈아픈 사실을 인정해야 하는데 차마 그럴 수 없기 때문이다. '나는 저런 쓰레기 같은 남자에게 청춘을 낭비할 만큼 어리석다'는 사실 말이다. 결국 허영과 자존심을 지키기 위해 자신조차 믿지 않는 거짓말로 주변과 스스로를 속인다.

"그 사람도 많이 좋아졌어. 나이 드니까 변하긴 하더라. 원래 성질나면 온갖 살림을 다 부쉈는데, 요즘은 딱 하나만 부순다니까…."

이러한 사례들만 보아도 애런슨이 완성한 인지부조화

이론이 인간의 본성을 얼마나 통찰력 있게 해석하는지 알 수 있다.

마음의 균형을 되찾으려면

인지부조화가 일어났을 때 마음의 균형을 되찾으려면 어떻게 해야 할까? 외부 환경을, 세상을 정확하게 인식하면서 동시에 나의 자아개념과 자존감을 지킬 수는 없을까? 세상을 바르게 인지하고 싶은 욕구와 긍정적 자아상, 즉 자존감을 지키고픈 욕구가 상충할 때 우리는 심적 고통을 느낀다. 그리고 인지부조화 이론에 따르면 이런 경우에 사람들은 대부분 다음의 4가지 방법으로 해결한다.

첫째, 인지요소를 변화시킨다. 두 가지 인지요소가 서로 모순될 때 그중 하나를 바꿔 나머지 하나와 일치시킴으로써 인지부조화를 해결하는 것이다. 앞서 언급했던 부정행위를 예로 들어보자. '나는 정직한 사람이다'라는 신념과 '나는 시험 중에 부정행위를 했다'는 행동 사이의 모순으로 인지부조화가 일어난다면, 부정행위 자체를 기존과 다르게 인지함으로써 심리적 균형을 회복할 수 있다. 자신이 부정행위를 한 게 아니라 우연히 다른 사람의 답안지가 보였다는 식으로 인지를 바꾸는 것이다.

둘째, 새로운 인지요소를 추가한다. 인지부조화가 발생했을 때 협조적인 인지요소를 더해서 부조화의 정도를 낮출 수 있다. '정직한 사람이 부정행위를 했다'는 인지부조화에 '누구나 학생 시절에 부정행위를 해본 경험이 있다'는 새로운 인지요소를 더해서 마음의 균형을 찾는 식이다.

셋째, 인지요소의 상대적 중요도에 변화를 준다. 서로 상충하는 인지요소 중 어느 쪽으로 기울어질지는 각각의 중요도에 따라 결정되는데, 이를 변화시키면 인지부조화가 어느 정도 해결될 수 있다. 예컨대 부정행위의 심각성은 낮추고 자존감은 높게 유지하는 식이다. '비록 부정행위를 하긴 했지만 나의 자존감을 해칠 정도의 과오는 아니'라고 접근해서 심리적 균형을 찾는 것이다. 루쉰의 단편소설 〈공을기孔乙己〉에서 몰락한 지식인인 주인공은 책을 훔치고서 '학문을 연구하는 사람이 책을 훔치는 것은 도둑질이 아니다'라는 논지를 편다. 이러한 궤변으로 도둑질의 심각성을 낮춤으로써 고매한 문화인의 자존감을 지킨 것이다.

넷째, 행동을 바꾼다. 가장 바람직한 해결책으로, 자신의 과오를 인정하고 부족함을 인지한 뒤 그릇된 행동을 고치는 것이다. 그러나 행동은 태도(인지)에 비해 바꾸기가 어렵기 때문에 이 방법을 택하는 사람은 그리 많지 않다.

자아개념을 긍정적으로 지키려면

인지 측면에서 심리적 균형을 찾는 전략을 소개했지만, 대부분의 사람들은 외부 환경에 대한 인식을 왜곡하는 방식으로 인지부조화에 대응한다. 긍정적 자아개념과 자존감을 지키기 위한 방편이기는 하나 사실을 있는 그대로 받아들이지 못하고 그릇되게 인식한다는 점에서 장기적으로는 타인뿐 아니라 자신의 삶에도 해로울 수밖에 없다.

본인이 매우 똑똑하다고 생각하는 사람이 중요한 시험을 앞두고 일부러 공부를 소홀히 하는 심리는 무엇일까? 이 역시 인지부조화로 이해하면 쉽다. 시험을 망칠 경우 '나는 똑똑하다'는 긍정적 자아가 손상될까 두려워 심리적 방어기제가 작동해 아예 공부를 하지 않는 것이다. 그러면 실제로 시험을 망치더라도 '공부를 안 해서' 그런 것이지, 능력이 부족한 것은 아니게 된다. 반대로 스스로 똑똑하다고 자부하는 사람이 열심히 공부했는데도 시험을 망친다면? 인지부조화로 한동안 심리적 고통을 겪겠지만 인생 전체를 놓고 봤을 때는 전자보다 더 좋은 결실을 거둘 가능성이 있다.

그렇다면 도전과 실패 가능성 앞에서 우리는 어떻게 대응해야 할까? 지난한 현실이 우리의 자존감을 위협할 때 어떻게 대처해야 할까?

가장 먼저, 자신을 객관적으로 보는 눈을 길러야 한다.

허영심이 지나치지는 않은지, 지나치게 완벽을 추구하지는 않는지, 실패의 고통을 견디지 못하고 부정적 감정을 제대로 다스리지 못하고 있지는 않은지. 자신을 객관적으로 인식할수록 자존심 때문에 세상을 왜곡할 확률이 낮아진다.

다음으로, 결과에 대한 기준을 낮춘다. 모든 일에 완벽을 추구할 필요는 없다. 시험 성적이 좀 떨어진다고 큰일이 나지는 않는다. 인생은 본래 완벽하지 않다. 완벽해 보이는 사람도 완벽한 인생을 살고 있는 것은 아니다. 누구나 실패할 수 있기에 실패를 마냥 두려워할 이유도 없다. 실패하지 않으려 아등바등하기보다는 부족한 점을 인정하고 '바닥에 튕겨 다시 올라오는 법'을 배우는 편이 훨씬 현명하다. 나는 최선을 다하고, 결과는 하늘에 맡기면 된다.

마지막으로, 핑계를 대지 않는다. 아무리 애쓰고 노력해도 안 될 때가 있고, 반대로 예상치 못하게 술술 풀리기도 하는 게 인생이다. 이를 인정하지 않고 자꾸 핑곗거리를 찾으면 더이상 발전이 없다. 핑계 대지 말고, 환경을 원망하지도 말라.

마음의 균형은 행복한 삶의 필수요소다. 마음의 균형을 지키는 동시에 가치 있는 사람이 되고 싶다면 근본적으로 세상에 대한 인식을 왜곡하는 게 아니라 설혹 자존심이 다치더라도 현실을 있는 그대로 받아들이고 이를 발판으로 더욱 발전하는 자신이 되어야 한다.

심리학 대가의 소소한 이야기 | **괴팍한 스승, 엄격한 제자**

애런슨은 당대의 결출한 사회심리학자로 미국심리학 역사상 유일하게 저술, 교육, 연구 3가지 분야에서 큰 상을 받았다. 또한 미국심리학회가 수여하는 윌리엄 제임스상을 수상하기도 한 그는 '일상생활을 근본적으로 바꾼 과학자'라고 칭송받는다. 《The Handbook of Social Psychology(사회심리학 핸드북)》의 저자 가드너 린제이Gardner Lindzey는 '사회심리학 분야에 노벨상이 있다면 첫 번째 수상자는 엘리엇 애런슨일 것'이라고까지 상찬했다.

훌륭한 학자인 애런슨은 좋은 스승, 좋은 제자의 표본이기도 했다. 그의 석사과정 지도교수는 인본주의 심리학의 선도자 매슬로였으며, 박사과정은 앞서 언급한 대로 페스팅거를 사사했다. 애런슨은 매슬로의 도움으로 인생의 동반자를 만났고, 페스팅거의 도움으로 심리학 역사에 길이 남을 연구를 시작할 수 있게 되었으니 스승 복이 있는 셈이다.

하지만 그들 사이에 사적인 교류는 거의 없었다. 심지어 애런슨이 매슬로의 가르침으로 심리학에 관심이 생겼다고 하자, 페스팅거는 경멸의 빛을 감추지 않고 매슬로를 깎아내렸다.

"매슬로? 그 인간에게는 배울 만한 구석이 없을 텐데."

이 일화만 봐도 페스팅거가 얼마나 괴팍한 성격의 소유자였는지 짐작할 수 있다. 실제로 애런슨과 페스팅거의 사제 관계는 그다지 유쾌하지 않았다. 애런슨이 한 학기 동안 페스팅거의 강의를 들은 후 학기 논문을 제출했는데, 페스팅거가 따로 교수실로 부르더니 이렇게 말했다.

"이게 자네 논문인가? 별로였어. 아주 별로야."

누가 보나 성실하고 훌륭한 학생인 애런슨에게 이런 말을 했으니 모욕적으로 들릴 만했다. 하지만 그는 별다른 반박 없이 논문을 처음부터 다시 꼼꼼하게 검토했다. 그런 뒤 문제라고 생각되는 부분을 고치고 새롭게 다시 써서 페스팅거를 찾아갔다.

"이번에는 좀 나아졌다고 생각하실지 모르겠습니다."

20분 후, 페스팅거는 애런슨의 논문을 그의 앞에 툭 던지며 내뱉었다. "이건 평가할 만하군."

이처럼 페스팅거는 자기 마음에 들지 않는 것은 티끌 하나도 그냥 넘기지 못하는 스승이었지만, 애런슨도 그에 못지않게 자신에게 엄격한 제자였다. 게다가 이미 페스팅거의 인지부조화 이론에 완전히 매료된 상태였다. 그 덕에 애런슨은 괴팍하고 맞추기 힘든 페스팅거를 박사과정 지도교수로 선택했다.

비록 성격은 맞지 않았지만 두 사람 모두 총명하고 자기 분야에 집착적인 열정을 품고 있었다. 그랬기에 함께 연구하면서 누구보다 잘 맞는 사제이자 동료로 거듭났으며, 연구 성과 역시 날이 갈수록 풍성해졌다.

그러던 어느 날, 졸업을 앞두고 애런슨이 통계학 성적이 저조해 학교에 남지 못하게 될까 걱정하자 매사에 깐깐하기만 하던 페스팅거가 오히려 힘을 북돋웠다.

"통계 성적 따위는 중요하지 않아. 자네 같은 인재가 무슨 걱정인가? 박사학위를 따고 나서 통계 잘하는 직원을 한둘 고용하면 돼. 그런 사람은 사방에 널렸다네."

페스팅거의 인정을 받은 애런슨은 그와 손을 잡고 인지부조화 연구에 더욱 매진했다.

10장   스트레스에 강해지려면

존 카밧진
Jon Kabat-Zinn, 1944~

미국의 심리학자. 요가 수행과 선불교의 가르침을 과
학에 접목해 '마음챙김에 근거한 스트레스 완화요법
(MBSR)'을 창시했다. 그가 개발한 마음챙김 명상은 고
통, 불안, 뇌기능, 면역기능 효과를 입증하며 전 세계로
확산되었다. 《왜 마음챙김 명상인가?》, 《온전히 깨어
있기》 등의 저서가 있다.

스트레스는 현대 사회의 고질병이다. 내게도 스트레스 완화법을 강의해달라는 요청이 많이 들어와서 스트레스 푸는 법을 강의하다가 스트레스가 쌓일 지경이다. (농담이다.) 바쁘고 성격 급한 현대인에게 제안할 만한, 과학적이면서도 쉽고 빠르게 스트레스를 조절할 수 있는 방법은 무엇일까? 그런 방법이 있긴 한 것일까?

물론 있다. 동양이 낳고 서양이 키운 MBSRMindfulness Based Stress Reduction(마음챙김에 근거한 스트레스 완화요법)이 바로 그것이다. 이 요법의 창시자는 미국 심리학자 존 카밧진 Jon Kabat-Zinn이다. 과학자이자 작가, 매사추세츠 공과대학 MIT 분자생물학 박사이자 동대학 의과대학의 명예교수이기도 한 그는 한국의 숭산스님, 베트남의 틱낫한 같은 선불교 스승의 제자로도 잘 알려져 있다. 이력에서 드러나듯 카밧진은 서양의 의학 연구에 동양의 선불교 명상을 융합해 마음챙김을 통한 스트레스 완화법을 고안해냈다.

MBSR 프로그램이 신체적 통증 및 정신적 고통을 겪는 환자들뿐 아니라 원인을 알 수 없거나 치료가 불가능한 각종 질환에까지 효능이 있는 것으로 알려지면서 서구사회에 마음챙김 요법이 선풍적인 인기를 끌었다. 미국의 경우 경찰, 학교, 군대, 대기업 할 것 없이 마음챙김 요법을 도입했으며 애플은 iOS에 마음챙김 훈련법을 적용하기도 했다. 구글은 매년 '위즈덤 2.0 콘퍼런스'를 개최하며 마음챙김을 창의성, 리더십 등과 연결 짓고 있다. 시사주간지 〈타임〉은 2014년 2월에 '마음챙김 혁명'이라는 표제 기사를 통해 이러한 열풍을 조명하기도 했다.

마음챙김에 근거한 스트레스 완화요법

마음챙김 건포도 먹기

카밧진의 마음챙김 스트레스 완화요법은 쉬우면서도 매우 특별하다. 단순히 건포도 한 알을 먹는 것으로 시작할 수도 있다. 굳이 건포도가 아니어도 괜찮다. 말린 과일, 견과류 등 집에 있는 아무 간식이든 집어 들고 다음의 과정을 따라가 보자. 이는 실제로 마음챙김 스트레스 완화요법에서 사용되는 방법이다.

건포도 몇 알을 손바닥에 올려놓는다(건포도가 없으면 다른 간식거리도 괜찮다). 그리고 자신이 머나먼 외계 행성에서 온 외계인이라고 상상한다. 이 순간 당신은 지구라는 별에 와서 건포도라는 먹을거리를 처음으로 접한 외계인이다.

지금부터 할 일은 손 위에 놓인 건포도를 모든 감각을

동원하여 탐색하는 것이다. 먼저 손바닥에서 굴려가며 작은 건포도를 구석구석 주의 깊게 살핀다. 색깔은 어떠한지, 표면이 얼마나 쭈글쭈글한지, 어느 부분의 색이 특히 옅거나 진한지를 마치 처음 접한 물건을 보듯 집중해서 관찰한다.

다음은 건포도의 질감을 알아볼 차례다. 손가락과 손바닥을 이용해 건포도의 말랑하거나 단단한 정도, 거칠기와 부드럽기를 느껴본다.

이렇게 건포도를 탐색하는 동안 문득 이런 생각이 스칠 수 있다.

'내가 지금 이 짓을 왜 하고 있는 거지?'

'이게 나한테 무슨 도움이 되나?'

'나는 이런 거 싫어하는데.'

떠오른 생각은 그대로 흘려보내고 다시 건포도에 집중해보자.

이번에는 건포도를 코에 대고 킁킁 냄새를 맡아본다. 귓가로 가져가 꾹 눌러보거나 손가락 사이에서 굴려보며 어떤 소리가 나는지도 들어본다.

마지막 순서는 건포도를 입에 넣는 것이다. 손이 어떻게 움직여 건포도를 입속에 집어넣는지, 혹은 입 안에 침이 언제부터 고이는지를 의식하며 건포도를 입에 넣는다. 그런 뒤 일단은 씹지 말고 혀 위에서 건포도를 굴리며 그것이 주

167

는 느낌에 집중한다. 그리고 마침내 준비되면 천천히 건포도를 씹는다. 잘게 씹혀 입 안을 돌아다니는 건포도 조각, 침과 섞인 건포도의 맛 따위를 주의 깊게 음미한다. 씹을수록 변화하는 건포도의 끈적임에 집중하는 것도 좋다.

삼키는 동작에도 주의를 기울인다. 눅진해진 건포도가 목구멍을 넘어가는 감각에 집중하고, 식도를 거쳐 마침내 위에 이르기까지의 느낌을 최대한 느껴본다.

건포도 몇 알을 이렇게 먹으면 어떤 느낌이 들까? 그동안 아무 생각 없이 너무 허겁지겁 먹어왔다는 걸 깨달을지도 모른다. 그저 습관적으로, 아무 감각 없이 눈앞에 놓인 음식을 해치워왔음을 자각하는 것이다. 이렇게 음식 하나하나에 집중하며 천천히 음미함으로써 우리는 완전히 다른 감각을 체험하고 전혀 새로운 시각으로 세상을 볼 수 있게 된다.

이런 방식을 미련하다고 느끼는 사람도 있을 것이다. 기껏 건포도 한 알을, 이렇게까지 공들여 먹어야 한다고? 사람 골탕 먹이려는 것 아니야? 그러나 미련하지도 않고, 골탕 먹이려는 의도가 있는 것도 아니다. 이는 많은 사람이 실천 중인 마음챙김 식사법mindful eating이다. 이 방법이 어떻게 스트레스를 완화한다는 걸까? 그 원리는 무엇이고, 과연 과학적이라고 볼 수 있을까?

마음챙김과 스트레스 완화

마음챙김mindfulness은 자신이 지금 경험하고 느끼는 모든 것을 아무런 판단 없이 관찰하고 주의를 기울이는 태도를 가리킨다. 즉 당장 떠오른 자기 생각을 거리를 두고 관찰하되, 옳고 그름이나 좋고 나쁨을 판단하지 않는 것이다.

불교에서 마음챙김에 대응하는 개념이 팔정도八正道의 '정념正念'이다. 그중 생각을 가리키는 '念'을 해체하면 '지금今'과 '마음心'이 위아래로 놓여 있다. 생각이라는 한자 자체에 마음을 지금에 두라는 의미가 담긴 셈이다. 마음을 지금에 두고 의식적으로 관찰하며 현재를 살되 아무런 판단도 하지 않는 것, 카밧진의 스트레스 완화요법의 핵심이 이것이다. 그는 환자들이 의식과 주의력을 집중해 자신의 감각과 지각을 있는 그대로 인지하고, 그럼으로써 신체적 정신적 고통을 덜어내며 여러 적응 능력과 활력을 높일 수 있다고 보았다.

그렇다면 첫 단계, 아무런 판단 없이 현재에 의식과 주의력을 집중하려면 어떻게 해야 할까? 사실 미국인에게는 '현재를 살라'는 동양의 지혜가 낯설고 어렵다. 기본적인 사고방식의 차이 때문이다. 카밧진의 연구가 빛을 발하는 부분이 바로 이 지점이다. 그는 복잡한 것을 단순하게 만들었다. '현재를 살라'는 심오한 지혜를 건포도 한 알을 먹는 과정에

녹여낸 것이다. 카밧진의 방식에 따라 건포도 한 알을 먹으면 건포도를 먹는 현재에 자신의 의식과 주의력을 온전히 집중하고, 더 높은 관점에서 자신의 몸과 마음이 깨어나는 과정을 관찰할 수 있다.

마음챙김은 먹기, 마시기, 걷기 등 일상의 모든 부분에 적용할 수 있다. 현재에 관심을 집중함으로써 의식을 강화하는 이러한 훈련법은 일상을 대하는 관점 자체를 근본적으로 변화시키기도 한다. 건포도 한 알을 주의 깊게 먹으며 얻을 수 있는 깨달음을 스트레스와 고통에도 적용할 수 있으며, 그에 대한 감각과 태도 역시 바뀔 수 있다. 실제로 카밧진을 위시한 연구자들은 마음챙김 명상을 통해 대뇌 및 감정과 관련된 신체적 반응을 활성화할 수 있을 뿐 아니라 집중력 강화, 공감과 자비심 자극 등의 효과를 얻을 수 있다고 밝혔다. 더 중요한 발견은 마음챙김이 우울증 및 불안증, 신체적 정신적 고통과 불면증을 완화하는 데 실제로 효능이 있다는 것이다. 마음챙김 명상을 한 사람의 두뇌를 스캔한 결과 전두엽과 좌반구가 활성화되었으며 기억의 정합성 강화 및 긍정적 감정과 관련된 뇌파 활동이 관찰되었다.

건포도 한 알을 진지하고 신중하게 먹는 마음챙김의 태도가 어떻게 스트레스 완화에 도움이 되는 것일까?

이 땅에 태어난 이상 인간은 생로병사와 번뇌, 고통에

서 자유로울 수 없다. 싸워도 이길 수 없고 도망쳐도 벗어날 수 없다. 그런데 여기서 마음챙김은 전혀 새로운 관점을 제시한다. 그저 받아들이고 판단하지 말라는 것이다. 심신의 모든 증상에 대해서도 마찬가지다. 자신을 둘러싼 외부 환경과 내면의 상태를 수용하며 그저 느끼고 관찰할 뿐. 핵심은 그것이 좋은지 나쁜지, 긍정적인지 부정적인지, 가치가 있는지 없는지조차 생각하지 않고 아무런 주관적 평가도 덧붙이지 않는 데 있다.

예를 들어 너무 힘들어서 울고 싶은 상태라고 해보자. 그 상태에 몰두할수록 고통은 커질 뿐이다. 하지만 더 높은 관점에서 자신의 상태를 바라본다면 어떨까? '아무것도 판단하지 않고 있는 그대로 받아들이는' 마음챙김의 자세로 울고 싶은 감각을 수용하고 고통을 인정하며 스트레스와 함께 춤을 춘다. 그러면 어느샌가 고통이 옅어지고 스트레스 또한 한결 가벼워진 자신을 발견하게 될 것이다.

고통과 싸우지 말라

심리치료 개념이자 기술로서 마음챙김 스트레스 완화요법은 점점 많은 관심을 받고 있다. 이 열풍에 '인지행동치료의 제3의 물결'이라는 칭호까지 붙을 정도다.

간단한 설명을 덧붙이면, 인지행동치료의 제1의 물결

은 행동 교정에 중점을 두었다. 즉 행동 변화를 통해 마음 상태를 개선하는 것이 주된 목표였다. 그 후 인지행동치료 제2의 물결에서는 인지와 행동을 결합해 생각 변화와 행동 개선을 동시에 이룸으로써 심리를 치유하고자 했다. 반면 인지행동치료 제3의 물결에서 가장 두드러지는 점은 생각이나 행동을 변화시키기 전에 먼저 정확한 인지와 수용을 강조한다는 것이다. 앞서 소개한 마음챙김 스트레스 완화요법MBSR을 비롯해 수용전념치료Acceptance Commitment Therapy, ACT, 변증법적 행동치료Dialectical Behavior Therapy, DBT 등이 모두 이에 해당한다.

현재에 집중하고 감각을 있는 그대로 감지하고 받아들이는 치료법이 과거에 전혀 없었던 것은 아니다. 정신분석학의 자유연상법에서 강조하는 자아의식의 해방이나 자신을 억압하지 않는 기법도 그렇고, 불안감을 자연스러운 상태로 받아들이게 하는 모리타 요법Morita therapy도 구체적으로 적용되는 기술이 다를 뿐 근본적으로는 마음챙김 치료와 추구하는 바가 같다. 모리타 요법의 창시자인 모리타 쇼마Shoma Morita는 일본인, 마음챙김 요법의 창시자인 카밧진은 인도계 미국인, 두 사람 모두 선불교 등 동양 사상에 깊은 영향을 받았으며 이를 기반으로 치료법을 고안했다는 공통점이 있다.

종교와 과학의 결합

이쯤에서 이런 의문이 들 수 있다. 마음챙김과 선불교 그리고 명상은 어떻게 다를까? 어째서 명상은 종교의 영역으로, 카밧진의 마음챙김 스트레스 완화요법은 과학의 영역으로 분류되는 것일까? 그에 대한 답을 얻으려면 마음챙김 혁명의 근원부터 이야기해야 한다.

애초에 마음챙김 혁명은 비주류 지하운동으로 시작되었다. 여기서 '지하'란 비유적 표현이 아니다. 실제로 마음챙김이 태동한 곳은 매사추세츠 의과대학 건물의 지하병동이었다.

카밧진은 생리학자인 아버지와 화가인 어머니 사이에서 태어났다. 생물학 박사학위 취득과 동시에 노벨상 수상자인 살바도르 루리아Salvador Luria의 수제자가 됐지만 안타깝게도 과학은 카밧진의 호기심을 충족시켜주지 못했다. 그러다 대학 시절 우연히 듣게 된 선불교 특강을 계기로 명상에 입문했고, 끊임없는 수련과 참선을 통해 마침내 선불교 스승의 자리에까지 올랐다.

1979년, 카밧진은 서른다섯이라는 젊은 나이에 매사추세츠 의과대학 교수로 임용됐지만 본업인 생물학 연구보다는 환자들에게 선불교 수행을 전파하는 데 더 큰 열정을 보였다. 당시 사회 인식으로 볼 때 가장 과학적이고 이성적이어야 할 의대 교수가 신비주의 성향이 농후한 동양의 참선법을 직접 행하고 전파한다는 것은 직무유기라 여겨질 법한 일이었다. 그러나 대학은 노벨상 수상자의 수제자였던 카밧진의 잠재력을 믿어보기로 했다. 젊고 열정과 아이디어가 넘치는 카밧진에게 자신이 원하는 대로 해볼 기회를 준 것이다. 믿어주는 김에 그가 마음껏 활개칠 수 있도록 지하의 일부 공간도 제공했다. 카밧진은 이곳에 클리닉을 마련했다. 자신의 클리닉에 어떤 이름을 붙일지 고민하던 그는 대중이 좀더 쉽게 접근하도록 종교적 색채를 지운 이름을 선택했는데, 그것이 바로 '스트레스 완화 클리닉'이다.

그다음 할 일은 환자를 모으는 것. 카밧진은 먼저 동료 의사들에게 도움을 청했다. 만성질환, 심장병, 우울증 등 신체적 정신적으로 상태가 심각한 환자들을 소개해달라고 부탁한 것이다. 그렇게 소개받은 환자 중에는 서양의 의학 기술로는 치료가 불가능해 오랜 기간 고통받은 사람도 있었고, 어떤 진통제도 듣지 않을 만큼 심각한 통증에 시달리는 사람도 있었다. 카밧진에게 환자를 소개해준 의사들도 나름의 생각이 있었다. 그의 치료법이 효과적일 거라고 딱히 기대하지는 않았지만 카밧진의 열정을 아는 만큼 적어도 포기하지 않고 최선을 다해 환자들을 도우리라 믿었던 것이다.

이렇게 모인 환자들은 선불교나 명상에는 아무 관심도 없이 그저 고통을 조금이라도 덜고 싶은 마음이었다. 그런데 뜻밖의 일이 벌어졌다. 카밧진의 '훈련'을 받은 환자들의 병세가 실제로 나아진 것이다. 예상치 못한 결과에 놀란 의사들은 카밧진에게 더 많은 환자를 소개해주었고, 효과를 본 환자들 역시 앞장서서 카밧진의 치료법을 홍보하기 시작했다. 그 결과 해가 거듭될수록 스트레스 완화 클리닉의 영향력은 높아졌고 카밧진의 명성 또한 지하에서 지상으로 퍼져나가며 주류사회에 파고들었다.

카밧진이 이룩한 가장 큰 성과는 모호하고 추상적인 선불교 명상법을 실제 임상경험과 과학 지식을 기반으로 연구하고 정리하여 8주간의 훈련 과정으로 체계화한 것이다. 마음챙김 스트레스 완화요법은 8주간 매일 2~3시간가량 진행되며 주로 참선, 신체 스캔, 행선 등으로 구성된다. 그중에서도 좌선이 약 45분을 차지한다.

그렇다면 카밧진의 마음챙김과 불교의 마음챙김은 어떻게 다를까?

불교에서 마음챙김을 뜻하는 '정념正念'은 알아차림, 전념함, 깨달음 등의 뜻하며 남방불교에서는 팔리어 '사띠Sati'라 부른다. 그에 반해 카밧진이 선택한 'mindfulness'라는 용어에는 애초에 종교적 의미가 두드러지지 않았는데, 이 단어가 미국에서 동양으로 역수입될 때 사띠의 번역어인 '마음챙김'을 사용하면서 카밧진이 그토록 지우고 싶어 했던 종교색이 다시 살아나는 아이러니한 상황이 벌어졌다. 결국 번역의 편의 때문에 불교와 카밧진의 마음챙김 사이에 혼동이 생긴 셈이다.

카밧진은 왜 마음챙김에서 종교적 색채를 지우려 했을까? 이유는 단순하다. 비록 그가 독실한 선불교 신자이고 임상치료에 불교의 사상과 수행법을 도입하긴 했어도, 종교와 과학은 물과 기름처럼 결코 섞일 수 없기 때문이다. 더욱이 서양에서 불교는 소수 종교다. 기독교인 환자를 불교적인 방식으로 치료한다고 해보자. 상상만으로도 껄끄럽고 자칫 불필요한 갈등이 일어날 여지 또한 다분하다. 그래서 카밧진은 과학계의 인정을 받고 더 많은 집단과 문화에 자연스레 녹아들기 위해 마음챙김에 종교적 색채가 섞이지 않게 하려고 노력했다. 선불교 교리와 수행법에서 비롯된 치료법이지만 엄밀히 말해 불교 신앙이나 의식과 관련이 있는 것은 아니었기에 의도적으로 불교 용어를 피한 것이다.

이렇듯 카밧진의 마음챙김과 불교의 마음챙김은 실질적으로 별개라고 봐야 옳다. 카밧진의 마음챙김은 종교색을 지운 선불교적 명상법이고 불교의 마음챙김은 불교 신앙과 교리, 수행법의 하나라고 이해해도 좋을 것이다.

카밧진의 가장 큰 공로는 과학자로서 아무도 가보지 않은 미지의 땅을 꿋꿋하고 성실하게 개척함으로써 자칫 신비주의로 치부될 수 있는 명상을 과학의 영역으로 끌어들였다는 점이다. 이러한 노력 덕에 마음챙김 스트레스 완화요법은 지난 30여 년간 꾸준히 발전하며 과학적 치료법으로 온전히 자리매김했으며, 서양 행동치료법을 확장하며 다양한 심리학 요법의 뿌리로 자리매김했다.

마음챙김 열풍과 부작용

마음챙김 열풍은 지금도 계속되고 있다. 카밧진은 열풍의 이유를 '분명한 과학적 근거가 있기 때문'이라고 설명한다. 명상의 효과가 아무리 뛰어나다 해도 과학적인 근거가 뒷받침되지 않았더라면 서구사회를 이처럼 파고들지는 못했을 것이다.

물론 여기서 돈 벌 기회를 찾아낸 사람도 적지 않다. 지금도 인터넷 검색창에 '마음챙김'이라는 키워드를 쳐보면 온갖 연구소와 훈련기관, 강의가 주르륵 뜬다. 대학에서 진행하는 강좌도 있고 사찰이나 민간 연구기관에서 제공하는 수련 과정도 있다. 기간과 내용도 천차만별이다. 어떤 것은 8일, 어떤 것은 2주, 한 달 과정도 있다. 순수하게 마음챙김만

다루는 강좌도 있고, 선불교나 요가와 결합하거나 지도력 향상처럼 자기계발 분야에 특화된 강좌까지 다양하다. 더 심하기로는 특정 종교와 뒤섞이면서 이게 과학인지 무속신앙인지 헷갈리는 사이비 마음챙김 훈련도 등장했다. 전문가로서는 기가 찰 노릇이고 참가자 입장에서는 조심할 일이다. 카밧진 역시 환자의 스트레스 감소를 위해 시작된 자신의 치료법이 돈벌이 수단으로 변질되는 행태를 목도하고 놀라움과 우려를 밝힌 바 있다. 하지만 그 때문에 마음챙김 자체를 외면할 수는 없으니 무조건 부정적으로 보기보다는 옥석을 가릴 줄 아는 눈을 갖는 게 중요하다.

마음챙김이 알려주는 인생의 태도

동양 문화에서 마음챙김은 낯선 개념이 아니다. 이미 2500여 년 동안 명맥을 이어온 불교의 대표적 수행법이자 중요한 가르침이기 때문이다. 불교 수행자는 번뇌를 덜고 자아를 성찰하기 위해 마음챙김 명상을 한다. 따라서 불교의 영향이 농후한 동양 문화권에서 나고 자란 사람이라면 신자가 아니어도 이러한 개념에 익숙할 수밖에 없다.

"더이상 행복해야 한다는 강박에 자신을 밀어붙이지 않을 때, 행복은 스스로 찾아온다.

더이상 불행에 저항하지 않을 때, 불행은 스스로 물러난다.

더이상 맞서 싸우지 않을 때, 전혀 새롭고 예상치 못한 세상이 우리 눈앞에 펼쳐진다."

카밧진의 저서 중 한 대목이다. 이런 자세로 실천하는 마음챙김은 스트레스 완화 외에도 집중력과 수용력, 믿음과 참을성을 배양함으로써 우리의 삶을 본질적인 만족과 기쁨으로 인도하지 않을까. 마음챙김이 치료법인 동시에 인생관이라 할 수 있는 이유다.

11장 삶의 의욕을 되살리려면

마틴 셀리그만
Martin Seligman, 1942~

미국의 심리학자. 긍정심리학의 창시자. 학습된 무기
력 개념을 제시하고, 긍정적이고 낙관적인 태도로 우
울증을 치료할 수 있다고 제안했다. 그가 제시한 긍정
심리학은 지속적인 발전을 거듭해 교육, 보건, 신경과
학 등 다양한 분야로 퍼져나갔다.《마틴 셀리그만의 긍
정심리학》,《낙관성 학습》등의 저서가 있다.

언제부터인지 삶의 만족도에 관한 언론 기사들은 항상 '과거보다 떨어졌다'는 결과를 전한다. 청년층도 노년층도 장년층도 다를 바 없다. 특히 청년들의 경우가 심각한데, 행복은 고사하고 과거에는 당연하게 생각하고 누려온 여러 가지 삶의 조건마저 포기하는 청년들이 많다. 한국의 N포세대, 일본 사토리세대, 중국 탕핑족 등을 보면 이러한 현상이 특정 나라만의 문제가 아님을 알 수 있다. 경제적 여건만 보면 부모 세대보다 훨씬 풍족하게 자랐는데도 정서적으로는 훨씬 불행하다. 이유가 무엇일까? 무엇이 이들을 고립감과 우울, 의욕상실과 비관적 태도에 빠지게 만들었을까?

답은 간단하다. 미래는 불투명하고 성공하기란 더더욱 어렵기 때문이다. 요즘 젊은이라고 열심히 살지 않는 것이 아니다. 그런데도 세상살이는 녹록지 않고 죽을힘을 다해도 한 발짝 나아가기가 쉽지 않다. 반복된 실패는 자신의 능력과 노력을 의심하게 만들고, 무능하다는 자괴감에 빠지게 한다. 아무리 노력해도 나아지는 게 없으니 차라리 '포기'하거나 '생각 없이' 살거나 '편히 드러누워' 버리는 것이다.

어떻게 해야 이런 상태에서 벗어날 수 있을까? 삶의 열정에 다시 불을 지피고 의욕을 되살리려면 어떻게 해야 하는가? 지금부터 그 실마리를 찾아보자. 먼저 소개할 내용은 어느 개에 관한 연구다.

그 개는 끝까지 포기하지 않았다

개를 연구해서 과연 무엇을 얻을 수 있을까? 개에 관한 연구 중 가장 유명한 것은 파블로프의 개 실험이다. 파블로프는 개에게 먹이를 줄 때마다 종을 치면 나중에는 먹이 없이 종소리만 들어도 개가 침을 흘린다는 사실을 통해 조건반사를 발견했다.

그러고 얼마 후, 미국의 한 대학에서도 또 다른 개 실험이 진행되었다. 실험 대상이 개인 것도, 반복된 자극을 준 것도 파블로프의 실험과 같았지만 딱 한 가지, 종소리와 함께 먹이가 나오는 게 아니라 바닥 철판으로 강한 전기가 흘렀다는 점이 달랐다. 전기충격을 받은 개는 깜짝 놀라 펄쩍 뛰었지만 사방이 막혀 도망칠 수 없었다. 이것이 몇 차례 반복되자 얼마 안 가 개는 종소리가 곧 고통을 의미한다는 사실을 인지하게 되었다.

실험의 다음 단계는 사방의 벽을 개가 충분히 뛰어넘을 수 있는 높이로 낮추고 똑같이 종소리와 전기충격을 가하는 것이었다. 그런데 놀랍게도 개는 도망치지 않았다. 저 벽만 뛰어넘으면 고통에서 벗어날 수 있는데 바닥에 엎드린 채 애처롭게 울기만 한 것이다. 고통을 피하려는 것은 모든 생명체의 본능이다. 그런데도 이 실험에서 개들이 고통을 피하는 대신 체념하는 편을 택한 이유는 무엇일까?

개의 입장에서 생각해보자. 사방이 막힌 상자 안에서 종소리 직후 따라오는 전기충격은 무슨 짓을 해도 피할 수 없는 고통이다. 처음에야 고통을 피하려 애썼지만 번번히 좌절할 뿐이었다. 이러한 상황이 반복되자 개들은 비관적인 결론을 내리기에 이르렀다. 어차피 고통을 피할 수 없는데 뭐하러 애쓰느냐는 것이다. 그 결과 충분히 고통을 피할 수 있게 됐음에도 개들은 노력조차 하지 않고 그 고통을 고스란히 견디는 모습을 보였다. 이러한 소극적 심리 상태가 그 유명한 '학습된 무기력learned helplessness'이다. 학습된 무기력이란 피하거나 극복할 수 없는 환경에 반복적으로 노출된 경험의 영향으로, 자력으로 피할 수 있거나 극복할 수 있는 상황에서도 자포자기하는 심리를 말한다. 학습된 무기력이 형성되는 과정을 도식화하면 다음과 같다.

비단 개만 그런 것이 아니다. 사람 역시 좌절과 실패를 반복적으로 겪으면 무력감을 느끼고 의기소침과 비관, 자포

자기 심정에 사로잡혀 결국 기회가 생겨도 노력하지 않는 상태에 이르게 된다. 그리고 이런 상태는 대개 우울증으로 이어진다.

개의 입장에서는 잔인할 따름인 이 실험을 통해 학습된 무기력의 존재를 발견한 이가 이번 장의 주인공인 마틴 셀리그만Martin Seligman이다. 학습된 무기력에 관한 연구로 박사과정 시절에 이미 심리학계의 주목을 받은 그는 긍정심리학의 창시자로도 유명하다. 1997년 미국심리학회 회장으로 선출된 이후 세계인의 정신건강 증진을 위해 노력하며 여러 분야에 큰 영향을 미쳤다.

다시 실험 이야기로 돌아가 보자. 전기충격에 반복적으로 노출된 개들이 모두 무기력에 빠진 것은 아니었다. 소수지만 '운명에 굴복하지 않은' 개도 있었다. 이들은 반복되는 좌절에도 아랑곳하지 않고 계속해서 탈출을 시도했다. 이 개들은 예외적인 경우로 분류돼 분석 과정에서 제외되었다. 그러다 어느 날 엄청난 깨달음이 셀리그만을 강타했다. 바로 이 '운명에 굴복하지 않은' 개야말로 개들의 희망이자 중점적으로 연구해야 할 존재였던 것이다. 드물지만 우리 주위에도 이런 사람들이 있지 않은가. 그 어떤 운명의 장난에도 포기하지 않고 무모해 보이는 도전을 계속하며 용감하게 앞으로 나아가는 사람들 말이다. 심리학이 마땅히 연구해야 할 대상은 우울과 의기소침이 아니라 비록 소수지만 그들이 보여주는 인간 본성의 반짝반짝 빛나는 부분이었다. 이후 셀리그만은 인간 본연의 우수함과 미덕, 행복에 관해 연구하며 행복의 비결을 파헤치기 시작했다.

심리학 대가의 소소한 이야기 | **긍정심리학은 돈이 된다**

1997년 어느 날, 셀리그만은 모르는 사람에게서 이메일 한 통을 받았다. 글을 열어보니 간단한 몇 마디만이 담겨 있었다.

[저를 만나러 뉴욕으로 와주실 수 있겠습니까?]

발신인에는 풀네임이 아닌 'PT'라는 이니셜뿐이었다.

누구이기에 이런 앞뒤 없는 요청을 하는 것일까? 자칫 기분이 상해서 무시할 수도 있었지만 셀리그만은 오히려 호기심이 동했다. 그래서 바쁜 일정 중에도 일부러 시간을 내 뉴욕으로 향했다. 그러고는 맨해튼의 작고 낡은 사무실에서 PT를 만났다. 그가 말했다.

"저는 익명을 요하는 한 기금회의 법적대리인입니다. 우리 기금회는 사회적으로 충분한 공헌을 할 수 있는 성공한 인물을 찾고 있었고, 당신이 바로 그 인물이라는 결론을 내렸습니다. 원하신다면 앞으로 무슨 연구를 하시든 저희가 전폭 지원하겠습니다."

한마디로 '우리는 당신이 마음에 들고 자금을 지원할 여력도 충분하니, 원하는 연구를 마음껏 하라'는 것이었다.

이 얼마나 기쁜 일인가! 셀리그만은 그 자리에서 백지를 꺼내 자신의 연구 계획을 일필휘지로 써내려갔다. 그러자 곧 그의 손에 12만 달러짜리 수표가 쥐어졌다. 너무도 손쉽게 거금이 굴러들어온 것이다.

반년이 흐른 후, 셀리그만은 PT로부터 한 통의 전화를 받았다.

"다음 계획은 무엇인가요?"

또 거금을 쾌척하려는 것일까? 셀리그만은 반신반의하며 대답했다.

"긍정심리학을 연구할 계획입니다."

"저를 만나러 뉴욕에 오실 수 있습니까?"

당연하지! 셀리그만은 두말없이 뉴욕으로 달려갔다.

"긍정심리학이 뭡니까? 이번에는 세 장 정도로 간추려 설명해주십시오. 아울러 연구에 필요한 예상 금액도 함께 기입해주십시오."

그리고 한 달 후, 150만 달러가 적힌 수표가 셀리그만의 사무실로 날아왔다.

어쩌면 그 150만 달러 덕분에 오늘날 우리가 긍정심리학을 이야기할 수 있게 되었는지도 모른다. 거금을 쾌척하는 든든한 후원자도 있겠다, 연구에 몰두하지 않을 이유가 없었다. 이때부터 셀리그만의 긍정심리학 아이디어는 '벤처 투자'를 받아 본격적인 연구 궤도에 올랐다.

긍정심리학이 무엇이기에 아이디어만 듣고 150만 달러를 끌어들인 걸까? 긍정심리학이라면, 그럼 부정심리학도 있을까?

사실 '부정심리학'이라는 것은 없다. 그저 전통심리학이 인간 심리의 부정적인 면에 유난히 주목했을 뿐이다. 기존의 심리학이 인간 정신 및 심리의 병적인 면에 집중하다 보니 마치 모두가 마음의 병을 안고 있는 것처럼 보이게 만드는 부작용이 있었다. 그에 비해 긍정심리학은 현대의 심리학이 보통 사람의 긍정적 성품과 특징을 연구하는 데 더 치중해야 하며, 더불어 건설적인 역량 발굴 및 개인의 조화와 행복을 추구해야 한다고 역설했다.

이런 점에서 긍정심리학은 매슬로, 로저스 등으로 대표되는 인본주의 심리학의 목표 및 주장과 비슷한 점이 있다. 인간의 본성을 선하다고 보고, 부정적인 면보다는 긍정적인 면에 집중해 이를 더욱 발전시켜야 한다는 점에서 특히 그렇다. 다만 긍정심리학은 훨씬 후대에 시작한 만큼 첨단의 심리학 연구기술을 바탕으로 한 과학적인 심리학 연구라 할 수 있다. 즉 인본주의 심리학자들이 제안한 심리학 화두를 지속적으로 연구하면서 더 많은 사람이 행복해질 수 있는 길을 연구하는 학문이 바로 긍정심리학이다.

어떤 사람이 행복한 사람인가

인간의 밝고 긍정적인 품성을 연구하기 위해 가장 먼저 던질 질문은 바로 '어떤 사람이 행복한 사람인가?'이다. 행복한 이들의 인격적 특성과 미덕을 알면 행복을 구체적이고 객관적으로 파악할 수 있으리라는 게 셀리그만의 가설이었다.

긍정심리학 이전까지 심리학은 대부분 마음의 문제에 집중했다. 일례로 정신과 의사는《정신질환 진단 및 통계편람Diagnostic and Statistical Manual of Mental Disorders, DMS》에 제시된 기준에 따라 환자가 우울증인지, 불안증인지를 진단한다. 이처럼 '부정적 심리'를 판단하는 기준은 이미 체계적으로 마련되어 있는 데 비해 긍정적 심리는 종류별로 파악하고 분류하려는 시도조차 없었다. 이에 셀리그만은 긍정적 심리의 종류를 나누고 행복의 여부를 '진단'할 수 있는 기준을 찾기 위한 연구에 착수했다.

셀리그만과 그의 연구팀은 먼저 아리스토텔레스, 플라톤, 토마스 아퀴나스, 아우구스티누스, 벤저민 프랭클린 등 수많은 철학자의 저술과 온갖 경전, 문헌을 탐독했다. 동서양을 넘나드는 방대한 문명사를 아우른 끝에 마침내 전 세계 어디에서나 통용되는 6가지 덕목을 도출해냈다. 지혜, 용기, 인류애, 정의, 절제, 초월성이 바로 그것이다. 또한 각각의 덕목에 해당하는 심리적 특성을 세분화해 총 24가지 성격적 강점을 제시했다.

6가지 덕목 대부분은 이해하기 쉽지만 마지막 초월성은 약간의 설명이 필요해 보인다. 초월성의 원어는 'transcendence'로 승화, 탁월로 번역되기도 한다. 일종의 정서적 우월성으로, 자아를 자신보다 훨씬 크고 영원한 존재나 미래, 우주 등과 연결하는 것을 말한다. 아름다움에 대한 이해, 타인을 향한 감사, 희망, 영성, 자비, 유머 감각 등이 이에 속한다.

무엇이 행복을 만드는가

기준을 세웠다면 목표도 있어야 한다. 셀리그만은 긍정심리
학으로 더 많은 사람이 더 행복하고 고양감 있는 인생을 살
수 있도록 돕겠다는 목표를 세웠다. 고양감 있는 인생을 실
현하려면 행복한 인생을 구성하는 지표인 PERMA가 충분해
야 한다. PERMA란 다음의 5가지다.

> P(positive emotion) : 긍정 정서
> E(engagement) : 몰입
> R(relationship) : 관계
> M(meaning) : 의미
> A(accomplishment) : 성취

'긍정 정서'란 긍정적인 감정의 상태로 즐거움, 환희, 몰
두, 따스함, 편안함 등 주관적인 행복감과 생활의 만족도를
높이는 감정적 요소가 이에 해당한다. 긍정 정서가 충만한
인생은 '유쾌한 인생pleasant life'이다. 사는 게 즐겁고 만족스
럽다.

'몰입'은 어떠한 활동에 완전히 빠져든 상태를 말한다.
몰입하면 시간이 멈추고 자아가 사라진 듯한 황홀경을 경험

하게 된다. 몰입을 목표로 하는 인생을 '몰입된 인생engaged life'이라 한다.

　이 두 가지에서 비롯된 행복감을 뛰어넘는 것이 '타인과의 교류'가 주는 행복감이다. 셀리그만은 '좋은 인간관계는 따뜻한 음식과 잠자리처럼 인류 생존에 필수적인 요건이며 세계 어느 곳에서나 통용되는 고귀한 가치'라고 했다. 타인의 존재는 매우 중요하다. 삶이 괴로울 때 사람만큼 좋은 약은 없으며, 행복해지는 데 타인을 돕는 것만큼 확실한 방법도 없다. 굳건한 인간관계는 행복의 기초이며 긍정적 인간관계는 인생의 고양감을 높이는 중요한 요소다.

　'의미'는 주관적인 면이 다분하지만 주관적인 감정만을 가리키지는 않는다. 르네상스 시대 이탈리아 철학자였던 조르다노 브루노가 자신의 신념을 위해 기꺼이 화형대에 올랐을 때, 주변 사람들은 그가 헛되이 죽는다며 혀를 찼지만 그는 자신의 희생에 의미가 있다고 믿었다. 그리고 인류의 진화 측면에서 볼 때 그의 죽음은 과연 비범한 의미가 담긴 행동이었다. 이처럼 '의미 있는 인생meaningful life'이란 자신을 초월한 무언가를 힘껏 추구하고 그에 귀속되며 그 과정에서 기쁨과 자신의 가치를 찾는 인생이라 할 수 있다.

　사람은 누구나 여러 가지 '성취'를 추구하며 살아간다. 짧게는 일이나 가정생활에서의 작은 성취를, 길게는 '바람직한 인생' 그 자체를 추구한다. 누구나 자기 인생을 가치 있는 것으로 만들려 노력한다. 아무런 노력 없이 쾌락만 좇는다면 결코 완전한 인생이라 할 수 없다.

셀리그만이 제시한 행복한 인생의 5가지 지표는 '무엇이 행복을 만드는가'에 대한 대답이기도 하다. 즐겁게 몰입하고 돈도 벌 수 있는 일을 하며, 일하는 중에 성취감을 느끼고, 가족과 동료 등 주변 사람들과 좋은 관계를 유지할 수 있다면 충분히 행복하고 고양감 있는 인생이 아닐까.

행복을 짓는 훈련법

행복의 기준이 무엇인지 알고 행복의 목표도 확실히 있다면 행복으로 향하는 길 초입에 들어섰다고 보아도 무방하다. 이제 필요한 것은 실행을 위한 나침반이다.

셀리그만은 30년 이상 낙관적인 사람들과 비관적인 사람들을 비교연구한 뒤 행복에도 훈련과 기술, 전략이 필요하다는 결론을 내렸다. 새로운 인지체계를 습득하고 비관적 사고에서 벗어나 좀 더 긍정적인 자아상과 좋은 생각을 갖는 훈련, 행복감을 높이는 연습을 해야 한다. 그러면서 간단하고도 효과적인 3가지 훈련법을 제시했다.

1. 감사 방문

감사 방문은 엄밀히 따지면 셀리그만의 아이디어가 아니라 그가 학생 시절 때 들었던 어느 수업의 과제였다. 셀리그만은 이 과제를 하면서 좋은 느낌과 행복감을 느꼈던 기억을 떠올리고 주위 사람들에게도 권했다. 그런데 실천해본 모두가 기대 이상의 놀라운 효과를 거둔 것 아닌가! 감사 방문은 '인생을 바꾼 훈련'이라는 찬사를 받았다.

셀리그만은 감사 방문을 이렇게 설명했다.

"눈을 감고 여전히 내 곁에 존재하는 누군가를 떠올려 봅시다. 그는 내게 인생이 아름답고 살 만하다고 느끼게 해준 사람입니다. 하지만 나는 아직 감사를 표현한 적이 없죠. 자, 누가 떠오릅니까? 당신에게 그런 사람은 누구인가요?"

"감사는 우리의 삶을 더욱 행복하고 만족스럽게 만듭니다. 감사할 때 우리는 인생에 벌어진 좋은 일들과 좋은 기억으로 심신이 충만해짐을 느낍니다. 동시에 감사를 표현함으로써 타인과의 관계가 더욱 돈독해질 수도 있죠."

"때로 우리는 고맙다는 말에 마음을 담지 않고 습관적으로 내뱉어서 감사의 의미를 퇴색시키기도 합니다. '감사 방문'은 퇴색된 감사의 의미를 회복하는 훈련입니다. 이 훈련으로 좀 더 세심하고 명확하게 자신이 느끼는 고마움을 표현하고 전달하는 법을 배울 수 있죠. 당신이 할 일은 간단합니다. 조금 전에 떠오른 사람에게 감사의 편지를 쓰고 직접 전달하면 됩니다. 편지를 길게 쓸 필요는 없지만 대신 구체적으로 적어야 합니다. 상대방이 나에게 해준 고마운 일을 떠올리며 이에 대한 감정을 서로 나누는 것이 이 훈련의 핵심입니다."

셀리그만은 감사 방문 훈련을 실행에 옮기는 것만으로도 훨씬 덜 우울하고 훨씬 더 행복해질 것이라고 장담했다.

2. 좋은 일 3가지 기록하기

좋은 일 3가지 기록하기도 무척 쉽고 간단하다.

"매일 밤 잠들기 전에 10분 정도 시간을 내서 그날 있었던 좋은 일 3가지와 그 일의 원인을 적어보십시오. 수첩에 손으로 써도 좋고 컴퓨터에 파일로 저장해도 좋습니다. 형식은 상관없어요. 기록하는 것 자체가 중요합니다. 엄청나게 대단한 일이 아니어도 괜찮습니다. 가족이 귀갓길에 내가 좋아하는 아이스크림을 사 왔다거나 오늘 점심이 특별히 맛있었다면 그 또한 사소하지만 충분히 좋은 일입니다. 때로는 여동생이 건강한 아기를 낳았다는 것처럼 크고 좋은 일도 물론 있겠죠."

"오늘 생긴 좋은 일 3가지를 썼으면 그 아래에 각각의 일이 '왜 일어났는지' 적어봅니다. 예를 들어 가족이 내가 좋아하는 아이스크림을 사 왔다면 여기에 어떤 원인이 있을 수 있을까요? 원래 다정한 성품일 수도 있고, 아니면 집에 오는 길에 상점에 들러야 한다는 사실을 내가 전화로 상기시켜줬기 때문일 수도 있습니다. 여동생이 별 탈 없이 순산한 일에 대해서는 신의 가호나 여동생이 임신 기간을 현명하게 잘 보낸 덕이라는 등의 이유를 적을 수 있겠군요."

만약 일기 쓰기가 부담된다면 주변 사람과 대화하며 좋은 일을 함께 나눌 수도 있다. 가족과 저녁 식사를 하며 그날 있었던 좋은 일 3가지를 이야기해도 좋고, 친구와 통화하거나 인터넷 커뮤니티에 간단하게 글을 올리는 것도 얼마든지 좋다.

이런 간단한 행동이 정말 나를 행복하게 해줄까? 셀리그만은 아주 큰 도움이 된다고 확신했다. 그 자신이 효과를 체험했기 때문이다. 셀리그만은 자신이 먼저 실행하고 체험하는 것을 중시한 심리학자였다. 심지어 개에게 전기 자극을 주는 연구를 할 때도 충격이 얼마나 되는지 알기 위해 자신이 먼저 체험해봤을 정도다. '3가지 좋은 일 기록'도 자신이 먼저 실천해본 뒤 아내와 자녀에게 권했으며, 최종적으로 연구를 통해 대다수 사람에게 유용한 방식임을 입증했다.

3. 뚜렷한 장점 찾기

뚜렷한 장점 찾기는 자신의 장점을 발견하고 이를 더 자주, 더 창의적으로 활용하고 강화함으로써 스스로 긍정적인 자아상을 만드는 것이 목적이다.

나의 뚜렷한 장점은 어떻게 찾을 수 있을까? 삶을 돌아보며 스스로 찾아봐도 좋고, 셀리그만의 강점 찾기 테스트 VIA Survey of Character Strengths를 해보아도 좋다. 이 테스트는 여러 가지 강점 중에서도 특히 나에게 두드러지는 강점들의 순위를 매겨 보여준다. 그중 상위 5가지를 나에게 하나하나 대입해보며 이것이 정말 나의 장점이 맞는지 스스로 질문을 던지다 보면 나만의 뚜렷한 장점을 찾을 수 있다.

그렇게 해서 장점을 찾았다면 다음으로 이런 훈련을 실천해보자.

"시간을 내서 새로운 방식으로, 일할 때든 집에 있을 때든 쉴 때든 자신의 강점을 발휘할 수 있는 새로운 기회를 만들어보십시오. 나의 두드러지는 장점이 창의성이라면 매일 저녁 2시간 정도 투자해서 창의적인 일, 즉 창작 활동을 하는 겁니다. 글이나 그림, 음악, 뭐든 좋습니다. 만약 자기통제가 뚜렷한 장점이라면 매일 저녁 TV를 보는 대신 운동으로 몸을 단련해보세요. 아름다움과 탁월함을 발견하고 감상하는 역량이 특출하다면 출근할 때 매일 가던 길 말고 더 멋진 풍경을 볼 수 있는 새로운 길을 선택해보십시오. 무언가를 배우는 데 뛰어난 사람은 전혀 새로운 분야를 공부해보는 것도 자신의 장점을 발휘하는 좋은 방법입니다."

셀리그만에게 자금을 지원해준 익명의 단체를 기억하는가? 긍정심리학이 세계적인 명성을 얻은 후, 셀리그만은 이 단체의 책임자에게 전화를 걸어 감사의 뜻을 전했다.

"여러분의 지원이 없었더라면 긍정심리학은 탄생하지 못했을 겁니다. 정말 감사합니다."

셀리그만은 이처럼 생활 속에서 자신의 이론을 실천한 사람이었다. 남들에게 감사하라고 가르치기만 한 게 아니라 스스로 감사를 표현하며 언행이 일치된 삶을 살았다.

행복은 지식이 아니다. 행복은 경험이고, 행동이다. 행복해지는 방법을 아무리 많이 알고 있어도 실천하지 않는다면 불행에서 벗어날 수 없다. 셀리그만의 훈련법은 효과가 증명된 '행복으로 향하는 길'이다. 그 길을 걸어가겠는가, 아니면 길 초입에 주저앉아 지금까지 그래온 것처럼 내 인생은 불행하다며 불평만 늘어놓겠는가? 선택은 오롯이 당신의 몫이다.

12장 지루한 일상에서 몰입에 다다르려면

미하이 칙센트미하이
Mihaly Csikszentmihalyi, 1934~2021

헝가리계 미국인 심리학자. 긍정심리학의 대표적 연구
자이며 '몰입(flow)' 개념으로 유명하다. 창조성과 행복
의 관계에 대해 연구해 창조적인 사람의 3가지 요건으
로 전문지식과 창의적 사고, 몰입을 제시했다.《몰입의
즐거움》,《몰입(flow)》,《몰입의 경영》,《창의성의 즐거
움》등의 저서가 있다.

중국 위나라 문혜군이 포정이라는 백정에게 소를 잡게 했다. 그런데 포정이 소를 잡는 모습을 보니 마치 춤을 추듯 유려하고 막힘이 없었다. 또 소를 어깨로 누르고 발로 밟으며 무릎으로 짓누를 때마다 마치 북소리처럼 경쾌한 박자가 들렸다. 숨통이 끊어진 소를 칼로 해체하고 살을 발라낼 때도 모든 동작이 경쾌하고 들리는 소리는 마치 음악 같았다. 문혜군이 감탄하며 말했다.

"참으로 대단하구나. 그야말로 기술이 경지에 이르렀도다! 너는 어떻게 그토록 뛰어난 기술을 갖게 되었느냐?"

포정이 대답했다.

"사물의 이치를 깊이 연구하다 보니 저절로 이 수준에 이르렀습니다."

그는 자신이 어떻게 이러한 경지에 이르렀는지를 자세히 설명하기 시작했다. 거기에는 칼날 하나 상하지 않고 소를 해체하는 비결과 직감에서 비롯된 깨달음이 녹아 있었다. 말하면서도 포정은 쉴 새 없이 칼을 놀렸고, 마침내 소의 마지막 살점이 원래부터 뼈에 붙어 있지 않았던 것처럼 툭 떨어져 나왔다. 포정이 말했다.

"소를 잡고 해체할 때 저는 마치 홀린 듯 그 일에 집중합니다. 눈으로 볼 필요도 없죠. 눈이 보기 전에 이미 정신으로 어떻게 해야 할지 알기 때문입니다."

《장자莊子》에 나오는 포정해우庖丁解牛 우화다. 포정해우는 신기에 가까운 솜씨나 기술을 가리키는 사자성어로도 자주 쓰인다. 이야기 속 포정은 소를 잡는 과정에 온전히 집중하고 녹아들어 예술의 경지에 이르렀는데, 심리학에서는 이 상태를 '몰입flow'이라 한다. 이 개념을 제시한 사람은 미국의 심리학자 미하이 칙센트미하이Mihaly Csikszentmihalyi다.

행복이란, 시간 가는 줄 모르는 상태

몰입의 영어 표현인 'flow'는 본래 '흐름'이라는 뜻이다. 용어 번역 시 마음이 완전히 흘러 들어간 상태라는 의미를 표현하기 위해 '몰입'이라는 단어가 선택됐다. 몰입이란 한 사람의 마음과 생각이 특정 활동에 온전히 집중된 상태를 가리키며, 이 경지에 이른 사람은 자신과 주변을 잊고 충만한 생명력을 느낀다. 고대 동양의 철인哲人이 말한 무아지경, 물아일체가 곧 몰입의 상태라 하겠다. 칙센트미하이의 이론에서는 개인이 자신의 생각과 정신을 어떤 일에 온전히 몰두함으로써 물아의 경지에 도달하고, 그럼으로써 내면의 질서와 안녕을 얻은 상태가 바로 행복이라고 말한다. 즉 행복은 목표가 아니라 목표를 추구하는 과정에서 얻는 부산물인 것. 행

200

복은 가장 뛰어난 경험이며, 몰입 자체가 행복의 상태다.

그렇다면 몰입에는 어떤 특징이 있을까? 몰입에 이르려면 어떻게 해야 하는가?

매슬로의 절정경험 연구와 달리 칙센트미하이의 몰입에 관한 고찰은 철저히 실증적 연구로 이뤄졌다. 그는 운동선수, 음악가, 예술가, 시각장애 수녀부터 나바호족의 목동까지 인종과 업종을 막론하고 자신이 하는 일을 즐기며 자기 일에 깊이 빠져 있는 인물들을 심층 인터뷰했다. 또한 설문조사 및 심리표본조사 등을 활용하여 몰입이 실제로 어떤 형태로 나타나는지 파악하고, 이들이 몰입 상태에서 공통적으로 느끼는 특징을 다음의 7가지로 정리했다.

• 완벽히 빠져듦 : 주의력이 고도로 집중된 상태에서 지금 하는 일에 완전히 몰두했음을 느낀다.

• 황홀경 : 일상의 잡다한 현실에서 벗어나 또 다른 현실로 들어가는 듯한 경험으로, 종교인의 종교적 체험 혹은 보통 사람이 음악이나 그림 같은 예술작품을 접하고 느끼는 황홀경과 비슷하다.

• 내면의 명료함 극대화 : 무엇을 해야 하는지, 지금까지 자신이 그것을 얼마나 잘해왔는지 확실히 깨닫는다. 또한 자신의 목표를 이해하고 목표에 도달하기 위해 무슨 노력을

어떻게 해야 할지가 명확하게 보인다.

• 할 수 있다는 확신 : 도전적인 과제도 훌륭히 해낼 수 있다는 믿음과 자신감이 생긴다.

• 시간이 눈 깜짝할 사이에 흘러간 느낌 : 지금 하고 있는 일에 완전히 빠져들어 시간의 흐름조차 느끼지 못한다. 어떤 일에 집중하고 있다가 문득 고개를 들어보니 어느새 하루가 다 가버린 식이다.

• 내재적 동기 발생 : 내면에서 시작된 갈망과 열정이 일하는 동기가 된다. 몰입의 상태에 빠짐으로써 그 일을 해내거나 목표를 실현하기도 한다. 실제로 어떤 예술가들은 창작 과정에서 새로운 작품에 대한 열망과 갈망으로 망아忘我의 경지에 들며, 그 안에서 충만한 창조력을 얻는다.

이 특성이 모두 나타나야만 몰입인 것은 아니다. 시간의 흐름을 느끼지 못할 정도로, 혹은 내가 누구인지 어디에 있는지조차 잊을 정도로 어떤 일에 집중한다면 이미 충분히 몰입했다고 볼 수 있다. 이런 경험이 당신에게도 있는가? 어떤 일에 깊이 몰두한 나머지 시간이 쏜살같이 흘러가 버린 적이 있는가? 있다면 언제인가?

가장 흔한 예로는 아마도 게임을 할 때가 아닐까. 시간 가는 줄 모르고 밤새 키보드를 두드려본 적이 있다면 이미 몰입의 상태를 경험한 셈이다. 이처럼 재미가 몰입을 부를 때가 있는가 하면, 전혀 다른 경우도 있다. 마감이 코앞인 매우 중요한 과제나 업무를 하느라 식사조차 잊고 몰두한다면 이 역시 몰입에 빠졌다고 할 수 있다.

몰입의 관점에서 행복을 정의한다면 '시간 가는 줄 모르는 상태'라 할 수 있다. 책을 읽는데 시간 가는 줄 몰랐다면 그 책을 읽는 동안 당신은 행복했던 것이다. 일주일이 눈 깜짝할 사이에 지나갔다면 그 일주일을 즐겁게 잘 보낸 것이고, 1년이 획 지나갔다면 어쨌거나 당신에게는 행복한 한 해였던 셈이다. 일생이 획 지나갔다면… 아니다, 일생이 획 지나가서는 곤란하다. 인생은 차근차근 잘 살아보도록 하자. 인생에 즐겁고 행복한 일만 있을 수는 없다. 오르막길이 있으면 내리막길도 있는 게 우리네 인생 아니겠는가.

나의 역량 vs. 과제의 난이도

칙센트미하이에 따르면 몰입 상태에 이르기 위해서는 과제 수준과 자신의 실력이 균형을 이루어야 한다. 이것이 가장 중요한 원칙이다. 다시 말해 개인의 역량과 도전과제의 난이도가 서로 적절히 맞아떨어질 때 비로소 몰입이 일어난다.

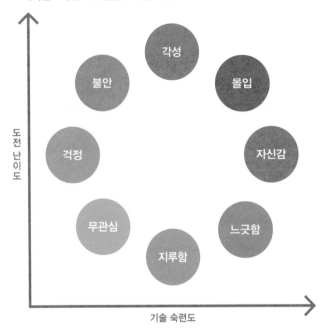

〈칙센트미하이의 몰입 8채널 모델〉

도전 난이도

각성

불안

몰입

걱정

자신감

무관심

느긋함

지루함

기술 숙련도

  그의 몰입 이론은 도전과제의 난이도와 개인 기술의 숙련도를 두 축으로 해 8가지 심리 상태를 도출하는데, 이를 '몰입 8채널 모델'이라 한다.

  • 기술 숙련도가 높은 경우 : 도전과제의 난도가 높으면 과제를 수행하는 과정에서 몰입 상태에 빠지기 쉽다. 만약 도전과제의 난도가 중간 정도이면 자신이 통제control하고

있다는 자신감을 느낀다. 그리고 도전과제의 난도가 낮으면 아무런 스트레스도 받지 않는 느긋한relaxation 상태가 된다.

• 기술 숙련도가 중간인 경우 : 난도가 높은 도전과제를 마주하면 각성arousal 상태가 된다. 이때는 긴장감을 느끼는 동시에 잘해내고 싶다는 자극을 받는데 이런 상태 역시 몰입으로 들어가기에 유리하다. 반면 도전과제가 쉬우면 지루함boredom을 느낀다.

• 기술 숙련도가 낮은 경우 : 도전과제의 난도가 높으면 정도의 차이는 있지만 공통적으로 걱정worry과 불안anxiety을 느낀다. 반대로 도전과제가 쉬우면 무료해져 오히려 과제 수행을 제대로 하지 못하는 등 철저한 무관심apathy 상태에 빠지기 쉽다.

따라서 몰입이 일어나려면 기본적으로 자신의 기술 수준과 도전과제의 난도 모두 중간 이상은 되어야 한다. 만약 도전과제에 비해 기술이 부족하다면 어떻게 해야 할까? 이에 대해 칙센트미하이는 다음과 같이 조언했다.

첫째, 더 많은 일을 시도해본다. 내재적 동기가 있을 경우 더 쉽게 몰입 상태에 빠질 수 있다. 여러 가지를 많이 시도하다 보면 자신에게 적합한 위치를 찾게 된다.

둘째, 명확하고 구체적인 목표를 세우고 능동적으로 피

드백을 구한다. 목표가 명확할수록 자기 기술에 대한 인식도 명료해지며, 자기 기술의 수준을 명료히 인식할수록 더 집중력 있게 노력할 수 있다.

일과 여가에서 몰입에 이르는 길

그렇다면 우리 일상에서 몰입을 경험하려면 어떻게 해야 할까? 일에서의 몰입과 여가에서의 몰입으로 나누어 살펴보자.

여가는 능동적으로

사람들은 대개 일보다는 여가를 좋아한다. 그러나 여가활동이라 해서 무조건 기쁨을 주는 것은 아니며, 항상 몰입할 수 있는 것은 더더욱 아니다.

칙센트미하이는 여가를 능동적 여가와 수동적 여가로 구분했다. 능동적 여가에는 독서, 스포츠, 예술 창작활동, 취미생활, 주도적인 사교활동 등이 포함된다. 기본적으로 노력과 창의력, 에너지가 투입되어야 하는 활동이다. 반면 수동적 여가는 TV 시청, 수다, 휴대폰 보기 등으로 별다른 품이 들지 않는다. 칙센트미하이에 따르면 수동적 여가는 단순히 시간 때우기가 목적이기 때문에 권장할 만한 방식이 아니다. 수동적 여가가 자유시간을 보내는 유일한 방법이 되면 오히려 정신적 혼란이 가중되며 게으름과 무력감에 휩싸여 전체적인 삶의 질이 명백히 저하된다. 반대로 여가시간을 운동이나 예술활동, 취미활동 등 능동적 여가에 투자하면 그 자체로 몰입에 도달할 수 있는 조건이 갖춰진다.

물론 그러기가 마냥 쉽지만은 않다는 게 문제다. 한정된 여가를 최대한 잘 활용하려면 어느 정도 집중력과 재능, 노력이 필요하다. 피아노 연주나 바둑 같은 여가활동을 즐기려면 일단 할 줄 알아야 한다. 일정 수준에 이르기까지 꾸준히 노력도 해야 한다. 웬만큼 잘해야 몰입이 가능한 것은 여가도 예외가 아니다.

흥미로운 사실은 능동적 여가를 즐기던 와중에 성공의 열쇠를 발견한 사람이 의외로 많다는 것이다. 유전학의 아버지 멘델은 유전자 실험이 취미였고 벤저민 프랭클린은 순전히 개인적인 흥미로 피뢰침을 발명했다. 레오나르도 다빈치의 기기묘묘한 발명 역시 남이 시켜서가 아니라 온전히 본인이 좋아서 한 것이다.

자유가 없는 일, 목적 없는 휴식은 대다수 현대인이 직면한 문제다. 이를 해결할 길은 인간의 본성으로 돌아가는 것뿐이다. 수렵과 채취를 하던 고대 인류처럼 일과 여가를 통합하려는 노력이 필요하다. 비록 녹록지 않은 삶이지만 최소한 휴식할 때만큼은 능동성을 발휘해보자.

일은 게임처럼

사실 쉴 때보다는 일할 때가 몰입에 빠지기 더 쉽다.

게임을 떠올리면 일할 때의 몰입을 이해하기가 쉽다. 아이부터 청소년, 어른에 이르기까지 많은 사람이 게임에 빠진다. 왜일까? 이유는 단순하다. 게임 자체가 대부분 몰입 규칙을 기반으로 설계되기 때문이다. 아마 칙센트미하이도 자신의 연구가 이런 식으로 활용될 것이라고는 상상하지 못했을 것이다.

명확한 목표와 즉각적인 피드백, 적절한 난도는 몰입을 만드는 3대 요소다. 게임에는 이 요소가 다 들어 있다. 먼저 확실한 목표가 주어진다. 게임은 도달해야 하는 지점, 완수해야 하는 퀘스트, 얻어야 하는 점수 등이 명확하다. 목표를 달성하기 위해 거쳐야 하는 과정도 비교적 분명하다. 주어진 미션이나 임무를 수행하면 레벨이 오르고, 목표까지 얼마나 남았는지 직관적으로 보인다. 피드백도 바로바로다. 임무에 성공했는지 실패했는지, 이겼는지 졌는지 즉시 알 수 있다.

게임의 또 다른 특징은 플레이어의 두뇌에 끊임없이 자극을 준다는 점이다. 언제 무슨 일을 해야 하는지 짚어주고,

내 수준이 지금 어느 정도인지 알려주며, 목표를 향해 한발 한발 나아갈 수 있도록 포석을 깔아둔다. 그 결과 우리의 두 뇌는 완벽히 게임에 장악되어 고도로 집중한 상태에 이른다. 다른 일을 생각할 틈이 없어진다.

일도 다르지 않다. 일에도 몰입의 요소를 도입해보자. 칙센트미하이는 일로써 몰입에 이르고 행복해지려면 두 가지 전략을 활용해야 한다고 했다. 하나는 일을 몰입 활동에 최대한 가깝게 재설계하는 전략이고, 다른 하나는 일에 필요한 기능을 연마하고 적합한 난도의 목표를 설정하는 연습을 지속함으로써 몰입 환경을 조성하는 전략이다. 두 가지 중 하나만 써서는 일의 즐거움을 끌어올리기 어렵다. 반드시 두 가지 전략을 상호보완적으로 활용해야 몰입을 경험할 수 있다.

먼저 일하는 방식을 바꿔보자. 명확한 목표를 세우고 목표를 달성하는 과정에서 스스로 꾸준히 피드백을 준다. 또한 다른 사람의 격려를 기다리지 말고 내가 스스로 격려하자. 오늘의 업무 목표를 달성했을 시 자신에게 선물을 주는 것도 좋다.

인생에서 도무지 어쩔 수 없는 상황이 닥칠 때 우리는 흔히 '운명'이라는 말을 쓴다. 내일도 해야 하는 출근이, 눈

앞에 닥친 일거리야말로 가장 피하기 어려운 운명의 상황인
지도 모른다. 이때 자신을 달래며 능동적으로 즐거움을 찾는
사람만이 비로소 적절한 목표를 세우고 끊임없이 역량을 갈
고닦으며 마침내 몰입의 경지에 이를 수 있다.

  앞에서 소개한 포정의 우화를 기억하는가? 칙센트미하
이도 자신의 저서에서 일을 통해 도달하는 몰입의 경지를 설
명하며 이 우화를 인용한 적이 있다. 포정은 사회적으로 전
혀 대우받지 못하는 일을 하지만 일을 통해 몰입의 비밀을
깨닫고 진정한 행복을 찾은 인물이다. 그리고 지금, 우리도
그와 같은 비밀을 깨닫고 진정한 행복을 느낄 수 있는 문 앞
에 서 있다. 노력하지 않을 이유가 어디 있는가?

심리학 대가의 소소한 이야기 | **그의 삶으로 심리학이 걸어 들어왔다**

  칙센트미하이는 셀리그만과 함께 긍정심리학의 기틀을
다진 학자로 평가받는다. 셀리그만은 칙센트미하이야말로
'세계 긍정심리학 연구를 선도한 인물'이고, 그의 연구로 심
리학이 획기적인 전환기를 맞았다며 찬사를 아끼지 않았다.
칙센트미하이 덕에 심리학이 문제해결 및 완화에 치중했던

과거에서 벗어나 일상의 행복을 적극적으로 추구하는 방향으로 나아가게 되었다는 것이다.

심리학 역사를 톺아보면 손꼽히는 연구 대부분이 심리학자 개인의 독특한 인생 경험과 밀접한 관련이 있음을 알수 있는데, 칙센트미하이도 예외가 아니다.

미국의 심리학자이긴 하지만 칙센트미하이는 본디 헝가리인이며, 태어난 곳은 이탈리아다. 부친이 이탈리아 주재 헝가리 영사였던 덕분에 어린 시절 좋은 환경에서 자랐지만 2차대전 발발과 동시에 평화로웠던 그의 삶은 비극에 휩싸였다. 전쟁통에 조부모와 숙부, 숙모가 사망했고 두 형 중 한 사람은 전사, 다른 한 명은 전쟁포로가 되었다. 게다가 새 정부를 위해 일하고 싶지 않았던 부친이 영사직을 그만두면서 가정형편도 어려워졌다. 자신의 잘잘못과 상관없이 닥쳐온 불행에 칙센트미하이는 충격을 받고 깊은 고민에 빠졌다. 평화로웠던 삶이 어쩌다 산산이 부서져 버렸는가? 살아간다는 것은 원래 이렇게 괴로운 일인가? 인류는 대체 왜 이런 비극을 자초하는가? 그는 이러한 의문을 안고 철학과 종교, 문학을 파고들었지만 속 시원한 답을 찾지 못했다.

열여덟 살이 된 칙센트미하이는 그간 모은 돈으로 스위스로 스키 여행을 떠났다. 하지만 날씨 운이 따라주지 않은 탓에 눈이 다 녹아버려 스키를 탈 수 없게 되었다. 여행의 이유가 사라진 그는 잠시 시간을 허비하다가 우연히 지역문화센터에서 심리학자가 무료강연을 한다는 안내문을 보았다. 심리학이 무엇인지도 몰랐지만 시간은 남아돌고, 돈도 안 받는다고 하니 가지 않을 이유가 없었다. 그리고 그날 들은 강연으로 그의 인생은 완전히 달라졌다. 유럽에서 벌어진 전쟁이 어떻게 미덕과 신념 등 인간의 고귀한 가치를 파괴하고 혼란만 남겨놓았는지, 전쟁으로 사람들이 어떠한 상처와 충격을 받았는지, 유럽 전역에서 보고되는 비행물체 목격담이 사실은 특정한 사회적 배경을 공유하는 사람들의 집단심리 환상이라는 설명까지… 그야말로 충격의 연속이었다.

칙센트미하이에게 충격을 준 이 강연자는 누구였을까? 놀라지 마시라. 바로 정신분석학의 대가 칼 융이었다. 물론 칙센트미하이는 그가 누군지 전혀 알지 못했다. 다만 그의 입에서 쏟아지는 말들이 자신의 고민거리를 해결해줄 거라는 강한 확신이 들었다. 이후 그는 융의 저서를 독파하면서 심리학에 깊은 흥미를 갖게 되었지만, 당시 유럽에는 심리학을 가르치는 대학이 없었다. 결국 칙센트미하이는 바다 건너 미국으로 향했다.

미국에 도착했을 때 그의 수중에는 1.25달러뿐. 곧 일과 학업을 병행하는 고학생의 삶이 시작되었다. 매일 밤 11시부터 다음 날 오전 9시까지 일하고 두어 시간 눈을 붙인 후 학

교에 가 공부에 매진하는 생활이 대학원에 진학할 때까지 6
년여간 이어졌다.

그 뒤 다행히 장학금을 받으며 공부에 전념할 수 있게
된 그는 박사과정을 밟던 중 평생의 연구과제를 발견하게
된다. 바로 '몰입'이다. 그때부터 2021년 향년 87세로 세상을
뜰 때까지 그는 줄곧 긍정심리학의 선도자로서 수많은 사람
에게 진정으로 행복해지는 길을 설파했다.

13장 사랑 때문에
커리어를 망치지 않으려면

존 왓슨
John Broadus Watson, 1878~1958

미국의 심리학자, 행동주의 심리학의 창시자. 내적 인
지나 감정 등보다는 객관적인 행동 관찰을 중시했다.
또한 모든 행동은 환경적 자극에서 도출된다고 보고
자극-반응 심리학을 주창했다.

학생 시절의 가장 큰 관심사는 무엇일까? 개인차는 있겠지만 청춘인 만큼 연애가 아닐까. 이러한 관심은 졸업을 하고 직장생활을 시작하면 자연스레 사내 연애에 대한 생각으로 이어진다. 사내 연애를 좋지 않게 여기는 시선도 있고 아예 사규로 금지하는 회사도 있지만, 깨어 있는 시간의 절반 이상을 일터에서 보내며 동료들과 부대끼다 보면 서로에 대해 이런저런 감정이 생기기 마련이다. 그중 연애 감정이 생기지 말란 보장이 없다.

미국 직장인을 대상으로 한 조사에 따르면 사내 연애 건수가 매년 1000만 건에 달하며 절반에 가까운 직장인이 사내 연애 경험이 있다고 답했다. 밀레니얼 세대일수록 사내 연애에 관대한 모습을 보였으며 직장동료와 연애해보고 싶다고 답한 응답자도 84%나 되었다. 사내 연애가 생각보다 훨씬 보편적 현상임을 짐작할 수 있는 결과다.

그렇다고 해도 일과 로맨스가 중첩되는 상황에 직면하면 고민이 생기지 않을 수 없다. 직장에서 마음이 끌리는 사람이 있다면 어떻게 해야 할까? 감정에 솔직해져야 할까, 아니면 이것저것 따져보며 몸을 사려야 할까? 심리학은 이에 대해 어떤 조언을 주는가?

심리학 역사상 가장 유명한 사내 연애

사내 연애에 대한 심리학의 조언은 잠시 미뤄두고 심리학 역사상 가장 유명한 사내 연애 한 편이 남긴 교훈을 알아보자. 주인공은 미국의 저명한 심리학자 존 왓슨John Broadus Watson 이다. 왓슨은 37세라는 젊은 나이에 미국심리학회 회장을 맡을 정도로 전도유망한 인재였다. 단적인 예로 1909년부터 1919년까지 무려 10년간 심리학계에서 가장 영향력 있는 인물 1위로 선정되었는데, 그를 2위 자리로 밀어내고 1위에 오른 이는 다름 아닌 프로이트였다. 당시 심리학계에서 왓슨의 위상과 영향력, 기세가 어느 정도였는지 짐작할 수 있다.

이처럼 젊고 전도유망한 왓슨은 열정과 매력도 가득해, 그의 잘생긴 외모에 반해 팬을 자처한 여성도 적지 않았다. 학자로서나 남성으로서나 독보적으로 눈에 띄는 사람이었다. 그러나 결과적으로는 이 점이 오히려 그의 커리어를 망치는 독이 되고 말았다.

왓슨의 연구는 주로 빌헬름 분트의 심리학에 대한 반발에서 시작됐다. 왓슨은 분트와 프로이트가 눈에 보이지도 않고 명확히 확인할 길도 없는 의식과 무의식, 잠재의식이 인간 심리의 전부인 양 강조하는 것이 탐탁지 않았다. 그는 심리학이 엄연한 과학이 되려면 보이지도 만져지지도 않는 것을 연구 대상으로 삼을 게 아니라 겉으로 드러나는 행동을 연구해야 한다고 주장했다. 이내 왓슨은 정신분석학파의 강력한 대항마로 떠올랐으며 그가 주창한 행동주의 심리학의 기치 아래 수많은 지지자들이 몰려들었다.

그는 말만 번지르르한 것이 아니어서 많은 연구를 진행했고, 심리학 역사에 획을 긋는 성과도 남겼다. 그중에서도 가장 주목할 만한 연구는 인간의 심리표현 중 몇몇 감정, 특히 공포 같은 감정이 유전적 본능이나 프로이트가 주장하는 유년시절의 트라우마 때문이 아니라 반복되고 학습된 행동 습관의 산물이라는 점을 밝힌 공포 조건화 실험이다.

'어린 앨버트 실험'으로 불리는 이 연구는 그 내용을 들여다보면 경악스러운 점이 한둘이 아니다. 일단 실험 대상이 생후 9개월밖에 되지 않은 아기였다. 왓슨은 앨버트라는 이름의 이 아기에게 먼저 흰 토끼나 흰쥐처럼 작고 귀여운 동물을 보여주었다. 그리고 아기가 흰쥐에 관심을 보이며 만지려 하면 뒤에서 쇠막대를 두드려 날카로운 소리를 냈다. 아기는 당연히 깜짝 놀라 자지러지게 울었다. 이러한 과정이 몇 주 간격으로 반복되자 결국 어린 앨버트는 흰쥐만 봐도 기겁하며 울어댔고, 나중에는 흰쥐가 아니라 하얀 털만 봐도 공포에 떠는 지경에 이르렀다. 흰색 코트는 물론 산타 할아버지로 변장한 사람의 하얀 수염까지 공포의 대상이 된 것이다. 이처럼 창의적이지만 비인간적인 실험을 통해 왓슨은 공포가 학습된다는 사실을 밝혀냈다. 감정을 비롯해 인간을 구성하는 많은 부분이 환경의 산물임을 증명해낸 것이다.

후에 왓슨은 인간의 가소성plasticity을 설명하며 이런 말을 남겼다.

"만약 내게 완벽히 통제할 수 있는 환경에서 건강한 아기를 키울 수 있게 해준다면 그 아이의 가족과 조상의 재능, 취향, 능력, 직업 및 인종적 배경과 상관없이 오로지 훈련을 통해 내가 원하는 사람으로 길러낼 수 있다. 의사, 변호사, 예술가, 사업자, 심지어 거지나 도둑으로 만드는 것도 가능하다!"

비록 왓슨의 연구와 언행은 극단적이었지만, 이미 모든 것이 유년시절에 결정되어 있다고 하는 탓에 알면 알수록 우울해지는 프로이트의 정신결정론에 비하면 훨씬 희망적이었다. 본질적으로 왓슨의 관점은 일종의 환경결정론으로, 환경만 잘 갖추면 교육을 통해 제대로 된 사람을 길러낼 수 있으며 사회 또한 원하는 방향으로 바꿔나갈 수 있다고 주장했다. 왓슨이 당대 가장 인기 있는 심리학자가 된 데에는 이런 희망론도 있었을 것이다.

하지만 그의 업적과 상관없이 공포 조건화 실험의 여파로 아기 앨버트는 내내 불행하게 살다가 어린 나이에 세상을 떴다. 그런데 이 실험으로 인생이 불행해진 사람이 또 있었으니, 바로 왓슨의 아내다. 실험을 하는 동안 왓슨이 로잘리라는 여대생 조수와 사랑에 빠진 것이다. 로잘리는 외모, 지성, 부유한 집안까지 어느 하나 빠지지 않는 '엄친딸'이었다. 세상 두려울 것 없는 아름답고 총명한 여대생과 열정과 매력이 넘치는 젊은 교수가 매일같이 한 공간에서 머리를 맞대고 시간을 보냈으니 어찌 보면 남녀의 감정이 생기지 않는 게 이상할지도 모른다.

연구에 열정을 쏟아붓는 데서 그쳤으면 좋았으련만 넘지 말아야 할 감정의 선을 넘은 대가로 왓슨은 자신의 커리어에 큰 오점을 남기게 된다. 실험 결과와 함께 외도 사실이 만천하에 공개되면서 몸담고 있던 대학에서 해임됐을 뿐 아니라 불명예스럽게 심리학계를 떠나게 된 것이다. 그가 아무리 괄목할 성과를 올리고 무한한 가능성을 지닌 뛰어난 인재라 해도 불륜 스캔들은 극복하기에 너무 높은 벽이었다.

이후 왓슨은 적지 않은 금액을 위자료로 지급하고 아내와 이혼했다. 그를 진심으로 사랑했던 로잘리는 빈털터리에 실직자가 된 왓슨의 처지에도 아랑곳하지 않고 그와 결혼해 짧은 여생을 함께했다.

해피엔딩이거나 파국이거나

열정은 영감을 불러일으키기도 하고, 창창한 앞날을 망쳐버리기도 한다. 심리학 연구에서 왓슨은 위대한 사상가이자 선구자였으나 개인사 측면에서는 오래도록 인구에 회자되는 큰 과오를 저질렀다. 개인적으로는 왓슨이 설파한 이론의 과격함과 무모함이 그가 보여준 감정적 일탈과 일맥상통한다고 생각한다. 왓슨의 혁명가적 기질이 심리학 연구뿐 아니라 개인의 애정생활에서도 발휘됐다는 점이 안타까울 뿐이다.

이제 보통 사람의 직장 내 연애 이야기로 돌아가 보자. 득과 실을 따졌을 때 사내 연애는 얻는 게 많을까, 잃는 게 많을까? 왓슨처럼 저명한 심리학 대가도 사랑에 눈이 멀어 자신의 커리어를 망쳤는데, 나라고 옳은 선택을 할 수 있을까? 우리같이 평범한 사람이 일과 사랑을 모두 성취하려면 사내 연애에 어떤 태도를 가져야 할까?

심리학에서 사내 연애를 전문적으로 연구한 사례는 아직 많지 않다. 그나마 로버트 퀸Robert Quinn이 1977년에 발표한 조직문화 모델 정도를 참고할 만하다. 그럼에도 사내 연애가 보편적인 현상이 된 것만큼은 뚜렷한데, 그 원인으로 다음의 몇 가지를 생각해볼 수 있다.

첫째, 사회가 발전하면서 업종 및 업태를 불문하고 일

하는 여성이 많아지면서 사내 연애의 가능성 또한 증가했다.

둘째, 사내 연애를 보는 사회적 시선이 훨씬 관대해졌다. 사내 연애를 사규로 금지하는 경우도 거의 사라졌으며 설혹 있다고 해도 강제성이 예전만큼 세지 않다. 더러는 사내 연애를 권장하는 회사도 있는데, 사내 연애가 인재를 확보하고 유지하는 데 도움이 된다고 판단하기 때문이다.

셋째, 사는 게 바쁜 현대인은 연애할 시간도 여유도 부족하다. 출퇴근에만 몇 시간씩 걸리기도 하고, 워낙 생존경쟁이 심하다 보니 심리적 여유도 없다. 이러한 현실을 고려하면 사내 연애만큼 시간과 에너지를 절약할 수 있는 연애 형태도 없다.

넷째, 비슷한 업무 배경 및 환경에서 비롯되는 동질감, 자주 만나고 소통할 수 있다는 편의성 등도 사내 연애가 싹트는 토양이 된다.

사내 연애를 찬성하든 반대하든, 사내 연애가 이미 보편적인 현상이 되었을 뿐 아니라 누구든 당사자가 될 가능성이 있다는 사실만은 부정할 수 없다. 하지만 직장 내 연애는 주의할 사항이 있다. 서로의 감정에 오해가 생길 수 있다는 점을 늘 염두에 두어야 한다는 것이다.

일을 하다 보면 유독 손발이 잘 맞고 마음이 통하는 동료가 생기기 마련이고, 친밀함이 커지면서 자연스레 연애 감정이 싹트기도 한다. 그러나 업무 파트너로서 서로를 인정하고 의지하는 것과 연애 상대로서 서로를 의식하고 의지하는 것은 엄연히 다르다. 가장 큰 문제는 서로의 감정이 어긋날 때다. 한쪽은 철저히 동료애일 뿐인데 상대방이 그것을 다르게 해석한다면? 편안한 느낌을 좋아하는 감정으로 오해해 선을 넘고 동료관계에 성적인 요소를 개입시키기 시작하면 결말은 딱 두 가지뿐이다. 해피엔딩이거나, 파국이거나. 천만다행으로 상대가 그 마음을 받아들인다면 연인으로 발전하겠지만 십중팔구 서로 어색한 사이가 되어 좋은 동료를 잃을 뿐이다. 그 여파는 단순한 오해 정도로 끝나지 않을지도 모른다.

직장에 끌리는 사람이 있다면

그렇다면 직장에 마음이 끌리는 사람이 있을 때 어떻게 처신해야 할까? 적극적으로 다가가야 할까, 아니면 단호히 관심을 끊어야 할까? 판단에 조금이나마 도움이 되기를 바라며 사내 연애에 관한 몇 가지 조언을 할까 한다.

　　우선 사내 연애는 장단점이 분명하다. 즉 성공하면 대박이지만 실패하면 쪽박이다.

현실적인 면을 먼저 생각해보자. 사내 연애가 일에 영향을 줄까? 당연히 그렇다. 과거의 연구들은 주로 사내 연애의 부정적인 면에 집중했다. 시기 질투 편애 등 감정적 문제를 야기할 뿐 아니라 사내 연애라는 명목하에 성추행 및 성비위도 빈번히 벌어졌기 때문이다. 그러나 최근에는 사내 연애의 긍정적 영향에 대한 논의가 심도 있게 이뤄지고 있다. 한 연구에 따르면 사내 연애를 꿈꿀수록 적극적이고 열정적인 업무태도를 보인다고 한다. 잘 보이고 싶은 대상이 있으니 당연한지도 모른다. 밀레니얼 직장인을 대상으로 한 설문조사에서도 사내 연애가 업무 효율 및 실적, 사기진작에 긍정적 영향을 준다고 답한 사람이 71%에 달했다.

사내 연애는 일상생활에도 지대한 영향을 미친다. 미국의 한 조사에서는 사내 연애가 혼인관계를 파탄 낸 최대 원흉으로 지목됐다. 왓슨처럼 감정을 주체하지 못하고 돌아오지 못할 강을 건넌 사람이 한둘이 아닌 모양이다. 그렇다고 결혼생활까지 제물로 바친 사내 연애가 반드시 행복한 결말을 맞는 것도 아니다. 또 다른 연구에 따르면 사내 연애가 결혼으로 이어진 경우는 겨우 10%에 그쳤다. (이 수치에 놀랄 필요는 없다. 보통의 연애가 결혼으로 이어지는 비율도 그리 높지는 않으니까.)

다음으로, 사내 연애의 영향은 분명한 남녀 차이가 존

재한다. 아마 짐작했겠지만 남성보다 여성이 훨씬 큰 영향을 받는다. 여기에는 기존의 편견이 크게 작용한다. 남성이 직장에서 연애를 하면 매력을 인정받고 인생의 승자로 여겨진다. 반면 여성이 직장 내 연애를 하면 '성적 매력을 이용한다'는 오해를 사기 십상이다. 특히 연인관계에 있는 남성의 직위가 더 높을 경우, 여성이 사내 연애의 대가를 더 크게 치르는 상황이 빈번하게 생긴다.

직급 차이는 사내 연애를 바라보는 시선에도 영향을 미친다. 관련 연구를 보면 직급 차이가 없는 동료끼리의 연애보다 직급에 차이가 있는 사내 연애가 더 빈번하지만, 이를 보는 시선은 그다지 곱지 않은 것으로 나타났다. 다만 최근의 조사에 따르면 이 부분에서도 변화가 감지되는데, 밀레니얼 직원의 40%가 상사와 직원 간의 데이트도 괜찮다고 답한 것이다. 참고로 그전 세대는 이 비율이 14%에 불과했다.

상사와 직원의 연애에 부정적 시선을 던지는 까닭을 이해 못할 바는 아니다. 자칫 편애나 특권 부여 등 불공정 행위가 발생할 수 있고, 성비위나 성상납 등의 문제로 확대될 여지도 있다. 특히 상사가 지극히 개인적인 욕구를 만족시키기 위해 자신의 지위와 권한을 남용하고 직원 역시 자신이 원하는 바를 이루고자 이에 영합한다면 이들의 관계는 애정을 빙자한 거래에 지나지 않는다. 이 경우는 온갖 잡음이 생길 가능성이 높을 뿐 아니라 업무 효율에도 부정적 영향을 미친다.

마지막으로 사내 연애는 헤어진 다음이 참으로 곤란하다. 보통의 연애는 헤어지면 안 보면 그만이다. 하지만 사내 연애는 다르다. 헤어졌어도 다음 날 직장에 가서 그 사람을 또 봐야 한다. 그것만으로도 힘든데 심지어 공개 연애였다면 다른 동료들의 호기심 어린 눈빛과 온갖 뜬소문까지 견뎌야 한다. 상사와 직원 간 연애라면 더 문제다. 대부분은 직원이 연애가 끝남과 동시에 이직 또는 사직을 심각하게 고려해야 하는 상황이 온다. 혹여 꿋꿋이 남는다 해도 업무상 불편함이나 부당한 처우를 감수할 각오를 해야 한다.

결국 사내 연애에 대해 해주고픈 조언은 '이성적으로 선택하되 최대한 위험을 피할 것', 그리고 '경솔히 뛰어들지 말되 일단 뛰어들었다면 후회하지 말 것'이다.

사내 연애에는 좋은 점도 있고 나쁜 점도 있다. 왓슨 같은 심리학 대가도 현명하게 피하지 못했을 만큼 사내 연애의 유혹은 강렬하다. 그나저나 왓슨은 그 뒤 어떻게 됐냐고? 교수직에서 해임된 후 광고회사에 들어가 엄청난 연봉을 받으며 20년간 견실한 직장생활을 유지했다. 비록 심리학자로서의 명성에는 금이 갔지만 먹고사는 측면에서 본다면 훨씬 편하게 잘 살다 간 셈이니 인생사란 참으로 모를 일이다.

14장

진실한 사랑을 찾고 이어가려면

로버트 스턴버그
Robert Sternberg, 1949~

미국의 뇌신경과학자이자 인지심리학자. 인간 지능을
실제적 지능, 경험적 지능, 분석적 지능으로 설명하며
지능에 대한 인지적 접근법을 제시했다. 대중적으로는
'사랑의 삼각형 이론'이 널리 알려져 있다.《교육심리
학》,《심리학, 사랑을 말하다》,《왜 똑똑한 사람이 멍청
한 짓을 할까》등의 저서가 있다.

앞에서 외도와 사내 연애 등에 대해 이야기했지만, 누구나 살면서 한 번쯤은 후회 없이 마음껏 사랑해볼 수 있기를 바란다. 하지만 사랑이 무엇인지 제대로 아는 사람은 많지 않다. 연애소설이나 사랑 노래만으로는 사랑을 이해하기가 어렵다. 그렇다면 심리학의 도움을 받아보면 어떨까? 어쩌면 사랑의 모양을 좀 더 사실적으로 파악할 수 있을지도 모른다. 어떤 사랑이 진짜인지, 어떤 사랑을 추구해야 하는지, 완벽한 사랑이란 무엇인지….

이런 의문들에 심리학적 답을 해줄 수 있는 사람을 고르라면 단연 로버트 스턴버그Robert Sternberg다.

사랑에도 공식이 있다?

스턴버그는 미국의 심리학자로 스탠퍼드대학, 예일대학 등에서 교편을 잡았으며 미국심리학회 회장, 행동 및 뇌과학협회 협회장, 동양심리학협회 협회장 등을 역임했다. 현재는 코넬대학 인류생태학부에서 심리학 교수로 재직 중이다.

사랑에 관해 스턴버그가 답을 줄 수 있다고 하니 어쩐지 그가 사랑의 고수일 것 같지만 그런 것 같지는 않다. 알고 보면 스턴버그는 사연 많은 남자로, 사랑을 연구하게 된 계기 역시 첫 번째 결혼에 실패했기 때문이었다. 비록 아내에게 버림받았지만 스턴버그는 좌절하는 대신 심리학 전문가로서 사랑이라는 감정을 철저히 파헤쳐보겠다는 학구열에 불탔다. 사람의 마음을 연구하는 자신이 사랑 하나 제대로 이해하지 못해서야 되겠냐는 학자의 자존심도 한몫했을지 모른다. 스턴버그는 이혼의 아픔을 곱씹으며 심리학자로서 사랑의 시작과 전개, 사랑을 유지하는 방식 등을 연구해 마침내 '사랑 이론'을 완성했다. 또한 연구를 통해 아내가 자신을 버린 이유도 깨달았다. 그야말로 실패는 성공의 어머니, 영감의 원천이었던 셈이다.

스턴버그의 이론은 크게 두 가지로 나뉜다. 하나는 그 유명한 '사랑의 삼각형 이론'이고, 다른 하나는 상대적으로 덜 알려진 '사랑의 스토리 이론'이다.

사랑의 삼각형 이론

한 번의 실패 경험과 부단한 연구 끝에 스턴버그는 이렇게 단언했다.

"친밀관계는 건물과 같다. 적절한 유지 보수가 수반되지 않으면 시간이 흐름에 따라 낡아진다."

만약 친밀관계가 건물이라면 사랑의 난제도 의외로 간단히 풀릴 수 있다. 어떤 건물이 안정적인지 생각해보면 되기 때문이다. 먼저 학생 때 배웠던 수학 지식을 떠올려보자. 어떤 도형이 가장 안정적인가? 삼각형이다. 이에 스턴버그는 사랑을 가장 안정적으로 만드는 사랑의 삼각형 이론을 제시했다.

스턴버그에 따르면 사랑은 3가지 요소로 구성되며 각각이 삼각형의 꼭짓점에 해당한다. 친밀감intimacy, 열정passion, 헌신commitment이 그것이다.

'친밀감'은 사랑의 정서적 요소로 타인을 가깝게 느끼는 가장 기본적인 감정을 말한다. 함께 있을 때 편안해지고 친근한 대화와 상호이해, 정서적 지지가 오가는 관계라면 친밀감이 있다고 할 수 있다. 친밀감은 비단 연인뿐 아니라 부모 자녀 간이나 친구 사이에서도 중요하다.

'열정'은 사랑의 동기유발 요소로 상대와 간절히 함께하고 싶고, 꼭 붙어서 떨어지고 싶지 않은 감정을 가리킨다. 신체적 매력, 성적 욕망 등이 포함되며 연인 간의 사랑에서 두드러지게 나타난다.

'헌신'은 사랑의 인지적 요소다. 사랑을 이성적으로 인지하는 것으로, 대개 열정이 사라진 자리를 헌신이 채운다. 좋을 때나 나쁠 때나 서로에게 충실히 관계를 유지하겠다는 약속으로도 이해할 수 있다.

친밀감과 열정, 헌신 중 하나만으로는 사랑이 이뤄지지

않는다. 적어도 이상적인 사랑은 될 수 없다. 그렇다면 두 가지가 결합되면 어떨까?

- 낭만적 사랑(친밀감+열정) : 두 사람이 친밀함과 이성적 매력을 느끼며 감정적, 육체적으로 밀착되어 서로에게 빠져 있는 상태다. 낭만적 사랑에는 일반적으로 사랑이라는 감정에 기대되는 설렘과 기쁨, 환희가 있지만 안타깝게도 미래에 대한 기약이 없으며 장기적 관계 유지에 대한 고민이 결여된 상태다.
- 우애적 사랑(친밀감+헌신) : 상대와 함께하는 것을 편안하게 느끼며 서로 의지하는, 마치 오래된 부부와 같은 관계다. 그러나 열정이 부족한 상태여서 상대의 손을 잡아도 마치 내 오른손이 내 왼손을 잡는 정도의 감흥밖에 느끼지 못한다.
- 얼빠진 사랑(열정+헌신) : 두 사람이 친근감 같은 감정적 연대 없이 순간의 열정과 환상만으로 백년가약을 맺는 경우다.

완벽한 사랑은 친밀감과 열정, 헌신이 모두 결합된 사랑이다. 서로를 향한 감정과 열정, 세월이 흘러도 변치 않겠다는 굳건한 약속이 모두 존재한다. 결국 사랑은 신체적, 심리적, 사회적 관계의 전방위적 결합이다. 삼각형이 가장 안정적인 도형이듯 사랑도 감정과 열정, 미래에 대한 약속이라는 3가지 요소가 함께할 때 가장 안정적일 수 있다.

사랑의 스토리 이론

사랑을 안정적으로 만드는 요소를 알았다 해도 사랑에 관한 궁금증은 여전히 남는다. 예를 들어 진실한 사랑을 찾는 법 같은 것 말이다. 대체 사람들은 어떤 과정을 거쳐서 사랑에 빠질까? 사랑에 빠지는 프로세스라도 있는 것일까? 스턴버그와 그의 연구팀은 이를 밝히기 위해 실제 커플을 대상으로 그들의 '러브스토리'를 수집한 뒤 하나하나 분석했다.

그 결과는 매우 흥미로웠다. 구체적인 내용은 각각 달랐지만 공통적으로 두 가지 비유가 등장한 것이다. 사랑에 빠진 두 사람의 상황, 현재의 관계와 꿈꾸는 미래 등을 설명할 때 한 부류는 사랑을 '여행'에, 또 다른 부류는 '정원 가꾸기'에 비유했다. 즉 '그 사람과 만나면서 새로운 여행이 시작된 기분'이었다고 설명하는 사람이 있는가 하면 어떤 커플은 '우리는 서로를 매우 세심하게 배려하고 돌본다'며 '사랑이란 식물처럼 계속 관심을 갖고 가꾸지 않으면 말라버린다'는 취지의 말을 했다. 구체적 묘사는 조금씩 다를지라도 크게 이 두 가지 범주를 벗어나지 않았다.

사랑을 여행으로 묘사한 사람들은 미래를 중시하며 연인을 힘을 합쳐야 할 협력자로 인식하는 경향이 강하다. 문제는 시간이 흐름에 따라 서로의 생각이 얼마든지 달라질 수 있다는 점이다. 만약 둘 중 한 사람이라도 함께 성장하는 것이 아닌 독립적인 발전을 꿈꾸기 시작하면 관계는 위기에 봉착한다.

사랑을 정원 가꾸기에 비유한 이들은 연인을 돌보고 배려하며 관심을 쏟을 대상으로 본다. 단, 자발적인 관심과 애정이 부족할 경우 시간이 흐르고 열정이 식으면 외도의 유혹에 빠지기 쉽다.

스턴버그가 사랑 이야기의 유형을 분석하면서 발견한 재미있는 사실은 이 밖에도 여러 가지가 있다. 일례로 여성은 보편적으로 여행 스토리를 좋아하는 데 비해 남성은 정원 가꾸기 스토리를 선호했다. 또한 자신들의 관계를 어떤 스토리로 이해하느냐에 따라 향후 애정관계가 어떻게 변해갈지 예상하는 것도 가능했는데, 공교롭게도 관계가 잘 유지될 것을 암시하는 이야기는 없지만 나빠지리라 짐작할 수 있는 이야기는 있었다. 연인 혹은 배우자가 현재의 애정관계를 어떻게 묘사하는지에 따라 미리 마음의 준비를 해두어야 하는지 대충 예상할 수 있다는 것이다. 예를 들자면 이런 식이다.

- 탐정 이야기 : 서로 사랑하니까 일거수일투족을 다 알아야 해.
- 회복 이야기 : 사랑하는 사이라면 나를 고통스러운 과거에서 구해주고 회복시켜줘야 해.
- SF 이야기 : 나는 평범하지 않고 신비로운 사람에게 끌려.
- 공포 이야기 : 나는 사랑하는 사람이 나를 두려워하면 어쩐지 신이 나.
- 수집 이야기 : 나는 한 번에 여러 사람과 만나고 싶어. 연인마다 나를 만족시키는 포인트가 다르잖아.

스턴버그는 수많은 사랑 이야기를 26가지 유형으로 나눈 뒤 그러한 이야기가 나오게 된 배경과 과정을 정리했다. 그리고 자신이 원하는 사랑을 이야기 형식으로 구성하고 이를 상대와 상세하게 공유하며 맞춰나갈수록 서로에 대한 이해가 깊어지고, 나아가 무한한 선택의 가능성이 열린다고 주장했다.

사랑의 실체를 이론으로 정리하고 이를 철저히 실행한 덕분일까? 스턴버그는 오늘날까지 두 번째 결혼생활을 별탈 없이 안정적으로 이어오고 있다.

불 같은 사랑 vs. 물 같은 사랑

사랑은 인류 문명 진화의 산물이다. 따라서 본질적으로는 같을지 몰라도 자세히 들여다보면 문화적, 사회적 차이가 존재한다.

서구사회는 비교적 열정에 방점이 찍힌다. 서구 로맨스의 고전인 〈로미오와 줄리엣〉만 봐도 로미오와 줄리엣이 서로 죽고 못 사는 연인 사이가 되기까지 걸린 시간은 며칠에 불과하다. 이성적 판단 없이, 연유도 모르고, 겨우 며칠 사이에 서로를 위해 살고 죽는 사랑에 빠져버린 것이다. '사랑에 빠지다fall in love'라는 영어표현 역시 사랑의 열정적 측면을 강조한다. 열정적인 사랑은 시작부터 한눈에 반하거나 강렬한 감정에 갑작스럽게 사로잡힌다. 마치 한순간의 방심으로 강에 풍덩 빠지듯 상대를 사랑하게 되어버린다. 우정은 이렇게 풍덩 빠지는 일이 거의 없다. 사랑만 그렇다.

동양은 다르다. 중국에 전해 내려오는 양산백과 축영대의 사랑 이야기는 중국판 로미오와 줄리엣이라 불릴 만큼 애절하지만, 전개는 사뭇 다르다. 일단 두 사람은 서로에게 한눈에 반하지 않았다. 오히려 오랜 세월 함께 공부하고 생활하면서 점차 애정이 싹텄기에 열정보다는 친밀감이 더 강했다. 친밀한 사랑, 우정이 깃든 사랑이랄까. 서로의 마음을 확인하고 나서도 두 사람 사이에는 육체적 끌림이나 열망이 전혀 나타나지 않는다. 서양인의 관점에서 보면 도무지 심심하고 이해되지 않겠지만 중국인은 이처럼 성적 충동이 나타나지 않는 사랑 이야기를 더 좋아한다. 이런 사랑이 더 순수하고 더 오래 지속된다고 믿기 때문이다.

물론 개인차가 있으니 무조건이라 단정할 수는 없지만 대체로 서양 문화권에서는 한순간 불붙듯 타오르는 열정적인 사랑을, 동양 문화권에서는 우정이나 오래된 반려 사이처럼 감정적 친근함과 안정감을 주는 사랑을 선호한다.

그런 점에서 스턴버그의 사랑 이론도 신중히 접근할 필요가 있다. 보편적 사랑을 연구했다지만 어쨌든 서양 문화를 배경으로 했기에 동양 문화권에 그대로 적용하기에는 잘 맞지 않는다고 여겨질 부분도 분명히 존재하기 때문이다. 아무리 대가의 것이라 해도 무비판적으로 받아들여도 되는 이론은 세상에 없다. 내 상황과 상태에 맞춰 취할 부분은 취하고 버릴 부분은 버리는 지혜가 필요하다. 그래야 타인의 권위에 섣불리 휘둘리지 않고 나를 성장시키는 자양분으로 삼을 수 있다.

사랑을 오래도록 이어가려면

지금까지 살펴보았듯이 사랑의 삼각형 이론은 사랑의 구조를, 사랑의 스토리 이론은 사랑의 발전과정을 다루고 있다. 그다음 궁금증은 이것 아닐까. 사랑을 오래도록 유지하고 지켜가는 비결은 무엇인가?

사랑의 전문가로서, 또 사랑의 실패와 성공을 골고루 맛본 당사자로서 스턴버그가 이 문제를 연구하지 않았다면 그 또한 이상한 일이다. 또다시 수없는 조사와 연구, 분석을 통해 스턴버그는 시련과 역경을 이겨내는 애정관계에서 나타나는 특성을 다음과 같이 5가지로 정리했다.

첫째, 소통과 지지.

우리는 사랑하는 사람이 자신의 감정을 진실하고 솔직하게 보여주기 바랄 뿐 아니라 나의 말과 감정에도 집중해서 귀 기울여주기를 바란다. 사실 사랑이 깨질 때는 심각한 문제보다는 제대로 된 소통과 지지가 없어서 갈등이 커지는 경우가 더 많다. 부부들을 조사해보면 행복한 부부와 불행한 부부 모두 갈등이 생기는 빈도는 비슷했지만 소통의 효율성 및 감정적 지지 측면에서 엄청난 차이를 보였다. 이 차이가 행복과 불행을 가르는 결정적 요인이다.

둘째, 이해와 칭찬.

누구나 이해와 칭찬을 원하지만, 충분히 받고 있다고 느끼는 사람은 극소수다. 또한 애정관계가 막 시작될 때는 상대를 이해하고 칭찬하는 데 후했던 사람들도 막상 관계가 안정적이 되면 상대의 단점이나 부족한 점이 눈에 들어오기 시작하는지, 칭찬은 쏙 들어가고 은근히 이것저것 지적하기 일쑤다. 그 결과 관계가 악화일로로 치닫기도 한다. 하지만 사랑한다면 단점보다는 장점을 더 크게 보고, 칭찬과 이해를 아끼지 말아야 한다. 그래야 관계를 오래도록 원만하게 유지할 수 있다.

셋째, 관용과 수용.

관용과 수용은 특히 관계를 오래오래 순조롭게 유지하고 발전시키는 데 반드시 필요하다. 잠깐 만나고 헤어질 거라면 서로의 부족함을 보고도 못 본 척할 수 있다. 그러나 함께한 시간이 쌓일수록 상대를 지적하지 않기란 쉽지 않다. 세상에 완벽한 연인은 없다. 정말 사랑한다면 상대의 단점이 보여도 이를 칼같이 나무라기보다는 너그러이 이해하고 받아들이려 노력해야 한다. 그것이 관계를 지키고 유지하는 비결이다.

넷째, 유연함과 융통성.

만약 상대가 나의 특정 부분을 이해하지 못한다면 관계를 지키기 위해 내가 유연하게 변화하는 것도 방법이다. 살다 보면 고집을 부리는 것보다 꺾는 게 더 좋을 때도 있고, 상대를 내게 맞추려고 하기보다 내가 상대에게 맞추는 게 편할 때도 있다. 무엇보다 '내가 옳다'며 지나치게 자신하지 말아야 한다.

다섯째, 동일한 가치관과 비슷한 능력.

전혀 다른 환경에서 수십 년간 살아온 두 사람이 큰 갈등 없이 어우러져 살아가려면 무엇보다 가치관이 비슷해야 한다. 만약 상대가 하는 일이 도통 의미 없어 보이고, 상대의 무엇을 칭찬하고 자랑스러워해야 할지 모르겠다면 상대가 아무리 대단한 성취를 이루어도 진심으로 인정해주거나 함께 기뻐할 수 없다. 만남 초기에는 가치관이 통하지 않아도 상대에 대한 열정과 애정으로 박수쳐줄 수 있겠지만 시간이 흐를수록 서로 공감하지 못해서 결국 대화가 단절되고 감정마저 메마를 수 있다.

이게 무슨 비결이냐고, 이렇게 쉬운 것을 누가 모르느냐고 되물을지도 모르겠다. 그러나 다 아는 사실이라 해도 이를 언어로 명확히 정리하고 인지해서 실천까지 하기란 결코 쉬운 일이 아니다. 스턴버그는 이를 언어로 명시했을 뿐 아니라 실제 결혼생활에서 실천함으로써 '사랑의 전문가'라는 명성에 걸맞은 모습을 보여주었다. 이것만 보아도 그가 설파하는 비결에 귀를 기울여볼 가치는 충분하다.

무엇보다도 중요한 것은 직접 경험하는 것이다. 사랑 노래를 아무리 많이 들어도 사랑의 고수가 되지 않는 것처럼 사랑에 관한 이론을 아무리 깊이 파고든들 저절로 사랑의 본질을 깨닫게 되지는 않는다. 우리는 누구나 능동적으로 사랑을 찾을 권리와 의무가 있다. 잘된다면 영원한 사랑을 찾고, 잘되지 않아도 인생의 한 페이지를 의미 있게 채울 수 있다. 그러니 이론은 참고사항으로 머리에 넣어두고, 가슴에는 사랑의 강에 뛰어들 용기를 갖기 바란다.

심리학 대가의 소소한 이야기 | **'삼원론' 교수**

'사랑의 전문가' 외에도 스턴버그를 수식하는 별칭이 있다. 바로 '삼원론' 교수다. 그에게 이런 별명이 붙은 이유는 숫자 '3'이 들어가는 이론을 다수 발표했기 때문이다. 사랑의 삼각형 이론, 삼원지능 이론, 증오의 삼각형 이론, 창의력과 사고능력에 관한 삼차원 모델 등이 대표적이다.

수많은 연구 업적을 남긴 것을 보아 스턴버그가 매우 뛰어난 지능의 소유자라고 추측하겠지만 놀랍게도 그가 어린 시절 학교에서 받아온 IQ 검사 결과는 '지능이 매우 낮음'이었다. 정말 머리가 나빴을까? 아니다. 지나치게 긴장한 탓에 실수를 많이 했을 뿐이다. 하지만 이 사실을 알 리 없는 사람들은 결과만 보고 스턴버그를 머리 나쁜 아이로 단정해버렸다. 스턴버그는 너무나 화가 났다.

"단순히 시험을 못 봤을 뿐인데 지능이 떨어진다고 단정 짓다니 말이 돼? 이건 시험 자체가 잘못된 거야!"

자신이 옳다는 것을 증명하기 위해 그는 전통적인 지능 검사와 이론에 반기를 들고 훨씬 합리적이며 종합적인 지능 검사 방법을 연구하는 데 반평생을 바쳤다. 그리고 마침내 삼원지능 이론을 발표해 심리학 역사에 한 획을 그었다.

그로부터 10년 뒤, 또 다른 아이가 중학교 독해 테스트에서 형편없는 점수를 받았다. 테스트 결과에 따라 아이는 독해 초급반에 배정됐는데, 사실 이 아이는 평소 독해 능력에 아무런 문제가 없을 뿐 아니라 오히려 꽤 준수한 실력을 갖추고 있었다. 하지만 학교 측은 테스트 결과를 근거로 독해 고급반으로 옮겨달라는 아이의 요청을 묵살했다. 재미있는 점은 이 아이가 나중에 매우 우수한 성적으로 예일대학교에 들어갔다는 사실이다. 어쩐지 스턴버그의 사례와 유사하지 않은가? 그렇다. 이 아이는 바로 스턴버그의 아들이었다. 아버지가 겪은 일을 아들도 비슷하게 겪은 것이다.

그나마 다행이라면 유전적 영향이 큰 지능과 달리 사랑의 능력은 유전되지 않는다는 것이다. 누구든 유일무이한 존재로서 얼마든지 자신만의 사랑 이야기를 만들어갈 수 있다.

3부

인간관계와 소통

15장   닫힌 마음의 문을 여는 법

칼 로저스
Carl Ransom Rogers, 1902~1987

미국의 심리학자. 인간중심치료의 창시자다. 내담자의
성장욕구를 자극하기 위해서는 치료자의 태도가 중요
하다고 보았다. 내담자에 대한 전적인 긍정과 공감을
강조한 그의 이론은 훗날 카운슬링의 기본원칙이 되
었다.《칼 로저스의 사람-중심 상담》,《진정한 사람 되
기》등의 저서가 있다.

살다 보면 주변 지인이나 친구 혹은 가족에게 위로와 격려를 해야 하는 상황이 종종 생긴다. 아끼는 사람이 좋지 않은 일을 당했거나 감정적으로 힘든 상태에서 나를 찾아와 하소연할 때 당신은 그들을 어떻게 위로하는가?

예를 들어 친구가 직장 상사에게 한바탕 깨졌다고 해보자. 다친 마음을 보듬고 기운을 북돋아주기 위해 이런 식으로 위로할 수 있다.

"아마 상사가 너한테 기대하는 게 많은가 봐. 기대가 큰 만큼 더 잘하기를 바라서 그랬겠지. 어쨌든 잘리지는 않았잖아. 그럼 된 거야."

혹은 실연당한 동생을 이렇게 달랠 수도 있다.

"사실 걔한테 네가 너무 아까웠어. 실연이 뭐 대수야? 똥차 가고 벤츠 온댔어. 한창나이에 한 사람한테만 목맬래? 많이 만나봐, 그래야 사람 보는 눈도 생기지."

어떤 식이든 위로의 주목적은 상대가 우울하고 슬픈 기분에서 벗어나 편안하고 안정적인 마음 상태를 회복하도록 돕는 데 있다. 이러한 목적을 달성하려면 어떤 위로가 좋을까? 무조건 잘될 것이라며 기운을 북돋아주는 게 좋을까, 아니면 아무 말 없이 곁에서 티슈를 건네주는 게 좋을까?

선한 마음을 가진 우리는 지인이나 친구가 좋지 않은 일을 당했을 때 당연히 안타까움을 느낀다. 그래서 그들의 하소연을 정성껏 들어주며 어떻게든 도우려 애쓴다. 하지만 선한 마음만으로는 부족하다. 위로에도 지식과 기술이 필요하다. 잘못하다간 좋은 마음으로 시작한 위로가 오히려 상대의 기분을 상하게 하거나 더 큰 상처를 줄 수도 있다.

심리학만큼 사람의 마음을 위로하는 데 특화된 직군도 없을 것이다. 어떤 의미에서 심리상담사는 가장 좋은 이야기 상대다. 이번 장에서는 심리상담의 기술을 실생활 속 인간관계에 적용하는 법을 다뤄보려 한다. 이를 위해 등장할 심리학 대가는 인본주의 심리학의 대표적 인물이자 인간중심치료의 창시자인 칼 로저스Carl Ransom Rogers다.

상담 기술이자 삶의 태도, 사람 중심

칼 로저스는 인간중심치료 이론을 창시해 심리학 치료 및 상담 발전에 지대한 공헌을 했다. 그는 미국심리학회가 수여하는 과학적 공헌상과 전문적 공헌상을 모두 수상한 최초의 인물이기도 하다. 그뿐 아니라 국제적 평화 증진에 기여한 공로를 인정받아 노벨평화상 후보에 이름을 올리기도 했다.

칼 로저스는 자신의 이론을 끊임없이 개선하고 발전시켰다. 이 과정은 이론의 명칭 변화에 고스란히 담겨 있는데,

연구 초기에는 비지시적치료Non Directive Therapy였던 것이 나중에는 내담자중심치료Client-Central Therapy 혹은 당사자중심치료로 바뀌었다. 그러다 노년에 이르러 로저스는 또다시 자신의 이론을 인간중심치료Person-Centered Therapy라고 새롭게 명명했다. 이 책에서는 혼란을 줄이기 위해 각각을 구분하지 않고 모두 인간중심치료로 통칭하도록 하겠다. 명칭의 변화에서 알 수 있듯, 로저스의 치료법은 단순히 개인의 내면을 다루는 데 그치지 않고 외연을 계속 넓혀가다가 마지막으로는 심리상담을 넘어 인간관계 및 소통의 영역까지 확장되는 모습을 보인다. 오늘날 인간중심치료는 단순한 상담 기술이 아닌 인생을 살아가는 방식, 일과 삶을 대하는 태도로 각광받고 있다.

심리상담에 국한되지 않고 인간관계와 교육, 인종 간 소통 등에 폭넓게 적용할 수 있는 이론을 고안했다는 점이야말로 로저스의 위대함을 엿볼 수 있는 지점이다. 우리가 주로 살펴볼 내용 또한 인간관계 측면에서 심리상담사와 내담자 사이에 이뤄지는 상호소통 및 영향에 관한 것이다.

먼저 로저스가 인간중심치료를 연구하게 된 계기부터 알아보자. 처음 심리상담을 시작했을 때는 그도 프로이트의 권위적 분석과 지시 방식을 사용했다. 그런데 이런 방식으로는 상담이 순조롭게 이뤄지지 않을 때가 많았다. 그러던 어느 날, 아들이 너무 짓궂고 말썽꾸러기여서 고민인 여성이 상담을 신청했다. 로저스는 프로이트의 관점에 따라 아이의 문제행동이 어릴 적 어머니의 부정적인 양육태도 때문에 생겼다고 분석했다. 그리고 이 어머니가 자신의 문제를 인정하도록 어린 시절의 경험이 평생을 좌우한다는 정신분석학적 이론을 열심히 설명했다. 하지만 그녀는 시종일관 고개를 저으며 부정하더니 결국 화를 내고 말았다.

"왜 아이의 문제를 내 문제로 만들죠? 아이가 말썽꾸러기라 고생하는 건 전데 왜 제가 문제라는 거예요?"

나중에는 로저스도 포기하고 입을 다물었다. 결국 어영부영 상담을 마치려는데 부인이 문득 이렇게 물었다.

"그런데 아이 문제만 봐주시나요? 어른 상담은 안 하세요? 괜찮다면 제 얘기를 좀 하고 싶은데요."

로저스는 잠시 고민하다 고개를 끄덕였다. 어차피 상담료는 이미 다 받은 데다 시간도 남은 참이었다. 부인은 다시자리에 앉아 자신의 인생사를 털어놓기 시작했다. 주로 자신이 얼마나 힘들게 사는지, 아이는 말썽이고 남편은 무심하고, 그럼에도 제대로 된 가정을 유지하려고 얼마나 노력하는지 등의 하소연이었다. 로저스가 끼어들 틈은 조금도 없었다. 그가 할 수 있는 일이라고는 그저 참을성 있게 듣는 것뿐. 그런데 결과는 놀라웠다. 상담이 끝날 무렵 부인의 심리 상태가 크게 나아진 것이다. 자신은 아무것도 하지 않았는데 무언가를 열심히 했을 때보다 상담 효과가 더 좋다는 느낌이 들 정도였다.

이 일을 계기로 로저스는 상담의 본질과 인생에 대해 심사숙고하기 시작했다. 그리고 마침내 이렇게 결론 내렸다.

"사람은 누구나 자신을 이해하고 스스로 태도와 자아인 식의 방향, 행동을 변화시킬 수 있는 무한한 잠재력이 있다. 상담자가 할 일은 이 잠재력을 일깨우고 이러한 작용이 촉진 될 수 있도록 분위기와 토양을 만들어주는 것이다."

이후 로저스는 이를 주요 가설로 삼고 인간중심치료 이 론을 구상하기 시작했다.

그렇다면 개인의 잠재력을 일깨우는 분위기는 어떻게 조성할 수 있을까? 핵심은 상담자와 내담자의 관계 수립에 있다. 로저스는 심리상담에서 가장 중요한 요소가 바로 이 상담관계counseling relationship라고 보았다. 양호한 상담관계를 만드는 것이 곧 성공적인 상담의 열쇠다. 반대로 상담관계가 제대로 맺어지지 않으면 아무리 노력해도 좋은 결과를 얻기 힘들다. 올바른 관계 수립을 위해 상담자가 갖춰야 할 태도 로 로저스는 크게 3가지를 꼽았다. 이는 좋은 인간관계 맺기 의 핵심 요소로도 이해할 수 있다.

관계 맺기의 첫 번째 요소 :
진실성

진실성이란 상담자가 진실하고 솔직하게 상담에 임해야 한다는 것이다. 심리상담사는 자기보호를 위한 방어적이거나 가식적 태도를 버리고 자유로우면서도 열린 마음으로 진실하게 내담자를 대해야 한다.

이러한 태도가 중요한 까닭은 모든 내담자가 처음부터 솔직하게 자신을 내보이지는 않기 때문이다. 내담자가 솔직하지 않을수록 상담자는 더욱 솔직해져야 한다. 자신의 감정과 태도를 열린 상태로 유지하며 진솔하게 상담을 진행함으로써 내담자의 신뢰를 얻어야 한다. 그래야 내담자도 꾸밈없이 있는 그대로 자신을 표현하며 희로애락의 감정을 드러낼수 있다. 또한 상담자의 도움을 거부감 없이 받아들여 감정을 발산하고 문제를 객관적으로 마주하며 자신의 자아를 인지하고 스스로 문제를 해결할 길을 찾아갈 수 있다. 진솔함으로 진솔함을 얻어야 비로소 서로의 내면으로 들어가는 문이 열린다.

인간관계에 이를 적용해보자. 어떻게 해야 나의 진실성을 보여줄 수 있을까? 진실성을 드러내는 언어적, 비언어적 방법은 여러 가지다. 하지만 어떤 방법이든 핵심은 '척'하지 않는 것이다. 자신의 감정과 생각을 솔직히 내보이는 열린 태도와 상대를 있는 그대로 인정하고 받아들이는 마음, 자기 입장을 지나치게 강조하지 않는 겸허함 등이 필요하다.

단, 진실함과 어리석음을 혼동해서는 안 된다. 더욱이 상담자라면 아무리 진실함이 미덕이라 해도 때와 장소를 가릴 줄 알아야 한다. 상담자가 진료실 안에서든 밖에서든, 언제 어디서나 누구에게든 거침없이 자신을 드러내 보이는 것은 진실한 게 아니라 어리석은 것이다. 또 상담자가 자기 내면을 내담자에게 아무 때나 무절제하게 노출하면 상담의 중심이 내담자가 아닌 상담자에게 쏠린다. 그야말로 본말전도가 아닐 수 없다. 이처럼 진실함에 강박적으로 얽매이면 오히려 심리치료가 제대로 이뤄지지 않는다. 로저스의 말대로 심리상담가는 내담자와 함께하는 시간에만 진실해도 충분하다.

그렇다면 진료실 밖 일상의 인간관계에서는 진실함이 어떤 힘을 발휘할까? 로저스가 진실함을 상담관계 및 인간관계 수립의 첫 번째 요건으로 꼽은 이유는 다름 아닌 그 자신이 실생활에서 진실함으로 위기를 극복한 경험이 있기 때문이다.

젊은 시절, 로저스가 한창 신혼일 때의 일이다. 그와 아내는 겉보기에는 문제없는 잉꼬부부였지만 단 한 가지, 부부

생활이 원만하지 못했다. 로저스가 시쳇말로 '너드nerd'라 연애 경험이 거의 없었다는 게 화근이었다. 처음에 로저스는 문제가 있는 줄도 몰랐다. 그러다 어느 날부터 아내가 이것저것 핑계를 대며 잠자리를 거부하기 시작하자 당혹감에 빠졌다. 뭐가 잘못됐는지 아무리 생각해봐도 도무지 알 수 없었다. 고민에 고민을 거듭하던 그는 결국 솔직하게 부딪쳐보기로 했다. 부부간 성생활은 단순히 일을 치른다고 전부인 것도 아니고, 또 자신은 경험이 부족한 탓에 아내가 만족하고 있는지 그렇지 않은지조차 확신할 수 없었기 때문이다. 물론 입을 떼기가 쉽지는 않았지만 로저스와 아내는 이 문제를 두고 오랫동안 진솔한 대화를 나눴다. 다행히 열린 마음으로 서로에게 귀 기울이고 마음을 솔직히 표현한 덕에 두 사람을 불편하게 했던 문제는 원만히 해결되고 부부 사이도 돈독해졌다.

나중에 로저스는《Becoming Partners : Marriage and Its Alternatives(파트너 되기 : 결혼과 그 대안)》라는 저서에서 이때의 경험을 털어놓으며, 부부 문제의 근원은 서로 진실한 자아를 숨기기 때문이라고 진단했다. 또한 관계가 개선되기 원한다면 가면을 벗어던지고 진실한 마음으로 소통해야 한다고 강조했다.

관계 맺기의 두 번째 요소 :
무조건적인 긍정적 존중

사람은 누구나 존중받고 있는 그대로 받아들여지기를 바란다. 그러나 이 소망이 저절로 이뤄지는 경우는 많지 않다. 항상 조건이 붙는다. '말 잘 듣는 아이가 사랑받는다' '공부를 열심히 해야 선생님이 예뻐하신다' '자기 욕심만 부리면 친구들이 싫어한다' 등, 누구나 자라면서 이런 말을 들어본 적이 있을 것이다. 무심코 듣고 넘겼겠지만 자세히 보면 모두 조건이 붙어 있다. 그리고 이런 조건들은 살아가며 계속 추가된다. 그 결과 우리는 일정한 조건을 충족시켜야만 스스로를 가치 있는 사람이라고 느끼게 되었다. 긍정적 성장의 본질에 명백히 위배되는데도 말이다.

　로저스가 강조한 무조건적인 긍정적 존중이란 내담자를 아무런 조건 없이 가치 있고 존엄한 인간으로 대하며 충분히 칭찬하고 존중하는 태도를 말한다. 심리상담 시 상담자는 내담자의 특정한 사고방식과 감정, 대화방식을 판단하지 말고 있는 그대로 존중해야 한다. 내담자의 상태를 자기 기준에 맞춰 선택적으로 인정하고 받아들이는 것은 금물이다. 상담자에게는 자신과 가치관이 다른 사람을 기꺼이 인정하고 존중하며 아끼고 칭찬할 수 있는 열린 태도와 마음가짐이 요구된다. 또한 상담자는 내담자가 편안하게 자신을 드러내 보일 수 있도록 안정적이고 편안하며 따스한 분위기를 조성해야 한다. 내담자가 충분한 존중과 이해 속에 온전히 받아들여지고 있다고 느낄 때 더 좋은 결과를 얻을 수 있기 때문이다.

이처럼 무조건적인 긍정적 존중은 내담자에 대한 약속, 내담자를 이해하려는 노력, 성급히 결론 내리거나 판단하지 않는 태도, 친절하고 다정한 표현방식 등으로 나타난다. 단, 무조건적인 긍정적 존중이라고 해서 상담자가 내담자에게 시종일관, 100%, 무조건 긍정적 반응만을 보여야 하는 것은 아니다. 엄밀히 따지면 완전히 무조건적인 긍정적 존중은 이론에 불과하다. 상담자가 여기에 지나치게 얽매이면 자칫 길을 잃을 수 있다.

로저스 역시 이론과 실제가 완벽히 일치할 수 없음을 인정했다.

"능력 있는 상담자는 상담하는 동안 내담자에게 무조건적인 긍정적 존중을 보낸다. 그러나 그런 상담자조차 가끔은 어쩔 수 없이 내담자를 판단하고 조건적으로 받아들일 때가 있다. 심지어 치료에 전혀 도움이 되지 않음을 알면서도 무의식중에 부정적인 태도로 대하기도 한다."

관계 맺기의 세 번째 요소 :
공감적 이해

공감은 영어로 'empathy'라고 하며 동감, 감정이입 등으로 번역되기도 하는데 주로 타인의 주관적 세계에 깊이 들어가 그의 감정을 이해하는 능력을 말한다. 객관적 세계가 분명히 존재하지만 사람은 누구나 자신만의 주관적 세계 속에 살아간다. 따라서 한 사람을 제대로 이해하고 변화시키기를 원한다면 반드시 그의 주관적 세계에 들어가 깊이 이해하고 공감할 수 있어야 한다.

로저스는 공감을 이렇게 설명했다.

"내담자의 사적인 세계를 마치 나의 세계인 양 받아들이고 느끼되, '마치'라는 핵심을 결코 잊지 않는 것이 바로 공감이다. 이 점은 치료에서 매우 중요하다. 내담자의 분노와 두려움, 혼란을 마치 나의 것처럼 느끼면서도 나의 분노와 두려움, 혼란을 거기에 개입시키지 않아야 하며, 나의 감정과 내담자의 감정을 혼동하지도 말아야 한다."

상담 과정에서 공감을 통해 도달하고자 하는 지향점은 크게 두 가지다. 하나는 모든 문제에는 원인이 있으며 그에 대한 자신의 반응 또한 합리적이라는 사실을 내담자에게 이해시키는 것이다. 그리고 다른 하나는 공감과 이해의 언어를 사용해서 내담자가 자기 생각과 감정, 중요하게 여기는 것, 내면 깊숙한 곳에 숨겨진 생각과 관점 등을 언어로 명료하게 표현할 수 있도록 돕는 것이다.

상담자에 따라서는 내담자의 이야기를 듣는 동안 공감과 이해를 표현하기 위해 시종일관 고개를 끄덕이거나 가벼운 추임새를 넣는 등의 반응을 하기도 한다. 또는 내담자의 말을 따라 하기도 하는데, 진심 없이 기계적으로 할 경우 외려 문제가 생길 수 있다. 공감은 원칙도 없이 무조건 내담자에게 찬동하는 게 아니라 내담자가 자신의 생각과 감정을 이해할 수 있도록 돕는 데 목적이 있음을 잊지 말아야 한다.

타인의 마음을 위로하는 법

이쯤 되면 이런 질문이 나올지도 모르겠다.

"친구를 위로하는 법을 알려준다고 하지 않았나요? 로저스의 인간중심치료가 그것과 무슨 상관이 있죠?"

상관이 있다, 그것도 매우. 로저스의 말을 빌려보자.

"심리치료에서의 상담관계는 좀 특수하기는 하나 어쨌든 인간관계의 일종이다. 즉 상담관계에 적용할 수 있는 규칙이라면 인간관계 전반에도 적용할 수 있다."

그는 앞에 언급한 3가지 요소를 좋은 인간관계를 위한 필수조건으로 제안했다. 또한 심리치료사와 내담자, 부모와 자식, 직장 내 상사와 직원, 선생과 학생 등 종류를 불문하고 인간관계 자체를 발전시키고 싶다면 이 3가지 요소를 기본 전제로 삼아야 한다고 주장했다. 그의 주장이 아니더라도, 심리적 문제를 겪는 사람조차 변화시킨 방법이라면 평범한 사람에게는 얼마나 효과적이겠는가? 친구를 위로하고 기운을 북돋는 것도 본질적으로는 심리상담과 다르지 않다. 그런 의미에서 인간중심치료는 인간관계 전반에 광범위하게 응용될 수 있으며 영향력과 생명력 또한 깊고 강하다.

다만 앞의 3가지 요소를 적용할 때는 여전히 주의가 필요하다. 타인을 위로하고 돕고 영향을 주는 것은 연속되는 과정이어서, 조급해하지 말고 점진적으로 나아가야 한다. 만약 로저스의 이론과 기술을 활용하고 싶다면 다음의 4단계로 나누어 진행하기를 추천한다.

먼저 진정 어린 태도로 긍정적인 관심과 공감, 이해를 전한다. 무슨 일이든 시작이 어려운 법이다. 무엇보다 상대가 자신이 '받아들여지고 있다'는 느낌을 받도록 확실히 전달하는 것이 중요하다. 아무리 위로하려는 의도였다 해도 상대의 생각과 감정을 수용하지 않으면 그 어떤 말도 충고나 평가, 지적으로밖에 들리지 않는다. 즉 수용이 전제되지 않은 위로는 진정한 위로라 할 수 없으며 상대에게 아무 도움도 되지 않는 공허한 자기만족에 불과하다.

다음 단계는 편안하게 이야기 나누기다. 내가 아무 조건 없이 들어줄 준비가 됐다는 사실을 알면 상대도 어느 정도 마음이 움직일 것이다. 물론 그렇다고 처음부터 속내를 모두 털어놓기를 기대할 수는 없다. 상대가 하소연하는 듯 보여도 알고 보면 표면적인 이야기에 그칠 수도 있다. 이럴 때는 먼저 심각하지 않은 화제로 이야기를 나눠본다. 지나간 일이나 공통의 추억을 가볍게 떠올려보는 것도 좋다. 조급함은 금물이다. 상대가 마음의 빗장을 열고 스스로 자기 이야기를 꺼낼 때까지 부담스럽지 않게 곁을 지키는 것으로도 충분하다.

그다음은 현재로 돌아와 지금의 생각과 감정을 적절한 언어로 표현할 수 있도록 돕는 단계다. 소통을 방해하는 마음의 벽을 서서히 허물면서 문제의 본질과 본인의 책임을 이해할 수 있도록 도와야 한다.

마지막은 스스로 잊는 단계다. 상대가 더 높은 차원의 관점에서 현재의 문제와 감정을 해석하고 진실한 자아를 펼칠 수 있게 보조하는 단계라고 이해하면 쉽다. 핵심은 상대가 자신이 경험한 일을 다른 각도로 이해하고 새로운 의미를 부여함으로써 내적 자아를 받아들이고 성장하는 데 있다.

　　물론 아무리 훌륭한 방법이라도 결코 만능은 아니다. 로저스의 실제 경험을 예로 들어보자. 인간중심치료 이론의 영향력이 확대되면서 로저스의 명성도 나날이 높아졌다. 그가 한창 자신감에 차 있을 때, 심각한 정신 문제를 겪는 환자가 그를 찾아왔다. 로저스는 자신의 주특기인 인간중심치료를 진행했다. 진심을 다해 환자의 말에 귀를 기울이고 마음 깊이 공감하며 있는 그대로 긍정하기 위해 노력하기를 수개월, 하지만 환자의 병증은 전혀 차도를 보이지 않았고 오히려 로저스가 정신적으로 무너질 위기에 몰렸다. 결국 로저스는 인간중심치료가 모든 사람에게 적합하지는 않다는 점을 인정하고 그 환자를 다른 상담자에게 보냈다. 그리고 아내와 함께 한 달 넘게 쉬며 자신의 내면 치료에 집중했다.
　　이 에피소드는 아무리 훌륭한 심리학 기술이라도 효과를 발휘하려면 일정한 조건이 갖춰져야 하며 만능열쇠 같은 이론은 존재하지 않는다는 사실을 보여준다. 위대한 심리학자 로저스의 '위로의 기술'마저도 말이다.

16장 세상의 압박으로부터 나를 지키는 법

스탠리 밀그램
Stanley Milgram, 1933~1984

미국의 사회심리학자. 1963년 '복종 실험'으로 일대 센세이션을 일으켰다. 연구윤리 논란을 불러온 문제적 실험인 동시에 평범한 사람들이 복종에 굴복하는 메커니즘을 드러낸 실험으로 사회적 화두를 던졌다.《권위에 대한 복종》이 국내에 소개되었다.

상황 하나. 퇴근을 앞둔 시각, 상사가 갑자기 업무를 떠넘기듯 맡긴다. 내가 잘하는 일도 아니고 좋아하는 일은 더욱 아니며 무엇보다도 내 업무가 아니다. 마음 같아서는 당장이라도 자리를 박차고 일어나 못한다고 외치고 싶지만, 마음뿐이다. 그렇지 않은가. 상대는 상사다. 내 인사고과를 주무를 수 있는 상사. 한 달에 한 번 텅 빈 통장을 잠깐이나마 채워주는 소중한 월급을 떠올리면 오늘도 울며 겨자 먹기로 일을 받아들 수밖에 없다.

상황 둘. 여느 때처럼 녹초가 되어 집에 가려는데 친구에게 전화가 온다. 마지막으로 얼굴 본 게 대체 언제냐며, 오늘 당장 만나자고 외치는 친구. 이미 인기 맛집까지 예약해두었단다. 솔직한 심정으로는 맛집이고 뭐고 그저 집에 가서 눕고 싶은 생각뿐이지만 친구의 성의를 무시하자니 그 또한 마음에 걸린다. 결국 어쩔 수 없이 그러자고 대답하고는 무거운 발걸음을 약속 장소로 돌린다.

상황 셋. 고향 부모님이 갑자기 연락하셔서 먼 친척 동생이 내가 사는 도시의 대학에 진학했다는 소식을 전한다. 그러면서 친척 어르신은 바쁘니 나더러 대신 동생 자취집을 알아보란다. 얼굴조차 가물가물한 친척 동생을 위해 황금 같은 주말을 꼬박 써야 한다는 사실이 짜증 나지만 부모님의 부탁을 거절할 수는 없어서 고개를 주억거리고 만다.

살다 보면 이런 일이 심심찮게 생긴다. 차마 거절하지 못해서 귀찮고 힘든 일을 떠안는 경우 말이다. 부탁하는 상대가 상사처럼 권력을 가진 인물이거나 부모, 친구처럼 내게 중요한 사람이면 더욱 거절하기가 어렵다. 하다못해 매장 점원이 열심히 판촉하는 걸 차마 뿌리치지 못해서 필요하지도 않은 물건을 사기도 한다. 사람은 누구나 자기 뜻대로 살기를 원하지만 살다 보면 타인의 이런저런 영향에 휘둘리기 일쑤다. 단순히 영향을 받는 데 그치지 않고 시도 때도 없이 우리 삶에 불쑥 끼어드는 사람들 때문에 내 생각과 감정이 흐트러지곤 한다.

원치 않는 영향에서 자유로울 수는 없는 걸까? 타인의 영향력을 최소화하고 내 뜻대로 인생을 살 수는 없을까?

학계의 이단아, 인간 본성에 경종을 울리다

심리학계에서는 일찍이 누구에게나 맹목적으로 복종할 가능성이 있음을 밝혀낸 실험이 진행되었다. 엄청난 찬사와 비난을 동시에 받은 '복종 실험'이 그것이다. 이 실험에 따르면 누구나 권위적 지시하에서는 자신의 도덕적 가치관과 상관없는 행동, 심지어 살인까지도 저지를 수 있다고 한다. 물론 실험에서 실제로 죽은 사람은 없었지만 이 실험 결과의 파장은 엄청났다. 도덕적으로 깨끗하다고 자부하던 사람들이 (아무리 권위적 지시가 있었다고는 하나) 자신조차 경악할 만한 행동을 거리낌 없이 했기 때문이다. 저명한 사회심리학자 엘리엇 애런슨은 이 실험을 '사회심리학에서 가장 중요한, 그러나 가장 논쟁적인 실험'이라고 평했다.

이 실험을 설계한 사람은 비주류 심리학자인 스탠리 밀그램Stanley Milgram이다. 밀그램은 심리학계의 명사인 사회심리학자 고든 올포트Gordon Willard Allport를 사사했으며 사회적 동조효과를 밝혀낸 솔로몬 애쉬Solomon Asch에게 박사 논문 지도를 받았다. 그런데도 밀그램을 굳이 '비주류'라 칭하는 이유는 지금까지 소개한 다른 심리학자들처럼 대단한 상을 수상하지도, 미국심리학회 회장직을 역임하지도 않았기 때문이다. 이런 면에서 보면 밀그램은 딱히 내세울 만한 게 없다. 그러나 그가 남긴 연구와 실험 결과는 치열한 논쟁을 불러일으키며 심리학계에 엄청난 파장을 미쳤다. 그의 논문 역시 수준이 아주 높지는 않음에도 불구하고 많은 연구에 참고문헌으로 인용됐다.

밀그램이 이 충격적인 실험을 고안하고 진행한 것은 막 박사과정을 마치고 예일대학교에서 조교수로 재직할 때다. 그는 뉴헤이븐 지역에 거주하는 20세에서 50세까지의 다양한 사람을 피험자로 모집했다. 일반적으로 대학에서 진행되는 심리학 실험이 대학생을 대상으로 하는 것을 고려하면 이례적이었다. 여기엔 어떤 의도가 있었을까?

일설에 따르면 처음에는 밀그램도 대학생을 대상으로 모집하려고 했다. 그런데 실험에 다소 폭력적인 부분이 포함되어 있기에 젊은 혈기의 대학생들을 참가시키면 혹시나 위험한 상황이 벌어질지도 모른다는 우려에 포기했다고 한다. 게다가 명문대 대학생 집단을 대상으로 한 실험은 결과를 일반화하기 어려운 면이 있었다. 현실적인 문제도 있었다. 밀그램이 연구비를 신청하고 여러 심사를 거쳐 지급받았을 즈음, 이미 여름방학이 코앞이라 대학 캠퍼스는 거의 텅 빈 상태였다. 그렇다고 학생들이 돌아올 가을학기까지 기다릴 수도 없는 노릇인지라 결국 밀그램은 1961년 6월 18일 〈뉴헤이븐 레지스터〉라는 지역신문에 피험자를 모집하는 광고를 실었다.

실험에서 피험자들은 '학습과 처벌'에 관한 실험에 참여하게 된다는 안내를 받고 제비뽑기를 통해 절반은 선생역, 절반은 학생 역을 맡았다. 하지만 수많은 심리학 실험이 그랬듯 이 실험도 피험자에게 진짜 목적을 숨겼다. 사실 이 실험의 목적은 학습과 처벌의 상관관계를 밝히는 게 아니었으며, 학생 역할을 뽑은 피험자도 사실은 일반인이 아닌 잘 훈련된 배우들이었다. 애초에 제비에는 모두 '선생'이라고 적혀 있어서 일반인 피험자들은 모두 선생 역을 맡을 수밖에 없었다.

그렇다면 실험의 진짜 목적은 무엇이었을까? 일단 구체적인 실험 내용을 살펴보자. 선생 역을 맡은 피험자는 학생이 문제를 틀릴 때마다 버튼을 눌러 전기충격을 가하라는 요구를 받았다. 전기충격은 15볼트씩 높일 수 있으며, 450볼트의 충격을 줄 경우 사망할 수도 있다는 경고문이 기계 옆에 부착되어 있었다. 밀그램 연구팀은 피험자에게 학습과 처벌의 상관관계를 연구한다는 가짜 목적을 알려준 후, 곁에 앉아 '학생'이 문제를 틀릴 때마다 '선생'이 제대로 전기충격을 가하는지 감독했다. 그러다 학생이 문제를 틀리는 횟수가 누적되면 피험자에게 전기충격의 전압을 올리라고 지시했다. 만약 피험자가 망설이면 실험의 목적을 재차 상기시키며 자신의 전문가적 권위를 계속 강조했다.

여기에 실험의 진짜 목적이 숨어 있었다. 전문가 혹은 권위 있는 사람의 지시를 받는 상황에서 평범한 사람이 타인에게 해를 입히는 행동을 할 수 있는지, 한다면 어디까지 할 수 있는지 확인하는 것이 이 실험의 진짜 목적이었다. 과연 이 실험의 피험자들은 '전문가'인 연구팀의 지시에 따라 전압을 높였을까? 타인의 생명을 해칠 수도 있는 450볼트까지 올린 사람도 있었을까?

　보통 사람이라면 상대의 눈을 빤히 바라보면서 전압을 450볼트까지 올릴 수도 없고 그렇게 하지도 않을 것이다. 그저 소정의 보수를 받고 실험에 참여했을 뿐이지, 사람을 죽이러 온 게 아니지 않은가. 그러나 실험 결과는 충격적이었다. 피험자의 무려 65%가 연구팀 지시에 따라 450볼트까지 전압을 높인 것이다. 물론 전기충격은 가짜였지만 전압이 올라갈수록 학생 역을 맡은 배우는 몸을 뒤틀며 고통받는 연기를 했다. 450볼트의 충격이 가해졌을 때는 크게 비명을 지르고 의식을 잃은 척하기도 했다. 피험자들은 자신이 가한 전기충격 때문에 타인이 고통받는 모습을 눈앞에서 지켜보았다. 그런데도 이들은 연구팀의 지시에 따라 계속 전기충격을 가했다. 그리고 바로 이 점이 밀그램이 연구를 통해 증명하고자 한 가설이었다. 평범하고 선량한 시민이라도 권위의 압박을 받으면 살인까지 저지를 수 있다는 가설 말이다.

　1961년 여름, 스물여덟 살의 밀그램은 '복종 실험'의 결과를 논문으로 발표했다. 그의 논문은 발표되자마자 심리학계를 넘어 사회적 논쟁의 중심에 서며 지금까지 다양한 상황에 인용되고 있다. (이 책을 읽기 전에 이 실험에 대해 들어본 독자들도 적지 않을 것이다.) 복종 실험은 사회적 압박이 우리의 행동에 얼마나 큰 영향을 미칠 수 있는지 여실히 보여준다. 권위 있는 혹은 그렇다고 여겨지는 인물의 지시를 받으면 선량한 보통 사람도 얼마든지 부도덕하게 행동할 수 있다는 사실은 악행이 악인의 전유물이 아니라는 점을 시사한다. 우리 모두가 '평범한 악'을 경계해야 하는 이유가 바로 여기에 있다.

밀그램의 실험으로 여러 종류의 논쟁이 촉발됐지만 그 중에서도 가장 뜨거운 것은 아이러니하게도 연구윤리에 관한 논쟁이었다. 그의 실험에서 전압을 450볼트까지 올렸던 피험자들이 이후에 엄청난 심리적 고통을 호소한 것이다. 아무리 지시가 있었다 해도 내 손으로 타인의 생명을 해칠 행동을 했다니, 그들은 자신의 행동에 충격을 받았다. 요즘은 피험자의 의도가 섞이지 않은 진짜 심리 반응을 이끌어내기 위해 실험 설계 단계부터 다양한 장치를 마련하는 게 당연시되지만, 당시에는 그렇지 않았다. 그런 상황에 피험자를 철저히 기만하는 실험이 자행되자 사람들은 밀그램의 실험을 '잔인하고 거짓으로 점철돼 있다'고 강하게 비판했다. 밀그램의 연구팀이 다양한 증거를 들며 실험의 무해성을 주장했지만 심리학계에서는 지속적으로 문제를 제기했고, 결국 이 일을 계기로 미국심리학회 윤리심사위원회가 발족하기에 이르렀다. 이제는 심리 실험을 설계할 때 반드시 윤리심사위원회의 심사를 받아야 한다. 정상적인 경로를 거친다면 밀그램의 복종 실험처럼 '자극적인' 실험은 더 이상 등장할 수 없게 된 것이다.

원치 않는 사회적 압박에서 벗어나는 법

밀그램의 실험은 아무리 도덕적이고 선한 사람이라도 환경에 따라 얼마든지 변할 수 있으며, 어떠한 상황에서도 원칙을 지킨다는 게 얼마나 어려운지 단적으로 보여준다. 그만큼 인간의 마음은 유약하다. 체코 작가 율리우스 푸치크Julius Fučík는 이러한 인간의 본성을 꿰뚫은 한마디를 남겼다.

"인간이여, 나는 그대를 사랑한다! 그리고 경계한다!"

그렇다면 어쩌란 말인가? 어떻게 해야 타인에게 좌지우지되지 않고, 삶의 곳곳에 숨겨진 '복종'의 덫을 피할 수 있는가?

우선, 살다 보면 이런 일이 생각보다 자주 생긴다는 사실을 염두에 두자. 누군가가 자신의 요구를 따르라고 권위로 압박하는 경우 말이다. 상대는 공무원이나 경찰 같은 공권력일 수도 있고, 고위급 임원일 수도 있다. 사장과 직원, 선생과 학생, 부모와 자식의 관계일 수도 있다. 그 요구가 부도덕하거나 위법적인 것이라면? 이럴 때 어떻게 압박을 이겨낼 수 있을까? 어떠한 심리적 대응책을 써야 할까?

밀그램의 연구를 이해했다면 세상에 의심하지 않아도 될 사람은 없다는 사실을 기억하고 늘 경계해야 한다는 것을 알 것이다. 다른 사람의 말을 비판 없이 무조건 받아들이는 것은 금물이다. 설령 전문가의 말이라 해도 마찬가지다. 어떤 이들은 상대가 아무 생각 없이 지시에 복종하기를 바라며 권위를 무기처럼 휘두른다. 그러나 개인은 누구나 스스로 생각하고 자기 의지로 결정할 자유가 있다.

만약 비정상적인 압력과 압박이 가해진다면 일단 멈추는 용기가 필요하다. 흐름을 끊어낸 뒤 내게 '요구'되는 일에서 한 걸음 물러나 전체적으로 어떻게 돌아가고 있는지, 진짜 문제는 무엇인지 생각해봐야 한다. 자기 머리로 심사숙고해보지 않은 상황에서, 혹은 믿을 수 있는 이와 충분히 의논하지 않은 상황에서는 그 어떤 결정도 섣불리 내리지 않는 게 좋다. 즉 상대가 누구든, 아무리 몰아붙인다 한들 휩쓸리지 말고 압박을 멈추라고 한 뒤 스스로 생각할 시간을 충분히 갖는 게 핵심이다.

또 한 가지 기억할 것이 있다. 정상적인 상황이라면 누가 됐든 내 뜻에 위배되는 행동을 당당히 요구할 수는 없다는 사실이다. 도저히 거절할 수 없도록 자꾸 상황을 몰아가거나 심적 부담을 준다면 상대에게 불순한 의도가 있다고 보아도 무방하다. 직장 상사든 부모든 판매원이든, 권위가 있든 없든 상관없다.

예를 들어보자. 백화점이나 마트에 갔다가 돌아올 때 장바구니를 보면 원래 계획보다 더 많은 물건이 들어 있지 않던가? 또는 그저 잠깐 구경하러 갔다가 친절한 태도와 유창한 말솜씨로 무장한 판매원에게 붙들려 생각지도 않은 제품을 권유받은 적은? 이런 순간을 버텨내지 못하고 이렇게 생각할지도 모른다.

'별로 비싸지도 않은데 한번 사보지, 뭐.'

이런 식의 판매방식은 너무 다양해서 일일이 열거하기 어려울 정도다. 그리고 착하고 배려심 넘치는 당신은 상대의 감정을 상하게 하기 싫어서, 혹은 예의를 지키려고 그 상황에 끌려갈지도 모른다. 그렇다면 이런 상황에서 부드럽게 빠져나오려면 어떻게 해야 할까?

첫째는 자신의 직감을 믿는 것이다. 모종의 압박을 받는 상황에서는 사리분별이 흐려질 수 있다. 그러나 직감만은 당신을 속이지 않는다. '뭔가 이상하다'는 기분이 든다면 즉시 멈춰야 한다. 이는 성희롱을 판단하는 기준과 비슷하다. 예를 들어 상사가 어깨를 주무르거나 엉덩이를 두드려놓고 그저 관심과 격려를 표현했을 뿐이라고 했다 해보자. 그 말을 곧이곧대로 받아들여야 할까, 아니면 성희롱으로 판단해야 할까? 이때 유일한 기준은 그 행동을 당한 당사자의 감정이다. 만약 당사자가 불쾌감과 모욕감을 느꼈다면 그것은 분명히 성희롱이다. 그럴 때는 확실한 거부 의사를 밝히고 몸을 피해야 한다. 이처럼 상황이 복잡미묘해서 순간적으로 이성적인 판단을 내릴 수 없을 때는 직감을 따르는 것이 가장 정확하다.

둘째, 현재 내 상황에 대한 타인의 해석을 섣불리 받아들이지 않는다. 특히 이익이 첨예하게 얽혀 있을 때는 '너를 위한 것'이라며 실제로는 자기 이익을 채우려는 목적으로 움직이는 경우가 많다. 따라서 상대의 말을 무조건 믿고 받아들이기 전에 먼저 상대의 요구와 행동이 궁극적으로 누구의 이익을 위한 것인지 꼼꼼히 따져보아야 한다.

셋째, 좋은 동맹을 찾는다. 밀그램의 복종 실험에서 선생 역할을 하는 또 다른 피험자(물론 이 사람 역시 연구팀이 심은 장치다)가 전압을 올리라는 연구원의 지시에 불복하고 저항하면 진짜 피험자들도 다수가 그를 따라 전압 올리기를 거부했다. 이처럼 사회적 압력이 가해지는 상황일지라도 함께할 사람, 즉 동맹이 있으면 자신의 뜻을 지키기가 훨씬 쉽다. 쇼핑할 때도 주관이 뚜렷하고 흥정에 능한 친구와 동행하는 편이 훨씬 결과가 좋지 않던가.

넷째, 거절은 미루지 말고 되도록 빨리 한다. 밀그램의 실험에서 거부 의사를 빨리 밝힌 사람일수록 끝까지 전압을 올리지 않고 버틸 확률이 높았다. 따라서 무언가 옳지 않다고 느꼈다면 그 즉시 거절하고 발을 빼자. 해명이든 설명이든 상대의 구구절절한 말은 듣고 있을 필요가 없다. 듣다 보면 상대가 파놓은 덫에 다시 걸릴 위험만 높아질 뿐이다. 각종 광고 전화가 오면 두말하지 않고 끊어버리는 이유와 같은 이치다.

다섯째, 대비책을 마련한다. 인간은 사회적 동물이며 사회적 환경에서 살아가기에 언제 어디서든 나의 의지에 반하여 나를 휘두르려는 사람과 만날 수 있다. 직장, 백화점, 길거리, 심지어 집에서도 말이다. 이 점을 염두에 두고 평소에 적절한 방비책을 마련해두면 자신의 본심과 다르게 선택하거나 행동할 위험이 그나마 줄어든다. 더러는 자신의 체면을 지키기 위해 본심과 다른 결정을 내리기도 하는데, 이에 대해서는 체면을 구기거나 실수하는 것을 두려워하지 말라고 조언하고 싶다. 정상적인 상황이라면 지나친 압박에 대해 누구나 진심으로 사과하고 또 이해받을 권리가 있는데, 이 권리가 통하지 않을 것 같다면 그 자체로 상황이 비정상적이라는 뜻이다. 그러니 더더욱 자신의 뜻에 반해서 다른 사람의 요구에 응할 이유가 없다.

다른 사람의 부탁이나 요구를 거절하기란 누구에게든 어려운 일이다. 상대가 권위 있는 인물이라면 더 그렇다. 특히나 장유유서를 강조하고 집단을 우선시하는 유교문화권에서는 '나'를 고집하고 유지하기가 쉽지 않으므로 언제나 경계해야 한다. 필요한 순간에 '아니오'라고 말할 수 있는 용기와 강단을 갖추도록 노력하자.

심리학 대가의 소소한 이야기 | **작은 세상, 큰 인물**

밀그램의 연구는 그 자체로 천재성의 소산이다. 50세라는 이른 나이에 심장마비로 세상을 뜨는 바람에 그가 남긴 연구 업적은 많지 않지만 살펴보면 하나하나가 걸작이다. 일반적으로 심리학 연구가 걸작으로 불리려면 연구 내용 및 방법이 독창적이거나, 기존의 연구를 뛰어넘는 결론을 도출해야 한다. 밀그램의 연구는 이런 측면에서 걸작으로 불릴 모든 조건을 갖추었다.

'작은 세상 이론'이라고 들어보았는가? '6단계 분리 법칙six degrees of separation'이라고도 하는데 6단계의 연결고리만 거치면 세상 어떤 사람과도 연결될 수 있다는 이론이다. 본래 헝가리 극작가인 프리게스 카린시Frigyes Karinthy가 고안한 개념인데, 이를 실험으로 증명해낸 이가 바로 밀그램이다. 그는 '작은 세상 실험'을 통해 낯선 사람이라도 5단계만 거치면 국가나 인종, 절대적인 거리와 상관없이 나와 연결될 수 있다는 점을 밝혀냈다. 이론대로라면 일론 머스크 같은 유명인도 '몇 다리 건너 아는 사람'이 되는 셈이다. 최근에는 인터넷의 등장과 함께 작은 세상 이론에 대한 관심이 더욱 높아지면서 수학, 물리, 뇌과학, 온라인네트워크 등 다양한 분야에서 관련 연구가 활발히 이뤄지고 있다. 특히 인터넷 분야에서 평균적으로 클릭 10번이면 세상에 존재하는 모든 인터넷 페이지로 연결될 수 있다는 사실이 확인되면서 작은 세상 이론의 광범위한 효용성이 다시 한 번 증명되었다.

밀그램이 작은 세상 실험을 진행한 시기는 1967년으로, 당시 그는 이 중대한 실험 결과를 어느 과학잡지 창간호에 싣는 데 그쳤다. 평소 관심분야가 너무 넓었던 탓에 또 다른 연구에 뛰어드느라 이미 끝난 연구에는 더이상 신경쓰지 않았던 모양이다. 그럼에도 그의 연구는 늘 사람들에게 깊은 인상을 남겼다. 그의 연구팀이 움직이기 시작하면 심리학계에 소식이 퍼지고, 모두가 '이번에는 어떤 놀라운 아이디어를 떠올렸을까' 하는 호기심으로 연구 동향에 촉각을 곤두세우곤 했다.

그 밖에 한두 사람이 거리에 서서 하늘을 올려다보면 곧 거리를 지나던 다른 사람들도 덩달아 하늘을 올려다본다는 '동조현상'에 관한 실험도 밀그램의 작품이다. 이처럼 그는 독특한 사고방식을 바탕으로 선구자적인 연구방식을 설계, 도입하여 상식을 뛰어넘는 결론을 얻어냄으로써 심리학 역사에 한 획을 그었다.

17장   성공의지를 끌어올리는 법

데이비드 맥클랜드
David McClelland, 1917~1998

미국의 경영심리학자. 성취동기 이론의 권위자. 특히
업무와 관련한 맥클랜드의 성취동기 이론 및 역량 연
구는 지속적인 개선과 실행을 거쳐 현재도 수많은 기
업에서 인재 선발 및 훈련의 중요한 근거로 활용되고
있다. 저서로 《권력은 최고의 동기부여다》 등이 있다.

성공이란 무엇일까? 성공의 정의는 사람마다 다르다. 누군가는 고액의 연봉이나 높은 사회적 지위, CEO나 고위급 임원이 되는 것을 성공이라 생각한다. 그런가 하면 누군가에게는 일상의 소소한 행복에 만족하는 삶이야말로 성공한 인생이다. 이처럼 성공의 구체적 내용은 사람마다 다를지라도 '성공' 자체를 간절히 바란다는 사실만은 누구든 다르지 않다.

누구나 원하는 성공을 이루려면 어떤 노력을 해야 할까? 성공의 결정적인 요소는 무엇인가? 리더에게 인정받는 능력? 아니면 넓은 인맥? 지능지수가 중요할까, 감성지수가 중요할까? 그도 아니면 운에 맡겨야 하는 걸까?

성공에 대한 정의는 사람마다 다르므로 하나로 규정하기가 어렵고 의미도 없다. 하지만 일에 국한해서 생각하면 성공이란 '성과로 나타나는 개인의 탁월한 성취'라 정의할 수 있다. 심리학에서 업무 성과 및 개인의 실적 향상을 연구하는 분야를 경영심리학이라 하며 대표적인 학자로는 데이비드 맥클랜드David McClelland를 꼽을 수 있다. '20세기 가장 유명한 심리학자 100인'에서 맥클랜드의 순위는 15위이지만 경영심리학으로 넘어오면 단연 1위다.

성공하고자 하는 동기,
타인을 뛰어넘고자 하는 욕구

성공하려면 필연적으로 동기가 있어야 한다. '동기' 자체는 심리학에서 전혀 새로운 개념이 아니다. 프로이트의 정신분석학파는 꿈의 해석이나 자유연상 등의 방법을 활용해 사람의 행동 동기를 본능과 성으로 귀결시켰다. 그런가 하면 스키너로 대표되는 행동주의 심리학자들은 동물실험 결과를 근거로 식욕이나 배설욕 같은 기본적 생존욕구가 행동의 추진요인이라고 주장했다.

이 두 학파의 한계를 뛰어넘어 더 높은 단계의 욕구와 사회적 동기를 연구한 이가 바로 맥클랜드다. 물론 매슬로의 욕구 단계 이론도 있지만 매슬로가 존중욕구나 자아실현의 욕구처럼 추상적인 동기를 다룬 것과 달리 맥클랜드는 업무 성취도 등 매우 구체적이고 현실적인 기준으로 동기를 구분함으로써 현실에 당장이라도 적용 가능한 이론을 제시했다는 특징이 있다.

맥클랜드는 동기가 업무 성과를 결정하는 가장 중요한 요소라고 보았다. 즉 동기의 강도에 따라 개인의 업무 성취도가 어느 수준까지 이를지 예측할 수 있다는 것이다. 그는 광범위한 연구를 통해 개인의 업무 성과를 예측할 수 있는 3

대 동기를 도출했는데 성취욕구, 권력욕구, 친화욕구가 바로 그것이다.

'성취욕구'는 일을 더 잘해내고자 하는 잠재적 동기다. 강렬한 성취욕을 가진 사람은 성과를 남이 아닌 자신의 기준에 따라 평가하고 판단한다. 또한 현실적 상황을 고려하여 도전적인 목표를 세우며 독자적으로 활동하는 편을 선호한다. 운동 중에는 골프나 볼링처럼 점수를 산정할 수 있는 종목을 즐기고 일 또한 영업처럼 실적이 가시적으로 드러나는 업무를 좋아한다.

'권력욕구'는 타인에게 영향력을 행사하고 통제, 지배하고 싶어 하는 잠재적 동기다. 권력욕이 강한 사람은 여타 사람들과는 다른 방식으로 두각을 나타내야 한다고 생각한다. 이들은 조직이나 업무 현장에서 늘 리더이기를 바라며 행동 또한 급진적이고 공세적인 경향을 보인다. 이러한 성향의 영향으로 테니스나 축구처럼 긴장도가 높고 상호경쟁이 기본인 운동을 즐긴다. 일에서도 명망을 쌓는 일, 타인을 돕거나 영향력을 미칠 수 있는 업무를 선호해서 교사나 목사, 관리직 등에 적합하다.

'친화욕구'는 다른 말로 소속욕구라고도 한다. 타인과 친밀하고 우호적인 관계를 형성하고 싶어 하는 잠재적 동기로, 친화력이 강한 사람은 인간관계에 많은 시간을 투자하는 편이다. 가족, 친구, 지인들에게 정기적으로 연락하고 단체 활동을 즐기며 타인의 반응에도 민감하다. 여가시간에도 운동보다는 피크닉처럼 경쟁하지 않아도 되는 활동을 선호하고 유치원 교사나 자문처럼 타인과 친밀하게 협력하는 업무를 좋아한다.

내면의 진짜 동기를 찾아라

맥클랜드에 따르면 이 3가지 욕구 모두 업무성취도 및 성공과 밀접한 관련이 있다. 예를 들어 높은 성취욕구, 낮은 친화욕구, 중간 수준의 권력욕구는 성공한 기업가 다수에게 나타나는 공통점이다. 그에 비해 중견기업 총수나 다양한 단체의 리더들은 대체로 권력욕이 높고 친화욕구와 성취욕구는 중간 수준인 것으로 나타났다.

그러나 본질적으로 동기란 무의식에 뿌리를 둔 인격적 특질이기 때문에 자신의 동기를 정확히 깨닫기란 쉽지 않다. 스스로 동기라고 여기는 것도 알고 보면 이해관계 등 여러 요소의 영향을 받아 형성된 것이지, 내면의 실질적 성향이 있는 그대로 반영된 경우는 드물다. 한마디로 내가 생각하는 동기가 실제로 나를 움직이는 진짜 동기가 아닐 수도 있다는 것이다.

맥클랜드는 자기 자신조차 모르는 진짜 동기를 파헤치

기 위해 기존의 주제통각검사Thematic Apperception Test, TAT를 수정하여 개인의 잠재적 동기를 측정, 파악하는 데 활용했다. 맥클랜드의 주제통각검사는 다음처럼 진행된다. 먼저 피검자에게 그림을 보여준다. 그림은 대개 중년 남성과 젊은 남성이 울타리를 사이에 두고 이야기하는 모습처럼 일상에서 흔히 볼 수 있지만 구체적으로 어떤 상황인지는 드러나지 않는 모호한 장면이다. 그런 뒤 피검자에게 그림 속 인물이 누구인지, 지금 무슨 일이 벌어지고 있는지, 결과는 어떻게 될지 이야기를 꾸며보라고 한다. 두 명의 남자가 대화하는 그림에서 과연 어떤 이야기가 나올까? 일단 두 사람의 대화 내용은 무엇이겠는가? 집수리 문제? 파종이나 주말에 있을 모임 계획? 아니면 인생 선배가 조언해주는 중일까? 혹은 휴가를 다녀온 소회를 나누고 있는지도 모른다.

재미있는 점은 같은 장면을 봐도 사람마다 꾸며내는 이야기가 천차만별이며, 이 천차만별 이야기 속에 개인의 진짜 욕구와 동기를 읽어낼 힌트가 있다는 사실이다. 두 남자가 자기실현, 창의력 발휘, 성공의 열망으로 가득한 대화를 나누고 있다고 답한 사람과 그저 노을을 바라보며 이런저런 이야기 중이라고 답한 사람을 비교한다면 당연히 전자의 성취동기가 후자보다 훨씬 높다고 할 수 있다.

이처럼 맥클랜드는 개인이 꾸며낸 이야기에 성취동기

의 높고 낮음이 반영되어 있으며, 이야기 속 모든 것이 내면의 진실을 보여준다고 주장했다. 즉 개인이 스스로 밝힌 동기보다 꾸며낸 이야기를 통해 드러난 성취동기가 더 정확하고 진실하다는 것이다. 맥클랜드 이전까지 주제통각검사는 경영 분야에서 거의 활용되지 않았지만 맥클랜드의 절묘한 수정을 거친 후 수많은 기업과 조직에서 인재 평가 및 선발에 사용되는 주요수단이 되었다. 특히 고위급 임원을 선발할 때 종종 활용된다.

지능지수가 아닌 역량을 테스트하라

1970년대 중반, 하버드대학 심리학과 교수로 재직 중이던 맥클랜드에게 의뢰가 들어왔다. 의뢰인은 미국 국무부, 의뢰 내용은 효과적인 외교공무원 선발 및 평가방법을 개발해달라는 것이었다. 당시 미국은 외교공무원을 대량으로 선발하여 세계 각국에 파견하고 있었다. 이들의 역할은 각 나라에 외교관으로 주재하며 미국에 대한 이해도와 선호도를 높이는 것으로, 한마디로 미국을 홍보하며 긍정적 이미지를 심어주는 '홍보인' 같은 존재였다. 문제는 학력이나 기술, 지능지수 등 기존의 방식으로 선발한 외교공무원들의 성과가 그리

좋지 않았다는 점이다. 이에 미 정부는 맥클랜드에게 외교 업무에 적합한 인재를 찾을 새로운 방법을 연구해달라고 부탁했다.

나라의 요청을 흔쾌히 수락한 맥클랜드는 막상 시작하자 깊은 고민에 빠졌다. 프로젝트에 참고할 만한 선행 연구가 전혀 없었던 것이다. 일반적으로 인재 선발에 사용되는 학력, 기술, 지능지수 같은 기준이 모두 쓸모없게 된 상황에서 대체 무엇을 기준으로 삼아야 한단 말인가? 맥클랜드와 그의 연구팀은 수차례 심도 깊은 논의를 나눴고 결국 다음과 같은 해결방안을 찾아냈다.

미국 정부가 선발한 외교관들은 모두 우수한 인재였지만 성과 측면에서 개인마다 편차가 있었는데, 맥클랜드가 착안한 부분이 바로 이 점이었다. 우수한 성과를 보인 외교관과 그렇지 않은 외교관의 특성을 비교해보기로 한 것이다. 두 그룹에 공통적으로 나타나는 특성은 외교관이 되기 위한 기본 자질일 것이다. 그리고 저성과자에 비해 고성과자에게서 강하게 드러나는 특성이 우수한 외교관을 만드는 결정적 요소 아닐까. 바로 이 요소가 평가 및 선발의 주요 기준이 되어야 했다. 지금은 다양한 업계에서 보편화된 평가 기준 중 하나인 '역량competency'의 개념이 탄생하는 순간이었다.

역량이란 '어떤 업무(혹은 조직이나 문화)에서 탁월한 성취도를 보이는 고성과자와 평범하거나 그 이하의 성취도를 보이는 저성과자를 구분하는 잠재적 특성'이다. 단기간에 직관적으로 파악할 수 있는 학력, 기술, 지식수준 등과 달리 역량은 개인의 동기, 욕구, 성격, 가치관, 특질, 심지어 인생에 대한 태도까지 포함된다. '역량빙산모델'로 유명한 스펜서 Lyle Spencer는 핵심역량을 '특정 업무 또는 상황에서 효과적이고 우수한 성과기준과 인과관계가 있는 개인의 내적 특성'이라고 정의하기도 했다.

맥클랜드는 역량의 개념을 도입해 우수한 외교관과 그렇지 않은 외교관의 역량을 분석하고, 새로운 외교관 선발 방안 및 기술을 고안해냈다. 그리고 1973년 미국심리학회가 발행하는 〈미국심리학자American Psychologist〉에 〈Testing for Competence Rather than for Intelligence(지능지수가 아닌 역량을 테스트하라)〉라는 글을 발표함으로써 심리학 및 경영학계에 '역량'이라는 새로운 이정표를 제시했다.

개인의 역량을 판단하는 방법

역량이 중요하다 해도 그것을 측정하고 구분할 기준이 없으면 소용이 없다. 다행히 맥클랜드는 공상가가 아니라 현실주의에 입각한 응용심리학자였다. 특히 연구방법 측면에서 매우 실용적인 전략을 구사했다. 만약 적합한 방법이 있으면 그것을 그대로 사용했고, 적합한 방법이 없으면 기존의 방법을 필요에 따라 개량해서 활용하는 데 능했다. 앞서 소개한 주제통각검사도 이미 있는 검사방식을 수정해서 성취동기 측정방법으로 응용한 것이다. 그런데 역량은 적합한 연구방법도 없고, 응용할 틀조차 없었다. 맥클랜드가 직접 역량 측정방식을 개발하는 수밖에 없었다.

고심 끝에 맥클랜드가 개발해낸 것이 바로 행동사건면접Behavioral Event Interview, BEI이다. 인터뷰 형식을 통해 대표성을 띠는 사건에서 응답자가 보인 구체적 행동과 심리 활동을 파악하고 상세한 정보를 수집하는 것으로, 일종의 개방적인 행동회고기법이라 할 수 있다. 간단히 말해서 과거의 업무경험 중 가장 성공적이었던 일을 떠올리면서 상황 배경과 자신이 했던 생각, 행동, 최종 결과 등을 자세히 서술하게 하는 것이다.

행동사건면접의 특징을 살펴보면 맥클랜드가 역량 평가에서 중요하게 여긴 부분을 알 수 있는데, 첫 번째는 오로지 과거 사건을 서술한다는 점이다. 개인의 역량을 평가하는 데 미래 계획이나 앞으로 노력할 부분을 말하는 것은 의미 없다고 본 것이다. 미래의 자신에 대해서는 얼마든지 부풀려 말할 수 있기 때문이다. 실제로 했던 일과 성과를 자세히 풀어놓도록 하는 편이 훨씬 실질적이다.

두 번째는 행동에 중점을 둔다는 점이다. 비록 과거의 사건을 서술하게 하지만 핵심은 그 사건에서 보인 행동을 관찰하는 것이다. 행동만큼 관찰과 측정, 훈련이 용이한 요소도 없다. 또한 행동을 중점적으로 관찰하면 앞으로 어떤 역량을 갖춘 인재를 구할 것인지 구체적이고도 실질적으로 파악할 수 있다.

실제로 행동사건면접을 해보면 우수한 인재와 그렇지 않은 사람의 성공사례 사이에 명확한 격차가 드러난다. 예를 들어《삼국지》의 영웅 관우에게 성공사례를 이야기해보라면 술이 식기 전에 적장의 목을 베어온 일을 말하겠지만, 나의 성공사례는 기껏해야 밤에 좀도둑을 쫓은 것이 전부다. 이처럼 고성과자와 보통 사람의 성공 경험을 비교해서 어떤 차이가 있는지, 각자 어떤 특징이 나타나는지 도출해내면 이를 기반으로 한 업무역량 평가모델 구축이 가능하다.

맥클랜드의 성취동기 이론 및 역량 연구는 이후 후배 학자들과 경영 현장의 실행과 개선을 거쳐 현재도 수많은 기업에서 인재 선발 및 훈련의 중요한 근거로 활용되고 있다. 더불어 맥클랜드의 연구를 기점으로 기업의 채용 메커니즘도 완전히 바뀌었다. 이제는 기업들이 인재를 채용하면서 지능지수를 검사하지 않는다. 그 대신 역량 측정을 기본으로 종합적인 능력 평가를 선발도구로 사용하는 것이 대세다. 구직 면접을 본 적이 있다면 이런 종류의 질문을 들어보았을 것이다.

"현재 지원한 직무와 비슷한 일을 해본 경험이 있나요?"

"자신의 업무 능력을 가장 잘 보여주는 사례를 들려주세요."

면접에서 종종 접하곤 하는 이 모든 질문의 뿌리는 대부분 맥클랜드로 거슬러 올라간다.

성공을 위해 반드시 필요한 역량

맥클랜드의 역량 연구가 학계와 기업계의 각광을 받으면서 업종과 직무별로 세분화된 역량 모델도 속속 등장했다. 이제는 일 잘하는 데 높은 지능지수나 명문대학 졸업장보다는 이 일에 필요한 역량이 있는지가 더 중요하다는 인식이 보편적이다. 자기 분야에서 두각을 나타내고 싶다면 다음의 역량을 갖추기 위해 노력해야 한다.

첫째, 성취 특성이다. 이는 맥클랜드가 말한 성취욕구

와 밀접한 관련이 있다. 누가 시켜서가 아니라 스스로 높은 기준을 가지고 발전과 성취를 위해 끊임없이 노력하며, 업무 면에서도 효율과 성과를 높이고자 자발적으로 애쓰는 태도는 성공과 실패를 가르는 가장 중요한 요소다. 학창 시절 친구들의 모습을 떠올려보고 현재 그들의 상황과 비교해보자. 학교 다닐 때 성적이 좋고 IQ가 가장 높았던 친구가 지금 가장 성공한 친구인가? 그런 경우도 있겠지만 대개는 학교 성적이나 IQ와 상관없이 스스로 더 나아지기 위해 목표를 세우고 끊임없이 도전하던 친구가 가장 성공한 인물이 되어 있지 않은가?

둘째, 남을 돕는 특성이다. 서비스적 특성이라고도 한다. 높은 통찰력과 강한 타인지향적 의식, 타인의 요구를 민감하게 알아차리고 기꺼이 돕고자 하는 성향이다. 이런 사람은 타인을 도와 잘되게 하는 것이 곧 자신이 발전하는 길이라고 여긴다. 특히 여러 사람과 협력해서 성과를 내야 하는 일에 없어서는 안 될 특성이다. 자기중심성이 강한 사람일수록 이 특징이 부족하다.

셋째, 영향 특성이다. 타인에 대한 관찰력과 이해력이 높으며 지켜야 할 선을 잘 파악해 자신의 의견을 적절히 내세움으로써 성과를 내는 데 필요한 영향력을 행사하는 능력을 말한다. 주로 리더에게 요구되는 특징으로 단순히 사람들과 좋은 관계를 유지하는 것을 넘어 구체적인 영향력을 미칠 수 있어야 한다. 관리자가 아님에도 각종 업무에서 실질적인 리더 역할을 하며 모두의 추종을 받는 사람이 있다면 이 특징이 매우 강하다고 볼 수 있다.

넷째, 관리 특성이다. 관리 역량이 뛰어난 사람은 타인을 이끌 줄 안다. 또한 팀 전체가 협력할 수 있도록 지휘하며 적재적소에 인재를 배치하고 적절한 임무를 부여함으로써 성과를 낸다. 관리 역량은 리더라면 반드시 갖춰야 할 자질이다. 어떤 사람은 이런 자질을 타고나기도 하지만, 그렇지 않더라도 훈련을 통해 후천적으로 키울 수 있다.

다섯째, 인지 특성이다. 인지능력이란 말 그대로 세상을 인지하고 인식하는 능력이다. 종합분석력, 판단력, 추리력, 정보검색력 등이 여기에 속한다. 이 중 반드시 하나쯤은 자신이 잘하는 부분을 찾는 게 좋다. 인지능력이 발전의 토대가 되기 때문이다.

여섯째, 개성 특성이다. 주로 개인의 고유한 특질을 말하며 성격이나 태도로 이해해도 무방하다. 일반적으로 자신감과 자기통제력이 높고 타인을 배려할 줄 알며 조직에 충성도가 높은 사람일수록 업무 성과가 높고 승진 및 연봉 등에서 앞서가는 것으로 나타난다.

이상의 6가지 특성을 모두 갖춘 사람이 있을까? 그렇지는 않을 것이다. 이는 일반적으로 적용되는 역량이고, 각각의 업무 및 직무에 따라 구체적으로 요구되는 역량은 이 중 몇 가지로 압축된다. 예를 들어 맥클랜드가 맨 처음에 제시한 관리자의 역량은 오직 두 가지로, 하나는 내적 성취동기 및 능동적으로 전체를 아우르는 사고방식이고, 또 하나는 외부적 영향력 및 공동체 의식과 지도능력이다. 심지어 리더에게는 이런 종류의 역량이 그다지 요구되지도 않는다.

심리학 대가의 소소한 이야기 | **마음씨 좋은 '맥 선생님'**

맥클랜드는 하버드대학과 보스턴대학에서 교수로 재직했으며 미국 정부의 의뢰를 받아 여러 가지 프로젝트와 각종 훈련을 주도했다. 또한 수많은 컨설팅 회사 설립에 참여하거나 자문하며 사회적, 경제적 활동을 활발히 이어갔다. 외부활동만 열심히 한 것도 아니었다. 미국심리학회의 과학적 공헌상을 비롯해 미국성격평가협회Society for Personality Assessment가 수여하는 브루노 클로퍼 상Bruno Klopfer Award 등 수많은 상을 받은 그는 미국 국립과학아카데미 회원이기도 하다. 또한 지금까지도 '성취동기 연구의 아버지'라는 영예로운 호칭으로 불리고 있다.

맥클랜드는 이처럼 학계와 정계, 경제계 등을 유연하게 오가며 학문적으로도 세속적으로도 완벽하게 성공한 학자의 모습을 보여주었다. 그는 언제나 사회적 필요에 입각해 사람들에게 실질적으로 도움 될 수 있는 연구를 했으며 인재 개발 및 육성에 주력했다. 정부와 기업이 그에게 도움을 청한 이유도 맥클랜드가 뜬구름 잡는 것이 아닌, 현실에 발을 딛고 실제로 사회를 진보시킬 방안들을 연구했기 때문이다. 나아가 단순히 이론을 만드는 데 그치지 않고 그 이론이 기업과 사회에서 쓰일 수 있도록 노력했다. 무엇보다 그는 비전과 교양을 갖춘 문화인이었으며 평생 평등과 박애, 선행과 좋은 인연 맺는 것을 최고의 가치로 여긴 인격자였다. 심지어 재산도 많았다!

돈 이야기가 나왔으니 덧붙이는 말인데, 윌리엄 제임스William James나 골턴처럼 타고난 금수저는 아니었지만 맥클랜드 역시 상당히 준수한 가정환경에서 나고 자랐으며 본인 스스로 꽤 많은 경제적 부를 일궜다. 게다가 일부 인색하고 옹졸한 교수들과 달리 매우 관대하며 잘 베풀기로 유명했다. 학생들의 평가를 인용하자면 '자주적이고 대범하며 무한히 타인을 돕는 사람'이었다고 하는데, 실제로 이러한 성품에 관한 일화가 여럿 전해진다. 엘리베이터에서 우연히 만난 옛 제자가 가난 때문에 학업을 포기한다고 하자 그 자리에서 수표책을 꺼내 적지 않은 금액을 써서 건넨 적도 있고, 연구팀에 합류한 대학원생의 자취집에 가구가 없는 것을 보고 연구실에 남는 책상과 의자, 스탠드 조명 등을 거저 준 일도 있다. 심지어 자기 차에 가구를 싣고 학생의 집까지 직접 날라줬다고 한다. 그 밖에 사비로 연구 경비를 마련한 뒤 사정이 어려운 학생들을 연구팀에 합류시켜 지원하는 형식으로 수많은 고학생들을 도왔다.

맥클랜드의 관대함과 동정심, 인연을 소중히 여기고 선한 영향력을 미치는 선행은 타인뿐 아니라 자기 자신의 성취를 이루는 바탕이 되었다. 그를 대가의 반열에 올려놓은 성취동기 이론 연구를 시작한 계기가 바로 한 학생을 도운 일에서 비롯됐기 때문이다.

원래 맥클랜드는 성취동기에 별 관심이 없었다. 그런데 어느 날, 자신에게 들어온 연구 후원금을 평소처럼 형편이 어려운 학생에게 넘겨줬는데 이 학생이 관심을 기울이던 연구주제가 바로 성취동기였다. 이후 학생을 돕는 과정에서 맥클랜드 역시 성취동기에 관심이 생겼고 결국 함께 연구에 뛰어들었다. 연구를 거듭할수록 맥클랜드와 연구팀은 걸출한 성과를 올렸으며 그때마다 더 많은 지원금이 흘러들어왔다. 그리고 결과는? 모두가 아는 대로 맥클랜드는 심리학 역사에 길이 남을 인물이 되었다.

18장 영향력 있는 사람이 되는 법

그랜빌 스탠리 홀
Granville Stanley Hall, 1844~1924

미국의 심리학자. 아동심리학의 선구자로 '아동연구운
동의 아버지'로 불린다. 미국심리학회를 설립하고 초
대 회장을 지냈으며 최초의 심리학 저널인 〈미국심리
학지〉를 발간하는 등 초창기 미국 심리학 발달의 기반
을 다졌다.

심리학계에서 가장 영향력이 큰 인물이 누구냐고 묻는다면 대부분 프로이트를 떠올릴 것이다. 미국의 심리학 역사 전문가인 토머스 리헤이Thomas Leahey의 말대로 '영향력만으로 평가한다면 프로이트는 의심할 나위 없이 가장 위대한 심리학자'다. 하지만 사실 초창기의 프로이트는 빈과 그 일대에서 조금 유명한 정도에 불과했다. 처음부터 심오한 영향력을 미친 인물은 아니었던 것이다. 그런 프로이트의 진가를 알아보고 마침내 세계적인 인물의 반열에 오를 수 있도록 도운 사람은 누구일까?

미국의 심리학자 그랜빌 스탠리 홀Granville Stanley Hall이 그 주인공이다. 프로이트의 학설을 둘러싸고 아직 논쟁이 분분하던 때 프로이트와 융을 미국으로 초청해 클라크대학에서 정신분석 강연을 할 수 있도록 기회를 마련해준 이가 바로 그다. 지금도 그렇지만 당시에도 클라크대학은 심리학계의 제일가는 명문이었다. 이런 곳에서 정신분석학 강연을 했다는 것은 마치 음악가가 빈의 오페라하우스에서 데뷔 무대를 치른 것과 진배없었다. 이 강연을 발판으로 프로이트와 융의 정신분석학은 학계의 인정을 받으며 전 세계로 뻗어나갔다.

그랜빌 스탠리 홀. 프로이트의 영향력을 드높인 것 외에도 그의 개인사 자체가 영향력의 교과서라 해도 과언이 아니다. 영향력을 강화하고 싶은 이들에게 심리학이 조언을 한다면 홀이야말로 적임자다.

영향력으로 심리학 역사에 남은 사람

홀은 어떤 사람이었을까? 그는 왜 프로이트와 융을 초대했을까? 그의 영향력은 어디서 기원했는가? 답을 얻기 위해 먼저 이력을 간략히 살펴보자. 홀은 미국 심리학 역사에서 '최초'라는 타이틀을 가장 많이 달고 있는 사람이라 할 법하다.

- 분트를 사사한 최초의 미국인이다.
- 미국 최초의 심리학 박사학위자다.
- 미국심리학회 초대 회장이다.
- 최초의 심리학자 출신 대학 총장이다.
- 미국 최초로 심리학 실험실을 설립했다.
- 미국 최초의 심리학 저널을 창간했다.

이렇게 많은 '최초' 타이틀을 보유한 홀이 심리학계에 남긴 자취는 크게 3가지로 나눌 수 있다.

첫 번째, 아동발달 재현론을 주장했다. 홀은 인간이 잉태되고 아동에서 청소년기를 거쳐 어른으로 성장하는 모습에서 인류의 발달 과정을 그대로 볼 수 있다고 역설했다. 배아 단계에서는 어류의 모습을, 출생 후 기어 다닐 때까지는 사족보행 동물의 모습을, 두 발로 일어나 뒤뚱뒤뚱 걷기 시작할 때는 초기 인류의 모습을 재현한다는 것이다. 그러다 유인원처럼 여기저기 오르내리고 야만인인 양 싸우는 과정을 거쳐 비로소 문명인의 모습을 갖추게 되는데 이렇듯 유년기에서 청소년기, 청년기에서 어른으로 성장하는 모습이 인류의 진화 과정과 똑 닮아 있다는 게 핵심이다. 한번 생각해 보자. 어렸을 때는 누구나 뛰어다니길 좋아한다. 그 모습이 마치 수렵 활동을 했던 고대 인류 같지 않은가? 이처럼 홀의 재현론은 그럴듯하기도 하고 재미도 있지만 증명하기 어렵다는 게 문제다. 그 탓에 정식 이론으로 인정받지 못하고 홀한 사람만의 주장으로 끝나고 말았다.

두 번째, 아동심리학 연구의 범위를 크게 넓혔다. 특히 그는 청소년 심리에 관심이 많았으며 '청소년기adolescence'라는 단어를 처음 도입한 인물이기도 하다. 청소년심리 연구의 물꼬를 튼 그는《Adolescence : Its Psychology and Its Relations to Physiology, Anthropology, Sociology, Sex, Crime, Religion and Education(청소년기 : 이 시기의 심리학 및 생리학, 인류학, 사회학, 성, 범죄, 종교 및 교육과의 관계)》이라는 상당히 긴 제목의 저서를 통해 청소년기의 신체적, 심리적 불안 등을 심도 있게 다뤘다. 그러나 저서에 실린 몇몇 잘못된 주장이 사실처럼 받아들여지면서 장기간에 걸쳐 오히려 청소년의 올바른 성장을 저해하는 비극이 빚어지기도 했는데, 대표적인 것이 '자위는 건강에 해롭다' '자위를 방지하려면 일찍 자고 일찍 일어나야 하며 통풍이 잘되는 내의를 입고 딱딱한 침대에서 자야 한다'는 식의 주장이다. 미국의 심리학자 에드워드 손다이크Edward Thorndike는 이 책에 대해 '온통 오류투성이에 자위에만 집착한다, 그(홀)는 완전히 미치광이'라는 혹평을 남겼다. 그러나 홀이 청소년심리학의 새로운 지평을 연 것만큼은 부인할 수 없는 사실이다.

세 번째, 종교심리학을 개척했다. 본래 홀은 신학교 출신이었다. 그러나 사고방식이 지나치게 자유로운 데다 결정적으로 진화론의 열렬한 팬이었던 탓에 누가 봐도 믿음직한 종교인의 재목은 아니었다. 오죽하면 홀이 처음 전도를 시도했을 때 신학교 교장이 무릎을 꿇고(물론 홀에게 꿇은 것은 아니다) 신에게 이런 기도를 올렸겠는가.

"신이시여, 저 도무지 못 믿을 녀석에게 진리의 빛을 내려주시어 잘못된 세상 학문에 현혹되지 않게 하소서!"

홀이 이대로 계속 신학을 할 경우 오히려 수많은 어린 양을 그릇된 길로 호도할 것을 걱정한 모두의 만류로 결국 그는 신학을 포기했다. 하지만 심리학을 선택한 후에도 신앙을 저버리지는 않았다. 대학 총장이 된 후 종교심리학 운동을 이끌었으며 종교심리학 전문 학회지를 창간했을 뿐 아니라 심리분석 방법을 통해 예수를 연구했다. 연구 결과로 발표한 저서는 종교계의 거센 항의를 받았으나 그의 중요한 업적 중 하나로 남았다.

그러나 이것만으로 홀을 심리학 대가로 부르기에는 부족함이 있다. 사실 학문적 성과보다 더 주목해야 할 것은 그의 비범한 영향력이다. 홀은 이론과 사상을 고안하는 것보다 무언가를 조직하고 꾸리고 널리 알리는 데 더 뛰어난 능력을 보였다. 미국 심리학 발전에 영향을 준 인물 순위에서 홀은 늘 윌리엄 제임스 다음으로 손꼽힌다. 기능주의 심리학의 대표주자인 제임스와 비교하면 홀은 사상 및 이론 면에서 한참 뒤처질 수밖에 없다. 그런데도 그가 제임스 다음가는 영향력의 소유자로 인정받는 까닭은 탁월한 조직능력과 리더십 때문이다. 그는 단순한 학자에 머물지 않고 리더이자 선생으로 활동했으며 미국심리학회 같은 플랫폼을 만들고 수많은 전문지를 창간했다. 또한 실천을 중시하며 심리학의 실질적 발전과 체계적 조직 구축에 힘씀으로써 심리학이 실생활 곳곳에 녹아드는 데 크게 기여했다. 이 같은 공로에 타고난 지도자의 매력이 더해지면서 마침내 홀은 심리학계가 인정하는 '리더'로 거듭났다.

심리학계에서 이렇게까지 한다는 것은 결코 쉬운 일이 아니다. 문화인과 지식인이 첩첩이 쌓인 곳에서 부족한 것은 사상가가 아니라 실천가다. 게다가 지식인만큼 하나로 모으기 어려운 이들도 없다. 기본적으로 '비판'이 체질화되어 있는 데다 '자유가 아니면 죽음을 달라' 또는 '내게 진리 외에는 스승이 없다'는 자세로 일관하는, 고고하기 이를 데 없는 사람들이기 때문이다. 논리는 있되 깨달음은 없고 모이긴 하되 규율이 없는 것도 지식인들의 특징이다. 심리학계라고 예외가 아니다. 심리학은 탄생한 순간부터 수많은 학파가 생겼다가 사라지기를 반복해왔으며 서로 날을 세우고 대립해왔다. 이런 사람들을 결집해 심리학회라는 공통의 조직에 속하게 만들었으니, 홀은 대체 어떻게 한 것일까? 또 그의 리더십은 우리가 개인의 영향력을 키우는 데 어떤 귀감이 될 수 있을까?

영향력 있는 사람의 4가지 특성

홀의 성공 요인은 다음의 4가지로 분석할 수 있다.

첫째, 최초가 되기를 두려워하지 않았다.

앞에 소개한 홀의 이론을 보면 그가 얼마나 열린 생각

을 가지고 있었는지, 사고방식이 얼마나 자유로웠는지 짐작할 수 있다. 남들이 하지 않는 생각을 하고 남들이 가지 않는 길을 가는 성향은 그에게 학술적 창의력의 바탕이 되었다. 그뿐 아니라 홀은 일상에서도 최초가 되기를 두려워하지 않고 금기에 도전했다. 그에게 규칙이란 그야말로 깨뜨리라고 있는 것이었다.

학생 시절, 홀은 신학생 신분임에도 흥미가 당기는 곳이라면 어디든 갔다. 뉴욕의 극장, 콘서트홀, 전시관은 말할 것도 없고 강령회며 관상 센터 같은 미신적인 활동이 벌어지는 곳도 섭렵했다. 장차 사제가 될 사람의 행동이라기에는 문제의 소지가 다분했다. 물론 신학생이라는 꺼풀을 벗겨낸다면 너무나도 그다운 행동이었지만 말이다.

교수가 된 후에도 홀은 전혀 변하지 않았다. 청소년 심리를 연구할 때 성性은 그가 가장 심혈을 기울인 부분으로, 젊은이의 성생활 및 성 문제를 심도 있게 파고들고 관련 강의도 따로 개설했다. 당시 사회적 분위기를 고려하면 미풍양속을 해친다는 비난을 받아도 할 말이 없었지만 학생들은 홀의 강의에 열광했다. 심지어 캠퍼스 밖까지 소문이 나면서 일반인들이 몰려와 몰래 강의를 듣는 진풍경이 벌어지기도 했다. 그러나 여러 가지 이유로 결국 강의가 취소되었고, 못내 아쉬웠던지 홀은 클라크대학의 총장이 된 이후 아예 프로이트를 초청해서 성에 관한 전문적인 강연을 열었다.

총장으로 재직하는 동안 그가 보인 행보 역시 흥미롭다. 당시 클라크대학은 부동산 재벌 조나스 클라크Jonas Gilman Clark가 고향의 교육사업 발전을 위해 존스홉킨스대학을 벤치마킹하여 설립한 신생 대학교였다. 클라크에게 초대 총장 자리를 제의받았을 때 홀은 마흔네 살의 전도유망한 하버드대학 교수였다. 공인된 명문대학의 교수직과 성공 여부를 장담할 수 없는 신생 대학의 총장직, 앞에 놓인 두 가지 선택지 중 후자를 택한 것은 그로서는 어쩌면 당연한 결과였다.

당시 클라크대학은 말만 대학이지, 캠퍼스도 교직원도 없이 조나스 클라크가 내놓은 100만 달러라는 기금만 있었다. 홀이 처음부터 하나씩 다 만들어가야 하는 상황이었던 것이다. 하지만 놀랍게도 그다음 해 홀은 클라크대학을 심리학과를 비롯해 5개 전공을 갖춘 어엿한 대학으로 성장시켰다.

하지만 클라크가 대학 사업을 '밑 빠진 독'으로 인식하기 시작하면서 문제가 생겼다. 클라크 입장에서는 아무리 돈을 쏟아부어도 계속 돈이 들어갈 구석이 생기자 더이상 투자할 마음이 없어진 것이다. 엎친 데 덮친 격으로 급여가 나가지 못한 틈을 타 시카고대학이 교직원의 3분의 2를 빼갔다. 그러나 홀은 흔들림 없이 자리를 지켰고, 재정 상태가 정상

화될 때까지 여기저기 찾아다니며 직접 자금을 조달했다. 또한 총장으로 재임한 30여 년 동안 클라크대학을 미국의 심리학을 대표하는 학교로 길러냈으며 수많은 심리학 인재를 양성했다. 이 사례에서 알 수 있듯이 홀은 남들이 가지 않는 길을 먼저 가는 대담함과 도전의식, 포기하지 않는 끈기를 지닌 인물이었다.

둘째, 품성이 관대하고 포용적이었다.

이런 특성은 특히 인재를 받아들일 때 더욱 빛을 발했다. 홀은 자신의 이론을 전개할 때는 과격한 투사 같았지만 실생활에서는 관대하고 너그러운 모습을 보였다. 그러했기에 모두를 하나의 깃발 아래 모으고 인재를 끌어들일 수 있었다. 한마디로 그는 모든 강물을 품어내는 바다 같은 사람이었다.

홀이 창간한 세계 최초의 심리학 학술지 〈미국심리학지 American Journal of Psychology〉의 면면만 보아도 그가 어떤 사람이었는지 능히 짐작할 수 있다. 〈미국심리학지〉의 창간 목적은 별다를 게 없었다. 심리학과 관련된 연구라면 주제를 막론하고 어떠한 글이라도 모두 게재가 가능했다. 실제로 창간호에는 프로이트의 이론을 비롯해 신경학과 심리학의 상관관계, 꿈, 소문자의 가독성, 편집광, 심지어 까마귀의 겨울 생태까지 주제도 내용도 다양한 글들이 실렸다.

이러한 성향은 학생을 받아들일 때도 드러났다. 개인적으로 홀은 남녀공학을 반대했으며 좋은 어머니가 되는 것이야말로 여성의 바른 역할이라고 여겼다. 하지만 그가 이끈 클라크대학은 여성에게 개방적이고 포용적이었으며, 홀도 여성의 대학원 진학을 적극적으로 지지했다. 또한 다른 대학이 입학을 거절한 학생들도 기꺼이 받아들였다. 한 번은 흑인 학생이 일리노이대학과 아메리카대학의 심리학 박사과정에 입학 신청을 했다가 불분명한 이유로 거절당한 뒤 수소문 끝에 클라크대학을 찾아왔다. 물론 홀은 두말없이 입학을 허가했다. 훗날 이 학생은 미국 최초의 흑인 심리학 박사이자 홀의 마지막 제자가 되었으며, 심리학계에서 아프리카계 미국인을 대표하는 인물이 되었다.

클라크대학 총장으로 지낸 30년간 홀은 81명의 박사를 길러냈다. 과장을 조금 덧붙이자면 미국 심리학자의 대다수가 '홀 라인'이라 할 정도다. 실용주의를 집대성한 철학자 존 듀이John Dewey, 스탠퍼드-비네 개정척도를 제작한 루이스 터먼Lewis Madison Terman 등도 그의 제자였다. 통계에 따르면 1893년까지 미국의 전체 대학에서 수여된 14개의 철학 박사 학위 중 무려 11개가, 1898년까지 범위를 확대하면 54개 박사학위 중 30개가 홀이 수여한 것이다. 이 수치만 보아도 그가 후학 양성에 얼마나 열성적이었는지 짐작할 수 있다.

셋째, 조직화에 능했다.

맹자는 '천하의 인재를 얻어 가르치는 것만큼 기쁜 일이 어디 있으랴'라고 했지만 홀은 단순히 천하 인재들의 스승이 되는 데 만족하지 않았다. 한발 더 나아가 천하의 인재를 모아 더 큰 일을 도모하겠다는 원대한 비전을 품었다. 그리고 놀라운 추진력으로 비전을 현실로 만드는 작업에 착수했다.

당시 미국 심리학계는 하루가 다르게 연구자가 늘어났지만 이를 조직화하려는 움직임은 전무한 상태였다. 이런 상황에서 홀은 일일이 서한을 보내거나 직접 찾아가 설득하는 등 부단한 노력 끝에 마침내 심리학계에서 명망 있다고 알려진 인물 26명을 모아 미국심리학회를 설립하고 스스로 초대 회장이 되었다. 현재 미국심리학회가 15만 명이 넘는 회원을 둔 세계적 조직으로 성장한 밑바탕에는 홀의 노력이 깔려 있다.

미국심리학회가 설립된 후, 지금 보면 기라성 같은 심리학계의 거물들이 모두 모여 분과회의를 열고 기념으로 사진을 남겼다. 그런데 이 장면이 1927년에 열린 솔베이 회의 Solvay Conferences와 묘하게 겹쳐 보인다는 점이 흥미롭다. 솔베이가 기부한 기금으로 1911년에 시작된 솔베이 회의는 세계 정상급 물리학자들이 3년마다 모여 주요 물리학 주제에 대해 발표하고 토론하는 자리다. 특히 양자물리학의 발전에 핵심적인 역할을 한 것으로 유명한데, 그중에서도 1927년에 열린 회의는 역사적으로 기념할 만하다. 해당 회의에 참석했던 물리학자 29명 중 무려 17명이 노벨상을 수상했기 때문이다. 이날 찍은 사진을 보면 아인슈타인이 가운데에 앉아 있다. 그리고 미국심리학회의 '클라크 회의' 기념사진 역시 제임스, 프로이트, 에드워드 티치너Edward B. Titchener 등 심리학의 역사 그 자체라 해도 좋을 만한 인물이 즐비한데, 홀이 그 모두를 제치고 중앙에 앉아 있다. 어쩌면 홀은 스스로 위대한 사람이 되기보다는 위대해질 사람들을 한자리에 모으고 그들의 일원, 나아가 그들의 리더가 되는 것이 더 의미 있다고 일찌감치 깨달았는지도 모른다.

넷째, 모든 일에 유연하게 대처했다.

학문의 상아탑에서 평생을 보낸 교수라는 사람들은 대개 외골수에 고집불통이다. 물론 죽어라 한 우물을 파며 누가 뭐래도 꿋꿋이 자기 길을 가는 면모가 대가의 경지에 오르게 하는 원동력이긴 하지만 말이다. 그러나 홀은 대부분의 교수들과 달리 학자와 리더의 역할을 철저히 분리할 줄 알았다. 학문을 할 때는 비약적인 사고방식과 단어 하나까지 집요하게 고민하는 모습을 보였지만 대인관계나 일상생활에서는 놀랍도록 유연하고 능수능란한 사회인으로 변신했다.

이를 잘 보여주는 일화가 있다. 한창 미국심리학회를 꾸릴 당시 제임스와 듀이에게 동참해달라고 요청했지만 두 사람은 홀의 '세속적' 활동이 탐탁지 않았는지 선뜻 승낙하지 않았다. 심리학계에서 두 사람이 차지하는 위상을 고려하면 그들의 협조가 절대적이었기에 홀은 고민에 빠졌고, 마침내 기발한 아이디어를 떠올렸다. 제임스와 듀이에게 특별한 자격을 부여하기로 한 것이다. 이른바 '특별회원'이었다. 홀의 제안은 두 사람의 마음을 사로잡았고, 결국 그들은 미국심리학회의 창립 멤버가 되고 훗날 연이어 회장직을 맡기도 했다. 그 밖에 몇몇 거장들도 제임스와 듀이처럼 특별회원 자격을 부여받는 조건으로 미국심리학회에 동참했다.

미국에서 유일하게 클라크대학이 프로이트의 강의를 성사시킨 것도 홀의 융통성 있고 유연한 일처리 덕분이었다. 클라크대학 설립 20주년을 맞아 홀은 세계적인 석학을 초청할 계획을 세웠다. 1순위는 심리학의 아버지인 분트였다. 분트를 초대하기 위해 홀은 출장비와 강연료로 750달러를 제안했지만 거절당했다. 일단 유럽에서 미국까지 먼 길을 가기에는 분트의 나이가 너무 많았다. 게다가 비슷한 시기에 그가 교편을 잡고 있는 라이프치히대학 역시 500주년 기념식을 열 계획이었는데, 원로 교수인 분트가 모두발언을 하기로 되어 있었다. 분신술을 쓰지 않는 한 도무지 맞출 수 없는 일정이었다. 다음으로 홀이 접촉한 인물은 망각곡선 연구로 유명한 헤르만 에빙하우스Hermann Ebbinghaus였지만 그도 건강이 좋지 않다는 이유로 거절했다(실제로 그는 이듬해 병환으로 세상을 떴다). 홀의 다음 선택지가 바로 프로이트였다. 프로이트도 처음에는 요청을 거절했다. 강연비가 적다는 게 이유였다. 그러자 홀은 유럽에서 미국까지 오는 데 소요되는 각종 경비는 물론, 필요하다면 미국에서의 학위까지 주겠다며 파격적인 제안을 했다. 무엇보다 프로이트의 마음을 움직인 것은 분트와 동급의 대우를 해주겠다는 약속이었다. 그렇게 프로이트는 미국에 첫발을 디뎠고, 그 한 걸음으로 심리학의 역사가 바뀌었다. 어찌 보면 홀이 투자한 몇백 달러로 심리학 역사가 다시 쓰인 셈이다.

홀은 최초가 되기를 두려워하지 않는 담대함, 널리 인재를 수용하는 포용력, 조직력과 추진력, 융통성과 너른 사교력으로 리더십의 절정을 보여주었다. 그야말로 심리학 역사상 가장 영향력 있는 인물이라 해도 손색이 없다.

마지막으로 홀의 영향력을 보여주는 소소한 일화를 소

개한다. 28대 미국 대통령인 우드로 윌슨Thomas Woodrow Wilson도 홀의 제자였는데, 스승의 영향을 받아 원래 전공인 정치학과 역사학을 포기하고 심리학으로 전과할 것을 진지하게 고민했다고 한다. 만약 그가 홀의 권유를 받아들여 심리학으로 방향을 틀었다면 미국은 또 한 명의 심리학자를 얻는 대신 대통령 한 명을 잃었을지도 모르는 일이다.

19장

아이 마음 다치지 않게
키우는 법

장 피아제
Jean Piaget, 1896~1980

스위스의 발달심리학자이자 아동심리학의 거장. 아동
의 정신발달을 연구해 어린이의 사고가 자기중심적이
라는 사실을 밝혀냈다. 이는 어린이를 '작은 어른'이라
여겼던 기존의 인식을 뒤엎는 발견이었고, 인간의 인
지발달을 과학적으로 규명함으로써 교육심리학에 큰
공헌을 했다. 《장 피아제의 발생적 인식론》, 《교육론》
등의 저서가 있다.

아이를 어떻게 키워야 할까? 이는 세상 부모의 공통된 고민거리다. 그 조그만 머릿속에서 대체 무슨 일이 벌어지고 있는지, 왜 이렇게 말하고 왜 저렇게 행동하는지 내 자식이지만 이해할 수 없을 때가 너무나 많다. 아이를 이해하려면 어떻게 해야 할까? 심리학자로서 조언하건대 무엇보다 먼저 아이의 심리발달 과정부터 공부해야 한다.

아이의 내면세계를 궁금해한 것은 천재 물리학자 아인슈타인도 마찬가지였다. 1928년, 아인슈타인이 한 심리학자에게 이런 질문을 던졌다.

"아이는 어떤 순서로 시간과 속도의 개념을 깨닫나요?"

아인슈타인의 상대성 이론에서 시간과 속도는 상대적이다. 속도가 일정 정도에 도달하면 시간은 느려진다. 아인슈타인은 갓난아기에게도 시간과 속도의 개념이 있는지 알고 싶었다. 없다면 언제 어떤 순서로 생기는지 궁금했다.

아인슈타인의 궁금증은 그로부터 20년 뒤에야 풀렸다. 영아기 또는 유아기 때는 시간과 거리, 속도를 이해하지 못하며 구체적 조작기concrete operational period가 되어야 비로소 이 3가지 개념을 깨닫는다는 것이다.

아인슈타인의 의문을 해결해준 심리학자는 아동심리학의 거장 장 피아제Jean Piaget다. 그의 연구와 이론은 현대 발달심리학의 토대가 되었으며, 특히 아동의 관점에서 아이를 관찰하고 이해하는 데 결정적인 공헌을 하며 아동교육이 나아갈 방향을 제시했다.

피아제를 가장 잘 설명하는 수식어는 '신동'과 '천재'다. 대학교수 집안 출신인 그는 불과 10세 때 첫 번째 논문을 발표하기 시작해 19세 때 20여 개가 넘는 학술지에 자신의 논문을 실었다. 22세에 박사학위를 취득하며 심리학 분야에 뛰어들어 훗날 명망 있는 아동심리학의 대가가 되었다.

심리학이나 교육에 관심 있는 사람이라면 피아제라는 이름이 낯설지 않을 것이다. 특히 아동발달 및 교육 분야에서는 피아제를 빼면 진도가 나가지 않을 정도다. 영국의 발달심리학자 피터 브라이언트Peter Bryant는 '피아제가 없었다면 아동심리학은 존재하지 않았을 것'이라고 단언했다.

본격적인 내용에 들어가기에 앞서 발달심리학과 아동심리학의 관련성을 간단히 짚어보는 것이 좋겠다. 초기에 학자들은 아동의 심리만을 연구하는 학문을 '아동심리학'이라 칭했다. 그러다 연구 영역이 점차 광범위해지면서 청소년심리, 초기 성인 심리까지 포괄한 '발달심리학'이라는 용어가 아동심리학을 대체했다. 현재 발달심리학은 성인 및 노년 심리 연구까지 아우르며, 최근에는 일생에 걸친 심리발달 및 변화를 연구하는 '평생발달심리학'도 등장했다. 여기서 다룰 피아제의 심리학은 주로 아동의 심리발달에 관한 것이다.

심리학자가 아이를 연구하는 법

아동교육을 배우려면 반드시 피아제라는 관문을 거쳐야 하는데, 문제는 이 관문이 호락호락하지 않다는 점이다. 문외한은 물론이고 심리학 전공자도 피아제의 이론을 공부하다 보면 머리가 지끈지끈해지고 안갯속을 헤매기 일쑤인데 그 원인을 꼽자면 이렇다.

첫째, 피아제는 극도로 성실한 학자로 방대한 저서를 남겼다. 피아제 이전에 심리학계에서 저술의 양으로 손꼽힌 사람은 심리학의 창시자인 분트였다. 분트는 전형적인 공붓벌레에 일중독자로, 그가 쓴 책 분량만 장장 5만여 쪽에 달한다. 분트의 저서를 다 읽으려면 매일 60쪽씩 독파해도 2년 반이나 걸린다는 의미다. 피아제는 그런 분트를 능가한다. 그가 남긴 50여 권을 합하면 6만 쪽이 넘는다. 이들은 자신의 연구에 심취한 나머지 후학이 얼마나 곤욕을 치러야 할지는 조금도 고려하지 않았던 듯하다.

둘째, 원래 피아제는 생물학과 철학을 전공했으며 심리학에는 뒤늦게 발을 들였다. 그래서 심리학 이론을 서술할 때도 생물학 용어 및 철학 용어를 많이 차용하며, 아예 새로운 용어를 만들어내기도 했다. 그 결과 피아제의 이론은 무척 난해하고 현학적이다. 게다가 스위스인인 피아제는 대다수의 저서를 프랑스어로 썼는데 초기에 국내에 소개된 피아제의 저술은 프랑스어를 영어로, 영어를 또다시 우리말로 옮긴 중역이 대부분이어서 용어가 한층 더 '불친절'하게 변해버렸다. 한 번 읽어서는 대체 무슨 의미인지 짐작조차 되지 않는 용어가 난무하게 된 것이다.

그렇다고 지레 겁먹고 외면하기에는 그의 이론이 심리학에서 차지하는 비중이 너무 크다. 그럼 어떻게 해야 할까? 걱정하지 마시라. 이 책의 목적이 무엇인가? 난해한 심리학을 쉽고 친근하게 소개하는 것 아닌가. 피아제의 이론도 모두가 알아들을 수 있도록 최대한 쉽게 풀어볼 예정이다.

먼저 피아제의 연구 역사를 살펴보자. 박사학위를 취득한 후 피아제는 파리에서 심리학자 테어도르 시몬의 조교로 일하며 아동 지능검사를 연구했다. 그중에서도 초등학생 연령의 아동을 대상으로 한 지능검사 표준화를 연구했는데, 여기서 그는 지능검사 과정에서 몇몇 아이들이 늘 비슷한 실수를 하는 이유에 흥미를 느꼈다. 즉 발달 과정에서 아동의 심리적, 지적 능력이 어떻게 발달하는지에 더 관심 있었던 것이다.

하지만 흥미가 있어도 관찰할 아이가 없으니 연구를 시작하기가 어려웠다. 실제로 피아제가 본격적으로 아동을 연구하기 시작한 것은 제네바대학의 루소연구소에서 연구원으로 근무할 당시 만난 여성과 결혼하여 세 아이를 낳은 뒤부터였다. 자신의 세 자녀를 양육하며 관찰 대상으로 삼은 것이다.

피아제는 아이와 이야기할 때 마치 내담자를 대하듯 목적을 가지고 질문을 던지고 대화를 이어갔다. 예를 들면 이런 식이다.

"바람은 어떻게 생길까?"

"나무가 바람을 만들어요."

"그걸 어떻게 알았니?"

"나무가 가지를 휘두르는 걸 봤거든요."

"그럼 어떻게 바람이 생겨나더냐?"

"(손을 휘저으며) 이렇게 흔들면요. 나무는 나보다 훨씬 크고 또 많잖아요. 나무들이 다 같이 가지를 휘두르니까 바람이 생기더라고요."

"그럼 바다의 바람은 어떻게 생겨나는 걸까? 바다에는 나무가 없지 않니?"

아마 이쯤에서 아이의 말문이 막히지 않았을까. 피아제는 이런 식의 문답법을 활용해 아이의 심리적, 지적 발달과정을 추론하고 이해하려 노력했다. 이 같은 노력과 연구의 결실로 수많은 저서가 탄생한 것이다.

피아제가 알려주는 자녀 양육법

피아제에 따르면 부모로서 자녀를 양육할 때 가장 중요하게 생각할 점은 다음과 같다.

반드시 아이의 입장에서 문제를 바라본다

피아제 이전에는 아이를 '작은 성인'으로 보는 관점이 아주 오랫동안 서양 사상계를 지배했다. 서구의 경험주의 철학자들은 아동이 성인보다 연상능력이 떨어질 뿐 두뇌 구조 및 작동 원리는 완전히 동일하다고 여겼다. 또한 선험론transcendentalism을 따르는 심리학자들은 아이들이 시간과 공간, 수량 같은 개념을 태어나면서부터 이미 알고 있으며, 이를 활용할 수 있는 능력 역시 타고난다고 믿었다. 동양도 크게 다르지 않아서 아이들을 작은 성인으로 보기는 마찬가지였으며, 아이의 심리발달에 대한 관심은 더더욱 없었다.

　이 모든 관점을 바꾼 사람이 바로 피아제다. 피아제는 아동의 인지능력이 성인과 근본적으로 다르며 심리발달 또한 나름의 독특한 논리에 따라 이뤄진다고 보았다. 그리고 그 유명한 대상영속성object permanence 실험을 통해 아동의 세계와 성인의 세계가 전혀 다르다는 사실을 입증했다.

　대상영속성이란 무엇인가? 어떤 물체가 당장 내 눈앞에

서 사라진다 해도 그것 자체가 없어지는 게 아니라 어딘가에 여전히 존재하고 있음을 아는 능력이다. 만약 친구가 장난으로 당신이 읽던 책을 빼앗아서 다른 방으로 가져갔다고 해보자. 이때 책과 친구가 아예 없어졌다고 생각하는가? 당연히 그렇지 않다. 책과 친구의 존재는 이미 머릿속에 하나의 개념으로 자리잡고 있기에 비록 눈에 보이지 않고 만져지지 않아도 그들이 여전히 존재함을 안다.

그런데 이런 능력은 태어날 때부터 있는 게 아니다. 피아제는 실험을 통해 대상영속성이 생후 8개월쯤부터 발달하기 시작한다는 사실을 밝혀냈다. 예를 들어 8개월이 되지 않은 아기에게 장난감을 보여줬다가 수건으로 가리면 어떤 반응을 보일까? 대개는 더이상 그 장난감을 찾지 않고 다른 곳으로 관심을 돌린다. 자기 눈앞에 보이지 않으니 아예 존재하지 않는다고 여기는 것이다. 아기들이 까꿍놀이를 좋아하는 이유도 대상영속성 능력이 없어서다. 얼굴만 보이지 않아도 아기는 상대방이 사라졌다고 생각한다. 그러다 다시 나타나면 그 사람은 다시 아기의 세계에 존재하게 된다. 아기 입장에서는 감쪽같이 사라졌던 사람이 다시 나타나는 놀라운 경험을 하는 셈이다. 이러니 까꿍놀이를 좋아하지 않을 수 있을까.

아이가 보는 세상과 우리가 보는 세상은 이렇게나 다르

다. 그러므로 아이를 이해하고 싶다면 반드시 아이의 관점에서 보아야 한다. 그러나 말이 쉽지, 아이의 입장에 서기란 결코 쉽지 않다. 그렇다 보니 안타깝게도 많은 부모가 어른 마음대로 아이를 판단하고 '작은 어른'처럼 대하면서 아이에게 맞지 않는 교육을 들이민다.

예를 들어 설명해보자. 아이가 거짓말을 하면 어른들은 무척 심각하게 받아들인다. 거짓말을 한다는 건 교육을 잘못 받았거나 심성이 나쁘다는 방증이 된다. 물론 어른의 거짓말은 대부분 타인을 속이려는 의도가 있으므로 비난받아도 할 말이 없다. 그러나 아이의 거짓말은 조금 다르다. 어른들의 생각과 달리 아이가 거짓말을 하는 이유는 인지능력이 성숙하지 않아서다. 인지능력이 부족한 만큼 상상의 세계를 현실 세계와 구별하지 못하고 믿어도 되는 것으로 여긴다. 그 결과 거짓말이라는 인식도 없이 거짓말을 한다. 또 일부러 거짓말을 한 게 아니라 정말로 그렇게 믿고 말한 것이기에 이 때문에 혼나고 비난받으면 당황하고 실망을 느낀다.

나아가 발달 이론에서는 아이의 거짓말이 정상적인 지능발달의 지표로 쓰이기도 한다. 지능발달 이론에 따르면 자신이 보는 세계와 타인이 보는 세계의 차이점을 정확하게 인지해야 거짓말도 효과적으로(?) 할 수 있기 때문이다. 즉 거짓말을 한다는 것은 그만큼 지능이 정상적으로 발달하고 있다는 뜻이다. 만약 평생 거짓말을 하지 않는다면 그 사람은 성인聖人이거나, 아니면 지능에 문제가 있는 것이다.

거짓말 못지않게 어른들이 오해하기 쉬운 아이의 행동이 '반항'이다. 아이의 반항은 독립성 발달의 증거다. 몸과 마음이 자라고 성숙해지면서 자신도 이제 다 컸노라고 당당히 선언하는 것이다. 그런데 어른들은 그저 말을 안 듣는다며 '이유 없는 반항'으로 치부하기 일쑤다. 알고 보면 아이의 반항은 단계별로 다르다. 어린아이가 엄마 아빠의 만류에도 테이블에 올라가서 기어코 뛰어내리겠다며 고집을 피운다고 해보자. 이때 왜 말을 안 듣느냐고 무조건 화내기 전에 먼저 아이의 입장을 이해할 필요가 있다. 아이 입장에서는 테이블에서 뛰어내리는 행동이 내 몸을 마음대로 움직일 수 있다는 사실을 인지하고 확인하는 즐거운 과정일 뿐이다. '내 몸의 주인은 나!'라는 선언이랄까.

마찬가지로 사춘기에 접어든 자녀가 사사건건 부모와 부딪치며 청개구리처럼 군다고 세상이 무너질 듯 시름에 젖지 않아도 된다. 이 역시 아이가 성장했다는 증거로, 이번에는 '내 생각의 주인은 나!'라고 공표하는 것이다. 아이는 성장하는 만큼 부모에게 반항하기 마련이고, 그게 당연하다. 그때마다 부모가 자녀와 대립각을 세운다면 부모 노릇을 제대로 하지 못하는 것이다.

다음으로는 알아볼 내용은 피아제의 자기중심성egocentrism이다. 전조작기preoperational period의 아동은 현재 상황이나 사물을 해석할 때 자기가 지금 보는 것이 전부인 줄 안다. 즉 자기중심적으로밖에 생각하지 못한다. 다른 사람은 나와 다른 관점이나 생각을 가질 수 있다는 사실을 인지하지 못하는 것이다. 객관적 분석을 전혀 하지 못하므로 타인의 입장에서 문제를 볼 줄도 모르고 오직 자기를 중심으로, 자신의 관점으로만 사물을 관찰하고 묘사한다.

피아제는 아동의 이러한 특징과 행동을 묘사하는 데 그쳤지만, 부모라면 여기서 깨달아야 할 점이 있다. 아이의 자기중심성은 성장 과정에 필연적인 부분이지만 성인의 자기중심적 행동은 유치하고 미성숙하다는 증거일 뿐이라는 사실이다. 따라서 부모는 자기중심적인 생각과 편견을 버리고 아이 중심으로, 아이 입장에서 이해하려 노력해야 한다. 그래야 비로소 아이의 시선으로 세상을 볼 수 있다.

아이의 발달단계에 맞게 가르친다

아이는 어떻게 자라는가? 사람들은 흔히 아이가 비탈길을 오르듯 하루하루 조금씩 점진적으로 성장한다고 생각한다.

그러나 피아제는 아이가 계단을 오르듯 성큼성큼 자란다고 말했다. 일정한 시기나 연령에 다다르면 갑자기 한 단계 뛰어올라 불현듯 수많은 이치를 깨닫는다는 것이다.

지능발달을 예로 들어보자. 초등학교 저학년 아이에게는 아무리 방정식을 가르쳐봐야 소용이 없다. 그런데 중학교에 가면 애써 가르치지 않아도 금방 이해하고 배운다. 도덕도 마찬가지다. 학령기 전의 아이들은 자기중심적인 사고밖에 하지 못한다. 그러다 초등학교에 가면 단체생활의 규칙을 이해하고 선생님의 말씀을 들어야 한다는 수준까지 이르며, 중학생이 되면 사회가 자신에게 요구하는 바를 알고 타인의 언행을 먼저 본 뒤 그에 맞춰 행동할 수 있게 된다.

피아제는 발달 상황에 따라 아동의 인지발달을 4단계로 구분했다.

- 감각운동기(0~2세) : 감각, 동작 등 신체 기능을 이용해 세상을 인지하는 단계.
- 전조작기(2~7세) : 간단한 언어 부호를 활용해서 부분적이나마 논리적 사고를 시작하는 단계. 상징적 표상을 통해 사물을 이해할 수 있는 정도의 인지능력이 발달하며 자기중심적인 특징을 보인다.
- 구체적 조작기(7~11세) : 논리적 사고능력과 가역성,

보존의 개념이 생기는 단계. 그러나 구체적 사물이나 이미지 등 쉽게 상상할 수 있는 개념을 다루는 능력만 발달한다.

- 형식적 조작기(11~15세) : 형식과 내용을 분리해서 추상적 사고가 가능해지는 단계. 감각으로 인지할 수 있는 구체적인 사물이나 이미지가 아닌 추상적인 논리 및 명제를 이해하고 조작할 수 있다.

그렇다면 아동의 도덕성 발달에 대해서는 어떤 관점을 갖고 있었을까? 피아제는 아동이 성장함에 따라 타율적 도덕성에서 자율적 도덕성으로 전환되며, 그 과정 역시 4단계로 나눌 수 있다고 보았다.

- 무도덕성 단계(2~5세) : 도덕이나 질서에 대한 개념이 거의 없고, 외부 규칙을 본인이 원하는 대로 받아들인다.
- 타율적 도덕성 단계(6~8세) : 일상생활 속 지켜야 할 질서와 규칙이 있다는 사실을 깨닫고 준수하며 부모나 선생님 같은 어른의 지시와 권위를 인정하고 따르기 시작한다.
- 자율적 도덕성 단계(9~10세) : 질서와 규칙이 합의하에 만들어지며 서로 동의하면 바꿀 수도 있다는 사실을 깨닫는다. 특히 친구들과의 사이에서 '네가 내 규칙을 따르면 나도 네 규칙을 따르겠다'는 식의 합의가 가능해진다.

• 사회 정치적 차원 단계(11~12세) : 도덕성 측면에서 공정함을 지향하는 단계. 이때의 공정함은 단순히 옳고 그름을 판단하는 규칙이 아니라 관심과 연민에서 비롯된 진정한 의미의 도덕을 가리킨다.

아동의 인지발달 및 도덕성 발달에 관한 피아제의 이론은 아동의 발달을 실질적으로 파악하고 밝히는 데 지대한 공헌을 했다. 또한 여러 후학의 노력으로 지금도 끊임없이 개선되고 있다.

친구 같은 부모 vs. 기준이 되는 부모

물론 부모라고 해서 아동발달에 관한 수많은 이론을 모두 알아야 하는 것은 아니다. 그러나 한 가지 사실만은 반드시 기억해두자. 아이는 성장하면서 여러 단계의 발달과정을 거치며, 단계마다 인지능력 및 사회적 관념에 차이가 있다는 것이다. 따라서 부모는 아이의 심리발달 특성에 맞춰 현 단계에서는 무엇을 강조해야 하며 무엇을 기다려주고 무엇을 성취해야 하는지를 먼저 이해해야 한다. 그래야 무리한 교육이나 훈육을 하지 않고 아이의 발달을 적절히 도울 수 있다.

이제 현실로 눈을 돌려보자. 최근 인기를 끄는 수많은 교육법 중에서 아이의 연령별 발달단계를 제대로 반영한 경우는 과연 얼마나 될까? 인터넷이나 커뮤니티 등에서 떠도는 수많은 양육지침 중에는 피아제의 이론을 기초로 한 것이 많아서 얼핏 굉장히 그럴듯하고 합리적으로 보인다. 하지만 그러한 지침이 모두 내 아이에게 맞는 것도 아니고, 모두가 효과적이지도 않다.

예컨대 어떤 부모는 아이와 친구처럼 지내려 한다. 반대로 아이는 엄하게 길러야 한다고 믿는 부모도 있다. 마냥 허용하기보다는 적절한 규칙과 제한을 두어야 아이도 안정적으로 자랄 수 있다는 것이다. 당신이 아이를 키운다면 어느 쪽을 따르겠는가? 친구 같은 부모가 되겠는가, 아니면 부모의 권위를 지키며 엄한 모습을 보이겠는가?

피아제의 이론에 따르면 두 가지 관점 모두 일리도 있고 부족한 면 또한 존재한다. 양육방식에 절대적인 옳고 그름은 없다. 다만 반드시 아이의 발달 특성을 존중하여 그에 맞는 방식을 택해야 한다. 예컨대 6~8세의 아이는 타율적 도덕성 단계에 있으므로 연장자의 지시와 권위에 순응하는 성향이 두드러진다. 그렇다면 이 시기에는 권위형의 부모가 아이 교육에 더 적합하지 않을까? 이 시기에 부모가 친구처럼 굴면 아이는 오히려 어찌할 바를 모르고 혼란에 빠질 수 있다. 지켜야 할 규칙과 선을 정해줄 존재가 없기 때문이다. 민주적으로 키우려는 의도가 자칫 아이를 버릇없이 키우는 결과를 낳을 수 있다는 뜻이다.

그렇다면 친구 같은 부모가 필요한 단계는 언제일까? 자녀가 중학생쯤 되었을 때다. 이 연령대의 자녀는 권위적인 부모를 그다지 반기지 않는다. 도덕성 발달 측면에서 아이가 이미 사회 정치적 차원 단계에 접어들었기 때문이다. 이 단계의 아이는 부모가 자신을 평등하고 공정하게 대해주기를 바란다. 그래서 사춘기 아이들 사이에서는 자녀와 수평적인 관계인 부모가 훨씬 인기 있다.

이쯤 되면 알 것이다. 모든 연령대에서 환영받는 부모 유형은 없다. 아이의 지적, 심리적, 도덕적 발달 상황에 따라 교육방식을 능수능란하게 바꾸고 새롭게 적용하는 카멜레온 같은 부모가 가장 좋다. 그러려면 아이의 입장에서 생각하고 아이의 시각으로 문제를 보며 아이의 발달 특성을 이해하는 것이 중요하다. 무엇보다 내 아이의 성장과 교육을 다른 사람에게 맡기고 방임해서는 결코 안 된다. 여러 교육기관의 도움을 받을지언정 내 아이는 어디까지나 내가 책임져야 하는 법이다.

20장 나와 다른 사람을 이해하는 법

헤이즐 로즈 마커스
Hazel Rose Markus, 1949~

미국의 사회심리학자이자 문화심리학의 선구자. 문화와 자아가 서로를 형성하는 방식을 연구해 독립적인 자아와 상호의존적인 자아상을 제시했다. 동서양의 차이, 지역에 따른 차이를 이해하는 지평을 열었다고 평가된다. 《우리는 왜 충돌하는가》 등의 저서가 있다.

사람은 문화의 영향에서 자유로울 수 없다. 속해 있는 문화권에 따라 생각도, 심리도, 행동도 다르다. 물론 인간으로서 공유하는 보편성도 있지만 나고 자란 문화에 따라 사람마다 나름의 특성을 갖는다.

　　한 미국 청년이 중국으로 유학을 갔다가 중국 문화에 흥미를 느끼게 됐다. 그래서 공부하고 일하는 틈틈이 여행을 다니며 관찰을 시작했는데, 중국의 문화가 미국과 매우 다른 것은 당연하고 심지어 같은 중국이라도 지역마다 상당한 차이가 있다는 사실을 발견했다. 이를테면 남쪽지방인 광저우에서는 다들 자기 일에 바쁘고 타인과의 충돌을 피하려 한다는 것을 알았다. 교류할 때에도 가급적 상대의 기분을 상하게 하지 않으려 조심했으며 길을 다닐 때는 다른 사람과 부딪치지 않게 주의하며 걸었다.

　　하지만 북쪽지방으로 올라가자 전혀 다른 양상이 펼쳐졌다. 북방지역 사람들은 낯선 이와도 스스럼없이 교류할 뿐 아니라 방금 알게 된 사람에게도 서슴없이 직설적인 말을 던졌다. 이 미국 청년은 동료와 함께 박물관에 갔다가 우연히 보안요원과 이야기를 나누게 됐는데, 그가 느닷없이 '이 친구가 저 친구보다 중국어 실력이 낫다'며 아무렇지도 않게 평가와 지적을 하는 통에 깜짝 놀라고 말았다. 무례한 그의 태도에 기분이 언짢기는 했지만 한편으로는 남쪽과 북쪽의 현저한 문화 차이를 느낄 수 있어서 흥미로운 경험이었다고 했다. 나는 그가 중국 동북지역에도 가봤어야 한다고 생각한다. 그랬다면 서로 일면식 없는 두 사람이 어쩌다 눈이 마주치기만 해도 '뭘 봐?'라고 시비를 걸며 주먹을 날리는 진풍경을 볼 수 있었을 텐데!

물론 농담이다. 하지만 나고 자란 문화의 차이가 심리와 표현, 행동방식의 차이를 만든다는 것은 자명한 사실이다. 그리고 국가 간, 문화 간, 인종 간 교류가 과거와 비교할 수 없을 만큼 다양해진 '지구촌 시대'에는 원하든 원치 않든 서로 다른 문화에 속한 사람들이 상대방을 이해하고 배려하며 화목하게 지낼 필요가 있다. 적어도 나와 다르다는 이유만으로 무조건 배척해서는 안 된다. 전 세계가 인터넷으로, 교통망과 유통망으로, 온갖 이해관계 및 무역관계로 촘촘하게 얽혀 있는 오늘날에 걸맞은 세계관 정립이 우리 모두에게 반드시 필요하다.

이런 문제에도 심리학이 해답을 줄 수 있을까? 다행히 그렇다. 올바른 세계관을 갖고 다른 문화를 이해하려면 어떻게 해야 할까? 이 질문에 답해줄 사람으로 21세기 최고의 문화심리학자인 헤이즐 로즈 마커스Hazel Rose Markus만 한 적임자도 없다.

전형적 자아관 :
독립형 자아와 상호의존형 자아

1991년, 마커스는 일본의 사회심리학자 키타야마 시노부 Shinobu Kitayama와 함께 문화권에 따른 심리 차이를 연구한 논문을 발표했다. 〈문화와 자아 Culture and the Self : Implications for Cognition, Emotion, and Motivation〉라는 제목의 이 논문은 문화심리학의 고전으로 불리며 큰 반향을 일으켰다. 2022년 2월 기준으로 구글 학술 검색엔진에서 이 논문의 인용횟수는 무려 2만 9000회에 달한다. 비교적 최근인 1991년에 발표된 데다 주류분야가 아닌 문화심리학을 다뤘다는 점을 감안하면 괄목할 만한 수치다. 참고로 심리학을 연구하는 사람이라면 누구나 읽는 프로이트의 저서 《꿈의 해석》이 1996년부터 현재까지 인용된 횟수는 2만여 회에 불과하다.

마커스와 키타야마는 문화가 개인의 '자아' 특성 자체를 구성한다고 보았다. 문화가 다르면 자아의 구조 및 내용도 근본적으로 다르다는 것이다.

먼저 서구권 문화를 살펴보자. 개인주의 문화가 강한 미국은 개인의 독립성을 강조한다. '나'는 타인과 확실히 구별되며 개인은 자신의 생각과 감정, 행동에 입각해 독립적인 개체가 될 것을 요구받는다. 물론 자신에 대한 책임 역시 스스로 져야 한다. 마커스와 키타야마는 이렇게 개인주의 문화에 뿌리를 둔 자아를 '독립형 자아'라 정의했다.

반면 비서구권 문화, 예를 들어 집단주의 문화를 신봉하는 일본에서는 사람과 사람 사이의 연결 및 상호관계를 중시한다. 개인은 자신을 사회의 일원으로 인식하며 자신과 관계된 사람의 생각과 감정, 행동에 신경쓴다. 또한 자신의 행동이 집단에 어떤 영향을 미칠지 무의식적으로 늘 생각하며 움직인다. 이렇듯 집단주의에 기초한 자아를 '의존형 자아' 혹은 '상호의존형 자아'라 한다. 내 안에 네가 있고, 네 안에 내가 있는 문화인 셈이다.

마커스에 따르면 독립형 자아 문화에서는 행동 동기가 개인의 내면에 있는 데 비해 상호의존형 자아 문화에서는 외부 요소의 영향을 받아 내면화된 것이 행동 동기로 작용한다. 이러한 차이는 각 문화권에 속한 개인의 생각, 행동, 심리, 가치관의 차이를 낳고 전체 사회의 모습도 다르게 만들어간다.

이에 대한 근거로 마커스는 미국과 일본의 광고를 비교 분석했다. 미국 광고는 자유와 독창성, 개성을 강조한 데 비해 일본 광고는 상호의존과 연민, 소속감, 융화 등을 내세우는 특징을 보인다. 구체적 사례를 들자면 일본의 한 위장약 지면광고에는 환자 혼자 위통을 이겨내는 장면 대신 단체복을 입은 3명이 미소를 지으며 환자와 함께 춤추는 장면이 실렸다. 병이 사라졌으니 당신뿐 아니라 우리 모두 기쁘다는 느낌이랄까.

마커스는 미국과 일본 단 두 나라만 연구했지만 그의 이론은 많은 문화권에 무리 없이 적용할 수 있을 만큼 포괄적이고 보편적이다. 나라별로 정도의 차이는 있겠지만 유럽 미국 등 서구권 국가는 독립형 자아 문화가, 한국 일본 중국 등 동양권 국가는 상호의존형 문화가 주류라고 이해해도 무방하다.

문화의 차이에 따라 자아 개념에 차이가 생긴다는 사실은 학술연구를 넘어 실생활에도 수많은 시사점을 던져준다. 생각해보자. 만약 일하던 중에 동료나 후배가 저지른 실수를 발견했다면 어떻게 하겠는가? 말해야 할까? 이게 무슨 고민거리냐 싶겠지만 문화별로 사람들이 행동하는 방식은 극명하게 갈린다. 독립형 자아 문화권에 속한 사람은 각자의 독립성을 중시하며 개인 간의 경계가 명확하므로 자기 일은 자신이 책임져야 한다는 의식이 강하다. 따라서 구체적인 방식은 달라도 어쨌든 이야기하는 쪽을 택한다.

반면 상호의존형 자아 문화권에서는 말하기 전에 일단 상대가 누구의 사람인지를 먼저 살핀다. 왜일까? 상호의존형 자아 문화권에서는 개인 간 경계가 명확하지 않다. 이들에게 자아란 자기 자신만이 아니라 지인, 친구 등 비교적 친밀한 사람까지 포괄하는 개념이다. 가족은 말할 것도 없다. 이런 상황에서 상대가 누구의 사람인지 확인하지도 않고 섣불리 잘못부터 지적하는 것은 위험하다. 무턱대고 한바탕 혼냈는데 사장의 조카였다면 어쩔 텐가? 오히려 내가 철퇴를 맞을지도 모를 일이다. 어쨌든 사장 입장에서는 피 한 방울 섞이지 않은 직원보다 친형제의 핏줄인 조카가 훨씬 '나'에 가까운 존재이고, 이런 존재를 무시했다는 것은 곧 나를 무시했다는 의미로 받아들일 수 있기 때문이다. 이러한 특성 탓에 상호의존형 자아 문화권에서는 타인과의 관계를 파악하지 못하면 사적으로든 공적으로든 곤란한 상황에 처하게 될 수 있다.

하다못해 욕설에서도 문화의 차이가 드러난다면 믿겠는가? 욕설이라는 것은 어찌 보면 본능적 반응인데도 독립형 자아냐 상호의존형 자아냐에 따라 욕하는 방식이 다르다. 미국인은 욕할 때 종종 F 단어로 포문을 연 다음 곧바로 상대방you을 갖다 붙인다. 자신의 말과 행동에 책임을 져야 하므로 욕을 먹는 대상 역시 당사자로 한정하는 것이다.

중국은 어떨까? 상호의존과 인간관계를 중시하는 중국인들은 누군가를 욕할 때 자꾸 당사자가 아닌 다른 누군가를 끌어들여 '안부를 묻는다.' 특히나 그렇게 남의 모친 안부를 궁금해한다. 실제로 이런 문화권에서 통용되는 욕을 분석해보면 당사자보다는 관련된 사람, 특히 당사자가 소중히 여기는 사람을 모욕하고 폄훼하는 경우가 많은데 그중 절대다수가 '엄마'다. 내게 불만이 있다면서 왜 엄마를 욕하는 것일까? 나는 나고, 엄마는 엄마인데 말이다. 게다가 욕을 먹는 사람이 내가 아닌 엄마라면 나는 아무런 타격도 받지 않는 것 아닌가? 하지만 그렇지 않다. 상호의존형 자아가 강한 문화권에서 자란 사람이라면 누구나 이 행위를 엄청난 모욕으로 받아들인다. 심지어 나를 욕하는 것보다도 훨씬 기분 나쁘고 화가 난다!

중국인에게 엄마라는 존재는 결코 타인이 아니다. 그보다는 내 일부에 가깝다. 이는 뇌과학으로도 증명되었다. 2007년, 베이징대학 주잉朱瀅 교수 연구팀은 동양과 서양의 대학생을 대상으로 자신의 사진과 어머니의 사진을 볼 때 뇌가 어떻게 반응하는지 관찰했다. 관찰 결과 중국인은 어머니 사진을 볼 때 자기 사진을 볼 때와 마찬가지로 공감에 관여하는 뇌 부위인 복내측 전전두엽 피질vmPFC이 활성화됐다. 반면 서양인은 이 부분이 오로지 자기 사진을 볼 때만 활성화됐다. 중국인에게 어머니란 자신의 자아와 뗄 수 없는 존재라는 사실이 과학적으로 입증된 셈이다.

새로운 자아관 :
쌀 문화와 밀 문화

마커스의 〈문화와 자아〉 논문이 엄청난 파급력을 갖게 된 데는 시대적 배경도 한몫했다. 1980년대 후반은 일본의 경제력이 그야말로 폭발하던 시기였다. 당시 일본에서 생산된 자동차, 컴퓨터, 카메라 등이 유럽과 미국 시장을 휩쓸었고 막대한 부를 쌓아올린 일본인들은 미국으로 달려가 미친 듯이 부동산을 사들였다. 당시 LA 번화가 건물의 절반이 일본인 소유였다고 하니 얼마나 대단했는지 짐작이 될 것이다. 심지어 하와이에 투자한 외국인의 98%가 일본인이었다.

　일본의 기세에 놀란 미국 언론들은 앞다투어 '일본이 미국을 사들인다'는 경계심 가득한 기사를 쏟아냈다. 일본의 거침없는 발전상을 보며 스스로 세계의 중심이라 여겼던 미국인들은 충격에 빠졌다. 일본의 저력은 어디서 나왔을까? 이들의 문화적 심리적 토대는 무엇인가? 처음에 미국은 《국화와 칼The Chrysanthemum and the Sword : Patterns of Japanese Culture》이라는 작은 책을 근거로 일본을 이해해보려 애썼다. 그러던 중 일본인과 미국인의 심리적 차이를 구체적 실증을 들어 설명한 〈문화와 자아〉가 나온 것이다. 그야말로 시기와 필요, 지리적 요건까지 모두 만족시킨 절묘한 등장이었다.

또다시 시간이 흐르고 세계 경제의 흐름이 바뀌어 21세기 들어 중국이 과거 일본과 비슷한 행보를 보이기 시작했다. 세계가 중국의 비약적인 발전에 경악하고, 문화심리학자들이 중국에 관심을 집중하게 된 것은 당연한 귀결이다. 과거에 그랬듯이 이번에는 중국의 문화적 특징을 분석함으로써 자신과 다른 생소한 존재를 이해하고자 한 것이다.

그런데 비교적 단일민족이라 할 수 있는 일본과 달리 중국은 소수민족만 50여 개에 달할 정도로 인구 구성이 복잡하고 영토도 광활하다. 문화적 다양성 또한 일본과 비교할 수 없게 복잡하다. 그래서 학자들은 마커스의 이론에 기대 미국과 중국의 차이를 분석하는 데 그치지 않고, 직접 중국 내륙 깊숙이 들어가 지역별 문화 차이를 비교하고 연구하기 시작했다. 그리고 그 결과물로 2014년 〈사이언스〉 지에 중국 문화 이해의 새로운 지평을 연 논문이 실렸다. 〈Large-Scale Psychological Differences Within China Explained by Rice Versus Wheat Agriculture(중국의 벼농사와 밀농사 지대의 심리 차이)〉, 이른바 '쌀 이론rice theory'의 등장이다.

앞서 언급했던 미국인 청년을 기억하는가? 그 청년이 바로 쌀 이론을 제시한 토머스 탈헬름Thomas Talhelm이다. 탈헬름은 중국인 지인들과 교류하면서 중국인끼리도 자아 성향이 전혀 다르다는 사실을 발견했다. 이에 흥미를 느낀 그는 마커스의 '문화와 자아' 이론을 중국에 한정해 적용했고, 같은 나라라도 농경 형태에 따라 남부지방과 북부지방에 분명한 문화적 차이가 나타난다는 결론을 내렸다. 주로 벼농사를 짓는 남부지방 사람들은 상호의존형 자아에 가까운 데 반해 밀 농사가 주력인 북부지방 사람은 개인주의 성향이 강했던 것이다. 즉 동양권임에도 중국 북부지방 사람은 유럽이나 미국 등 서구권 국가처럼 독립형 자아 특성이 두드러졌다.

쌀 이론은 자아의 차이가 생기는 근본 원인을 농경문화에서 찾았다. 이는 기본적으로 지리결정론과 상통한다. 쌀 이론에 따르면 전통적으로 벼농사 지역에 사는 사람은 집단과 협력을 중시하는데, 이는 노동집약적인 쌀농사의 특성 때문이다. 쌀농사는 모내기부터 추수에 이르기까지 모든 과정에 많은 노동력을 필요로 한다. 따라서 이웃과의 협력이 필수적이며, 이런 특성 때문에 집단주의적 문화가 생겨났다는 것이다. 실제로 이 지역에 속하는 사람은 화합을 중시하며 갈등을 회피하는 모습을 보인다. 그에 비해 밀 농사는 상대적으로 노동력이 덜 들어 굳이 이웃과 협력할 필요가 없다. 그 결과 밀 농사 지역에는 개인주의에 치중한 문화가 발달했으며 사람들의 사고방식 역시 독립적이고 분석적이다.

물론 현대에는 농사를 업으로 삼는 사람이 예전보다 훨씬 줄었고 농사법도 과거와는 전혀 다르다. 그러나 예로부터 전해진 습관과 의식은 우리에게 여전히 영향을 준다. 문화적 영향이란 몸에 새겨진 흔적과 같아서 쉽사리 바뀌지 않는다.

심리학 대가의 소소한 이야기 | **심리학 역사에 길이 남을 부부**

헤이즐 로즈 마커스는 남성이 다수를 차지한 심리학계에서 독보적 위치를 차지한 여성 심리학자다. 세계적인 문화심리학자인 그는 미시간대학에서 박사학위를 취득한 후 현재 스탠퍼드대학에서 교편을 잡고 있다. 1994년에는 미국 예술과학아카데미American Academy of Arts and Sciences, AAAS 회원으로, 2016년에는 미국 국립과학아카데미 회원으로 선정됐다. 마커스는 약 150권에 달하는 방대한 저서로도 유명하며 현재도 활발히 저술 활동을 이어오고 있다.

마커스가 문화를 연구하게 된 시작점에는 어린 시절의 경험이 자리하고 있다. 여섯 살 때 그의 가족은 영국에서 미국으로 이주했는데, 어머니의 영국식 억양 때문에 한동안 이웃의 비웃음을 샀다고 한다. 이 경험이 뇌리에 남았던 마커스는 미국의 다문화 배경에서 인종별 차이에 관심을 두고 공부하기 시작했고, 곧 문화심리로 연구 영역을 확장했다.

그래서 대학원 졸업 논문도 비교문화연구를 주제로 쓰려고 했지만 지도교수의 반대에 부딪히고 말았다. 결국 마커스는 뜻을 접고 기회를 기다려야 했다.

마커스가 키타야마를 만난 것은 박사과정을 밟고 있을 때였다. 당시 마커스는 그에게 함께 문화 차이에 관한 연구를 하자고 제안했지만 키타야마는 별 관심이 없었다. 다른 외국인 유학생과 마찬가지로 그 역시 하루빨리 미국을 이해하고 미국 사회에 녹아드는 게 급선무였기 때문이다.

"일본에서 온 나한테 다시 일본을 연구하자니, 그럼 내가 미국에 온 이유가 없잖아?"

박사과정을 마친 후 몇 차례 일본을 다녀온 마커스는 다시 키타야마를 찾아갔다. 일본인이 얼마나 독특하고 신기한지, 미국인과 얼마나 다른지 이야기하기 위해서였는데 키타야마는 듣다가 기분이 나빠졌는지 이렇게 대꾸했다.

"누가 누구더러 이상하다는 건지 모르겠네. 당신들 미국인이 훨씬 이상하다고!"

과연 이상한 쪽은 누구일까? 두 사람은 한바탕 논쟁을 벌인 후 겨우 결론에 이르렀다. 잘 모르겠으니, 같이 연구해 보자! 그리고 이때의 결과물이 모두가 잘 아는 그 논문이다. 마커스와 키타야마의 협력으로 마침내 비교문화연구의 경전이 탄생하고 문화심리학의 새로운 길이 열린 것이다.

이처럼 걸출한 업적을 올린 마커스의 남편 또한 저명한 심리학자다. 이제는 고인이 된 로버트 자욘스Robert Zajonc도 미국 심리학 역사에 한 획을 그었다고 평가된다.

　　문화와 자아에 집중한 마커스와 달리 자욘스의 관심분야는 넓고 다양해서 인간뿐 아니라 쥐, 비둘기, 닭, 심지어 바퀴벌레까지 연구했다. 오랜 세월 함께한 커플일수록 생김새가 닮아간다는 말을 들은 적 있는가? 혹은 사랑하면 닮는다고 하지 않는가. 이 현상을 과학적으로 해석해서 그 '비밀'을 밝혀낸 이가 바로 자욘스다. 사랑하는 두 사람이 닮아가는 이유는 단순히 생활환경이 비슷해서가 아니라 상대의 표정을 자신도 모르게 자꾸 따라 하기 때문이라는 것이다. 그렇게 비슷한 표정을 지으면서 얼굴 근육이 비슷하게 발달하고 노화하는 과정을 거치며 서로 닮아가게 된다는 게 자욘스의 결론이었다. 임신했을 때 잘생기거나 아름다운 연예인의 사진을 보면서 태교하면 잘생기고 예쁜 아기가 태어난다는 속설도 있는데, 이 역시 나름의 '근거'는 자욘스의 이론일 가능성이 크다.

문화심리학이 우리에게 말해주는 것

문화에 관해 : 다른 문화 존중하기

동서양을 막론하고 나라마다, 같은 나라 안에서도 인종과 거주지역에 따라 문화적 차이가 발생한다. 이 차이는 사고방식과 심리, 가치관의 차이로 이어진다. 예를 들어 중국인은 대륙의 폐쇄적 지리 환경 탓에 사고방식이 자기 나라 안에 고착되어 있다. 그 결과 선인이 남긴 경전이나 교훈을 습득하고 역사를 바탕으로 현재를 이해하며, 새로운 문물에는 그다지 호기심을 갖지 않는 특성을 보인다. 중국 영화나 드라마만 봐도 고대 현인이나 위인을 다룬 것이 대부분이다. 그에 비해 서구권 국가, 특히 개방적인 해양형 지리 환경을 가진 나라는 자연을 탐색하고 미지를 탐구하며 무력 정복을 추구하는 전통이 고대 그리스 때부터 자리잡았다. 서양의 창작물 또한 알지 못하는 미래 세계나 대재난 등을 다룬 것이 많다.

둘 중 어느 쪽이 더 좋고 옳다고 할 수 있을까? 이것은 질문 자체가 잘못되었다. 문화적 차이에 좋고 나쁨이나 옳고 그름은 존재하지 않는다. 아무리 이상해 보이는 문화도 알고 보면 나름의 이치가 있기 때문이다.

인류 역사에 오늘날처럼 수천수만 명이 이 나라에서 저

나라로 이동한 적도, 매일같이 서로 다른 문화가 부딪치고 섞인 적도 없다. 그에 따라 곳곳에서 충돌이 일어나는데, 원인을 따지면 결국 독립형 자아와 상호의존형 자아의 다름에서 비롯되었다는 게 마커스의 주장이다. 그는《우리는 왜 충돌하는가Clash! : 8 Cultural Conflicts That Make Us Who We Are》에서 전혀 다른 두 문화관의 융합이 사회의 진보와 개인의 자아발달을 추동해 더욱 번영하고 평화로운 세상의 기초가 되기를, 아울러 각 개인이 독립적인 자주성을 지키면서 동시에 상호의존적인 관계를 맺어가기를 소망한다고 밝혔다.

세상은 다채롭고 문화적 다양성 또한 하늘의 별만큼 많다. 인종과 종족, 문화적 배경이 다른 사람들이 같은 공간, 같은 환경에서 일하고 생활하려면 서로 배려하고 포용하려는 마음이 반드시 필요하다. 인간은 본질적으로 동일하다. 다만 문화적 차이에 의해 서로 다르게 나타날 뿐이다. 그러므로 문화적 차이에 얽매일 필요가 없다. 중요한 것은 서로의 다름을 인정하고 잘 어우러지는 것이다.

문화심리 연구에서 독립형 자아와 상호의존형 자아를 구분하고 쌀 문화와 밀 문화를 구별하는 것은 차이에 연연하기 위함이 아니다. 나와 다른 문화권 사람의 사고방식과 동기, 심리를 이해하고 존중하기 위한 노력의 일환이다. 이는 마커스가 말하는 문화심리 연구의 궁극적 목적이기도 하다.

심리학에 대해 : 우리는 어디로 향하는가

문화는 사람의 마음을 움직이고 배움에 영향을 미친다. 오늘날 우리가 배우는 심리학은 기본적으로 서구의 개인주의 문화에 뿌리를 두고 있다. 즉 모든 관점이 개인 내면의 인지와 감정, 동기 등 오로지 개인에 치중된다. 한국이나 일본, 중국, 인도처럼 집단주의 문화의 관점에서 보자면 인간관계 및 타인과의 소통, 상호교류 등이 다소 소홀하게 다뤄진다는 느낌을 지울 수가 없다.

이러한 문화 차이는 우리가 심리학 전문서를 끝까지 읽지 못하고 내려놓는 원인이 되기도 한다. 집단주의 문화권에서 나고 자란 사람은 상호의존형 자아를 가질 가능성이 크고, 상호의존형 자아를 가진 사람이라면 필연적으로 인간관계에 관심이 많을 수밖에 없다. 그런데 서구권 문화를 바탕으로 한 심리학 전문서적은 대부분 개인의 문제에 치중한다. 뇌과학 지식에 관한 설명이 책의 절반을 넘어가는 경우도 부지기수다. 그야말로 가까이 하기에는 너무 먼 당신이랄까. 인간관계에 대한 고민 때문에, 타인을 이해하고 나를 이해하고 싶다는 마음으로 심리학 책을 집어 들었다가도 온통 이런 이야기뿐이면 한숨이 나올 수밖에 없다. '내가 알고 싶은 것은 이런 게 아니란 말이다!'라는 내면의 외침과 함께.

그래서 심리학 책을 고를 때는 반드시 문화적 요소를

고려해야 한다. 심리학 연구의 대다수는 서구권의 독립형 자아를 가진 개인을 대상으로 이뤄졌는데, 이를 상호의존형 자아를 가진 개인에게 그대로 적용하기에는 무리가 있다. 그래서 이러한 문화적 필요에 부응하기 위해 이 책에서는 실제 생활에서 겪는 여러 가지 문제에서 출발해 집단주의 문화권에 속한 사람이라면 누구나 관심을 가질 만한 주제를 다루고자 노력했다.

물론 우리 사회가 과거와 달리 상당 부분 서구화된 것도 사실이다. 오늘날 우리 사회가 몸살을 앓는 세대갈등 역시 어찌 보면 집단주의 문화와 개인주의 문화의 충돌로도 해석할 수 있을 것이다. 현재로서는 어느 쪽이 우월하다고 할 수 없으니 그저 지켜볼 뿐이다. 나라 간, 지역 간의 경계는 점점 모호해지고 있으며 이러한 추세는 돌이킬 수 없다. 이런 세상에서 나와 다른 생각, 서로 다른 문화를 가진 사람을 이해하고 평화롭게 공존할 수 있을까? 세상은 과연 더 살기 좋은 곳이 될 것인가?

섣부른 낙관도 비관도 아직은 이르다. 세상이 좀 더 살 만한 곳이 될지 아니면 공멸로 치달을지, 그 길에서 심리학은 어떤 역할을 할지, 확신할 수 있는 바는 아무것도 없다. 그러니 이 또한 그저 기다리며 지켜볼 일이다.

내가 흐려질 때
위대한 심리학자 20인의 마음처방

2023년 12월 1일 초판 1쇄 발행

지은이   츠위카이
옮긴이   최인애

펴낸이   김은경
편집   권정희
마케팅   박선영
디자인   황주미
경영지원   이연정

펴낸곳   ㈜북스톤
주소   서울시 성동구 성수이로7길 30 빌딩8, 2층
대표전화   02-6463-7000
팩스   02-6499-1706
이메일   info@book-stone.co.kr
출판등록   2015년 1월 2일 제2018-000078호

북스톤은 세상에 오래 남는 책을 만들고자 합니다.
이에 동참을 원하는 독자 여러분의 아이디어와 원고를 기다리고 있습니다.
책으로 엮기를 원하는 기획이나 원고가 있으신 분은 연락처와 함께
이메일 info@book-stone.co.kr로 보내주세요.
돌에 새기듯, 오래 남는 지혜를 전하는 데 힘쓰겠습니다.